MINERVA
社会福祉叢書
70

社会的養護を必要とする子どもと権利擁護

意図的支援の積み重ねによる権利を守る力の体得

TANIGUCHI Sumiyo
谷口純世
[著]

ミネルヴァ書房

社会的養護を必要とする子どもと権利擁護
――意図的支援の積み重ねによる権利を守る力の体得――

目　　次

序　章　なぜ権利を守る力の体得が必要なのか

1　社会的養護における権利をとりまく課題

自立は，社会的養護を必要とする子ども・若者[(1)]のみの課題ではなく，すべての人にとっての課題である。すべての人が自立を目指して日々育まれるように，社会的養護における支援では，子どもは日々行われる支援によって育まれていく。社会的養護を必要とする子どもも，将来自分で生活し，人間関係を築いて生きていくことができるよう，自立を目指した養育を必要とすることに変わりはないが，そこには社会的養護ならではの特性もある。

社会的養護を必要とする子どもの多くには，過去に権利侵害を受けた体験がある。このため，社会的養護では，本来家庭で身に付けていく自立に必要な知識・技術の多くを，社会福祉や保育などの専門職による支援を通して身に付けるという特性がある。その自立は，一人ひとりの子どもの自立に足る能力の有無によって決められるものではなく，その能力が不足している状態であっても，子どもの年齢，就学の有無，生活状況や，支援側の状況などによって，強いられるという特性もある。さらに，子どもの自立において，家庭という後ろ盾は大きな意味をもつが，社会的養護を必要とする子どもは，その家庭における権利侵害によって，家庭での暮らしや保護者との関わりを続けることすらできない場合や，関わり続けることによって悪影響を被る場合も多い。支援につながった後の家庭との交流においても，子どもへの権利侵害が継続することは少なくない。

社会的養護を必要とする子どもの自立には，こういった特性があることから，社会的養護における自立を目指した支援では，生活スキルを身に付けること，経済的自立ができることのみではなく，それ以上に，子どもが権利を守られ，子どもが自分の権利を守ることができるようになることが重要である。このため，子どもが自分を守ることができる力，あるいは必要な時に，適切な人や場にSOSを発信する力を身に付ける，つまり，子どもが権利を守る力を体得できるよう支援が行われている。権利侵害を受けた経験のある子どもが，自分の権利を守り，困った時に適切な人や場にSOSを発信できるようになるためには，まず，子ども自身が受けてきた権利侵害の理由が自分に帰すものではないことを伝えられ，それを実感すること，子どもが日々大切に育まれ，意図的支援によって守られる体験を積み重ねることが重要である。この支援の積み重ねを通して，子どもは権利を内面化していくからである。

社会的養護における子どもの権利については，支援における取り組みとともに，研究も多くなされている。しかしそこには，以下の6つの課題がある。

第1は，大人が子どもの気持ちや考えを推測するだけでは十分とはいえないということである。権利の主体は子どもであり，大人が推測する子どもの気持ちや，大人が良かれと思って考える方策は，子どもにとっては理解しにくかったり，的外れだったりすることが少なくないからである。このため，第5章で分析した子どもが権利を守る力を体得していくプロセスについても，子ども自身の語りによる研究が不可欠である。しかし，現在のところ，そういった研究は少ない。

第2は，社会的養護における子どもの権利に関する研究では，権利侵害を受けた子どもが多いことから，権利侵害を受けた影響からの回復や，子どもが守られること，子ども自身が自分を守ることを中心に論じられることが多い傾向にあるということである。しかし，前述の「自立」と同じく「権利」も，社会的養護を必要とするか否かを問わず，すべての人に付与されているものである。このため，社会的養護を必要とする子どもは，自分が守られ，自分の権利を守るだけではなく，一人の人として，他者の権利を尊重することを求められる存在でもある。それが支援中に伝わらなかったとしても，受けた支援を通して，子どもが他者をも守る力を身に付ける可能性を秘めた存在であるという共通認識を，専門職および子どもと生きる社会全体がもつことのできる研究が必要である。

第3は，社会的養護に関する研究は，子どもの現在の生活や将来の格差の解消に，貢献しきることができていないということである。社会的養護を必要とする理由は，子どもに帰するものでは決してない。このため，社会的養護につながることによって，子どもの生活や将来に格差が生じることがあってはならない。例えば社会的養護が必要になった子どもは，高等学校等卒業後の進学率と就職率において全国平均との格差があるなど，人生を歩み出すスタートラインにおける不利が存在する。こども家庭庁（2024b）によると，2023年の大学等進学率が全国平均では57.0％だったのに対し，児童養護施設では20.9％であった。同年の就職率は，全国平均では15.1％だったのに対し，児童養護施設では51.6％であった。進路のみではなく，支援の期間や量，質，選択肢の種類や数，うまくいかなかった時や新たな夢をもった時に再挑戦ができる機会の有無など，社会的養護内においてですら，大きな格差が存在する。子どもが意見を聴かれぬまま措置される，措置先で権利侵害を受ける，将来への十分な選択肢を与えられない，中学校卒業後に進学をしないことや高等学校中途退学をきっかけに措置解除となる，養育環境として不適切な家庭に戻される，子どもが生い立ちについて尋ねたくとも尋ねることができない・理解できるタイミングや方法で伝えてもらうことができない，アフターケアの量や質に大きな差があるなど，社会的養護内においても，子どもを守りきることができていない状況がある。社会的養護につながるか否かによって，あるいはつながった支援によって，子どもの生活や将来に格差が生じては，子どもの権利を守ることができているとは言えない。これは，社会的養護による権利侵害につながりかねない事態である。こういった事態の是正に有益な研究が必要である。

第4は，社会的養護が必要にもかかわらず，支援につながらない，つながることができない，拒否や遠慮をするといった子どもに関する研究が不足しているということである。現在，社会的養護ニーズがありながら地域に潜在している子どもへの支援は無いに等しい。子ども本人や地域住民からSOS

が出ていても，支援につながらないこともある。支援につながるか否かというところで運命が変わってしまうという事態も，子どもの権利を守っているとはいえず，社会による権利侵害といっても過言ではない。地域に潜在しているニーズをどのように発掘し，子どもを既存のサービスに一律に当てはめるのではなく，一人ひとりの状況や意向に応じて，どう適切な支援を提供していくかについての研究も急がれる。

第5は，支援者を支える研究が不足しているということである。社会的養護において支援者は，子どもの過去からの影響を整理しながら，一人ひとりの子どもの現在から将来を見据えた支援を提供する専門職である。社会的養護で子どもは，自分の生い立ちへの葛藤，家庭との関係の再構築，過去の権利侵害からの影響，日々の生活への不満や葛藤，友人との格差，学校や地域で感じる偏見，年限のある支援への不安などによる，様々な悩みや苦しみ，葛藤などをもつことがある。それは，支援者への暴言暴力や無視，自傷行為，子ども間のいじめや威圧関係，門限破りや無断外泊等のルール違反などといった言動で表出されることも少なくない。一人ひとりの子どもに合わせて意図的に展開されている支援は，即時に子どもに伝わるとは限らず，そのことにより支援者が，無力感や消耗感など負の感情を抱くことも多くある。特に，支援者となってからの期間が短い支援者や，子どもとの関係がうまくいっていない時期にある支援者ほど，自分の行う支援の意義を感じられなくなる危険性があり，これは，子どもを守る立場である支援者自身が守られていないということにつながりうる事態である。即時ではなくとも，後に支援を振り返った子どもが，支援者が権利を守る力を育もうとしてきた意図に気づいたり，そこから人への感謝の気持ちが芽生えたり，自分も人を思いやったりすることができるようになることも多い。このため，権利侵害を受けた子どもの権利を守り，子どもに権利を守る力を育んでいくとともに，それを支える支援者自身のことも守ることができるよう，子どもが支援を通して権利を守る力を体得していくプロセスを可視化すること，つまり，日々の支援の意義を，支援者の目に見える形で確認し，共有し合うことができる研究が急務であると考えられる。

第6は，社会的養護に対する地域の理解を促す研究が不足しているということである。権利を守る力を子どもが体得していくプロセスの可視化は，社会的養護を必要とする子どもへの，地域からの正しい理解にもつながりうる。誰もが必要とする可能性のあることであるにもかかわらず，地域には社会的養護に対する特別視や偏見が少なくない。このため，社会的養護を必要とする子どもへの関心をもって申し出てくれる支援が，「かわいそうな子ども」といった前提のもとに行われることもある。これでは子どもは，最初から対等ではない存在であり，その支援は的外れであっても受け入れざるを得ず，感謝の言葉やお礼状の強制を伴うなど，ネガティブな意味をもつものとなってしまう。子どもがどういった理由で社会的養護が必要になったのか，どのように社会的養護で育まれ，どのような力をもっているのか，地域に応援してほしいことや，子ども自身が地域に貢献できることは何かなど，対等な人間として尊重し合うことができるよう，子どもに権利を守る力を育み，子どもが権利を守る力を体得していくプロセスを，地域の人々にも伝わる形で可視化することによって，地域での正しい理解を促進する研究が必要である。

以上の6点の問題意識を背景として，本書では，子どもの自立を目指した支援の中でも特に「権利」という視点から，支援を通して子どもに権利を守る力を育んでいくプロセスと，子どもが権利を守る力を体得していくプロセスについて，検証していく。

2　社会的養護で大切な4つの権利

社会的養護を必要としている子どもは，なんらかの事情により，いわれのない権利侵害を受けた体験をもっていることが多い。このため，社会的養護における支援では，子どもに権利を守る力を育み，子どもがその力を体得していくことができるよう，次の4つの権利を大切にした日々の実践が必要であると考えられる。

第1は，「社会的養護につながる前に，子どもとして当然守られなければならなかった権利」への対応である。なんらかの事情により侵害された，子どもとして当然守られなければならなかった権利を，社会的養護における日々の支援の中で取り戻していくことである。権利侵害の影響が心身に及んでいる場合，他分野の専門家との連携による支援・治療も必要になってくる。

第2は，「社会的養護における，子どもとして守られなければならない権利」の保障である。これは日々の生活支援の積み重ねそのものである。社会的養護につながった背景やそこからの影響を理解した上で，一人ひとりの子どもに応じて意図的につくり出される支援によって，子どもは守られる体験を繰り返すこととなる。安心してご飯を食べ，遊び，学び，眠るなど，一見，何気ないことに感じられる日常生活を通した支援の中にこそ，一人ひとりの状況に応じた工夫が凝らされている。

第3は，「子ども自身が行使する権利」の保障である。子どもは守られるばかりの存在ではなく，権利を行使する存在でもある。日々の生活の中で，自分の気持ちや意見を聴かれる体験や，子どもの気持ちを反映しにくいことについての理由を説明される体験などの積み重ねが必要とされる。子どもが恐れることなく，本当の気持ちや不満を伝えることができる機会や，子ども自身が選ぶことができる選択肢を，いかに準備し提供できるかなど，生活を通した支援だからこそ用意できることは多くある。

第4は，「子どもによる他者の権利」の尊重である。権利は自分だけのものではなく，すべての人のものでもある。権利を奪われていた子どもが，自分が守られる・自分を守るということにとどまらず，一人の人として，他者の権利を尊重できるよう育まれることが求められる。しかし，存在すら無視されていた，暴言暴力に身をすくめて生活していた，必要な衣食住が満たされてこなかったなど，権利を守られた体験がない・少ない子どもが，他者の権利に思いを馳せ，他者の権利をすすんで擁護することには困難を伴う。支援によって，自分が大切にされる体験を重ねる中で，子どもは他者の権利を大切にすることを学んでいく。

このため，本書では，支援を通して，社会的養護を必要とする子どもに権利を守る力を育んでいくプロセスと，それによって子どもが権利を守る力を体得していくプロセスについて明らかにするため，以下の4種類の研究を通して検証していくこととする。

① 社会的養護施設を体験した子どもの現状と支援の課題（第2・3章に該当）。
② 社会的養護における支援で子どもが自立していくプロセス（第3章に該当）。
③ 支援を通して子どもが権利を守る力を体得していくプロセスとその課題（第4章に該当）。
④ 支援を通して子どもに権利を守る力を育んでいくプロセスとその課題（第5章に該当）。

本書における研究の独自性は，以下の4つであると考えられる。

第1は，支援を通して子どもに権利を守る力を育んでいくプロセス，その力を子どもが体得していくプロセスを，子どもと支援者の語りを通して，双方向から検証していることである。

第2は，子どもの語りを通して，子どもが権利を守る力を体得していくプロセスを可視化することで，支援者の行う支援の意義を，支援を受けた子ども自身の受け止めから明らかにしようとしていることである。

第3は，社会的養護ニーズがあるにもかかわらず，公的支援につながらなかった子どもや，障がいや生活困窮，外国ルーツ，犯罪や性風俗などといった課題をあわせもつ，声を上げにくい子どもの語りを含めた分析を行っていることである。

第4は，子どもが権利を守る力を体得していくプロセスを可視化することによって，地域からの社会的養護への理解につなげるための，足掛かりをつくろうと試みていることである。

3　社会的養護で体得する権利を守る力の分析

本書では，文献研究に加え，量的研究と質的研究の双方の研究法を用いて，社会的養護を必要とする子ども自身の語りを重視した分析を行っている。

第1章では，本書の目的である，支援を通して子どもに権利を守る力を育んでいくプロセスと，子どもが権利を守る力を体得していくプロセスについて論じるにあたり，その力を育んでいく「自立支援」と社会的養護における「自立」の概念について，先行研究から整理した。

第2章では，全国社会福祉協議会によって刊行されている『月刊福祉』の「My Voice, My Life——社会的養護当事者の語り」（2015年5月–2024年5月）に掲載されている78名のインタビュー記事を，テキスト分析の分析ソフトである KH Coder で分析した。筆者はこの連載に，インタビュアーの一人として参加している。この連載は，措置中・措置解除後の生活がうまくいっている子どものみを対象としていないところに特徴がある。社会的養護を体験した子どもが，自分の過去，現在などについて自由に語ったインタビュー記事を通して，子どもが感じている社会的養護の現状と課題について概観した。

第3章では，社会的養護施設等を措置解除された子どもを取り巻く現状と支援の課題について，2021年に名古屋市で，過去5年の間に措置解除となった235名の子どもを対象として実施したアンケート調査の分析を行った。その上で，アンケート調査結果から抽出した15名の子どもへのインタビュー調査結果を修正版グラウンデッド・セオリー・アプローチ（M-GTA）で分析して，社会的養護につながった子どもが自立していくプロセスについて検証した。筆者はこれらの調査チームの一員として，調査の設計から分析，報告書の執筆など全過程に関わっている。この調査は，子ども自身へのアンケート調査およびインタビュー調査の2種類の調査結果から分析を行っていること，対象者には措置中，措置解除後の生活が円滑でない子ども，障がいや生活困窮などの課題のある子どもも含まれていることが特徴である。

第4章では，支援を通して子どもが権利を守る力を体得していくプロセスについて，M-GTAによる分析によって検証した。社会的養護ニーズがありながらも，何らかの理由で公的支援につながらなかった子ども，障がいのある子ども，外国にルーツのある子ども，犯罪や性風俗に巻き込まれた子どもなど，多様な課題のある子どもの語りを含めたインタビュー調査を実施し，子ども自身の語りから検証していることが特徴である。

第5章では，社会的養護を必要とする子どもに関わる支援者が，日々の支援の中で，子どもの権利擁護をどのように行っているかとともに，支援を通して子どもに権利を守る力を育んでいくプロセスおよびその支援の課題について検証した。「子どもの権利」と「社会的養護における子どもの権利」の概念について先行研究から整理した上で，支援者へのアンケート調査とインタビュー調査を行っている。アンケート調査は，名古屋市内の児童養護施設，自立援助ホーム，里親，ファミリーホームといった社会的養護施設等に加え，社会的養護ニーズのある子どもへ支援を提供する事業や支援団体等を対象とした。インタビュー調査は，アンケート調査結果により，支援者の行う支援が，子どもが権利を守る力を体得していくことにどのようにつながっていくのかを明らかにするため，支援の中で子どもに権利を伝える工夫をしている施設，事業，支援団体の計5名の支援者を対象とし，M-GTAによる分析を行った。社会的養護施設のみではなく，社会的養護を必要とする子どもを支える事業や支援団体等の支援者も対象とした調査を行っていることが特徴である。

第6章では，各章における研究から明らかになったことについてまとめている。

なお，本書は，関西大学大学院人間研究科人間健康専攻博士課程後期課程における博士論文（人博第7号）を，一部加筆・修正したものである。

注

(1)　本書では，18歳以上の若者も含め，「子ども」と表記している。なお，第4章以降における「社会的養護を必要とする子ども」には，社会的養護ニーズがあり社会的養護施設・機関・事業等における支援につながった者に加え，社会的養護ニーズがあるにもかかわらず何らかの事情で社会的養護の公的支援につながることができなかった，拒否した，拒否させられた者を含んでいる。

第1章　自立・自立支援の捉え方とその課題

——社会的養護の立場から

本章では，本書の目的である，自立を目指した支援を通して子どもに権利を守る力を育んでいくプロセスと，子どもが権利を守る力を体得していくプロセスについて検証していくにあたり，日々の支援を通して行われている「自立支援」および「自立」の概念について，先行研究から概観する。

1　自立とは何か

（1）研究目的

社会的養護を必要とする子どもの自立は，家庭からのサポートを受け続けられる子どもと同じ条件を備えているとはいえない。むしろ，家庭からの様々な影響による葛藤や心的外傷により，自分の存在意義，自己肯定感，人への信頼感などが揺らいでいる，あるいは失った状態から始めなくてはならない場合も少なくない。

1997年の児童福祉法改正で，社会的養護施設等の機能として追加された「自立支援」には，社会的養護を必要とする子どもが人生を切り拓いていくことの重要性と難しさの双方が含まれている。そしてそれを支える支援（措置解除後の支援を含む）が欲しい時にすぐ手の届く状況をつくっておくことが大切である。これらは，社会的養護が必要であったのにもかかわらず，その網から漏れてしまった子どもにも共通する課題であろう。

しかし，社会的養護における「自立」は，必ずしも明確なものではない。このため，本節では，社会的養護における自立の特性について，現代の子どもの自立との比較から述べることとする。

（2）自立とは

1）自立のための指標

「自立」は，社会的養護への関わりのあるなしにかかわらず，すべての人に関わってくる重要なテーマである。高橋（2010：156）によると，「若者の自立のメルクマールとしては，①仕事に就いて十分な収入を得ること，②親元を離れること（離家），③結婚すること，④子どもをもつことなどが挙げられよう」と述べられている。しかし，子どもを取り巻く社会的状況が大きく変わったことで，とくに若年層のライフスタイルが変わり，「近年の日本社会における雇用環境の急激な変動は，若者の自立のあり方に不安定性や不確実性をもたらしている」とも述べられている。

また，一人ひとりの人を取り巻く状況によっても，その意味合いは異なってくることもある。例えば，社会福祉における「自立」は，社会的養護領域であれば自分で働き社会で自活していくようになること，障がい者領域であれば障がいの程度や置かれている状況によって自活が難しくとも自身の権利や主体性を尊重することなど，その対象者の状況によって重きを置かれるところが異なってくる。社会福祉学においてのみではなく，社会学，心理学，教育学などの学問分野，時代などの条件によって，その意味するところが変わってくることもある。

２）自立を取り巻く環境の変化

次に，前述の高橋による自立のための指標４点から，現代の子どもの自立について考察することとする。

①　仕事に就いて十分な収入を得ること

１点目は，「仕事に就いて十分な収入を得ること」であった。しかし，現在の日本では，この指標が揺らいでいる。日本では長く，新卒採用と年功序列，終身雇用制が続いてきたが，雇用環境は変化を続け，1990年代後半には，若年労働者の非正規雇用の問題が顕在化しはじめた。バブル崩壊後の1990年代以降からは，非正規雇用の割合が高くなっているため，現代の雇用環境は，子どもも含め，雇用形態は様々であり，就く仕事の形態も様々，仕事に就いたとしても十分な収入を得られるとも限らない状況である。

2019年に厚生労働省から発表された「平成30年　若年者雇用実態調査の概況」によれば，2018年10月１日現在，全労働者のうち若年労働者（調査基準

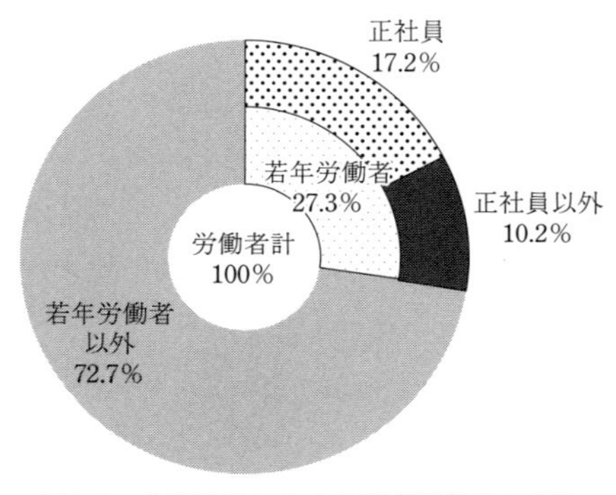

図1-1　全労働者に占める若年労働者の割合
出所：厚生労働省（2019）。

日現在15～34歳の労働者）が占める割合は27.3%である。全労働者のなかで，若年正社員が17.2%，正社員以外の若年労働者が10.2%となっている（図1-1）。

若年労働者のうちで，在学していない者の割合は90.7%であり，その雇用の形態は正社員が69.0%，正社員以外の労働者が30.8%となっている。男性は年齢階級が上がるほど正社員の割合が高くなるのに対し，女性は年齢階級が上がるほど低くなっている。最終学歴別に見ると，学歴が高くなるほど，正社員の割合が高くなる。若年正社員としての採用は，「金融業，保険業」が52.6%と最も多く，情報通信業が52.2%と続く。若年正社員以外では「宿泊業，飲食サービス業」が45.6%，「教育，学習支援業」が40.6%となっている。

また，過去１年間で自己都合により退職した若年労働者のいた事業所は44.9%にのぼり，このうち，自己都合によって退職した若年労働者の中で若年正社員は28.7%，正社員以外の若年労働者が21.8%であった。「宿泊業，飲食サービス業」58.2%，「生活関連サービス業，娯楽業」55.6%，「卸売業，小売業」52.6%の順で，自己都合退職の若年労働者がいた事業所割合が高い。

こういった中，若年正社員の定着のための対策を行っている事業所は72.0%であり，正社員以外の若年労働者については57.1%の事業所が行っていると回答している。「職場での意思疎通の向上」や「本人の能力・適正にあった配慮」「採用前の詳細な説明・情報提供」といった順でその対策は行われているが，一方で，「行っていない」という事業所があることも明らかである。正社員以外の若年労働者を正社員に転換する制度については，「制度が

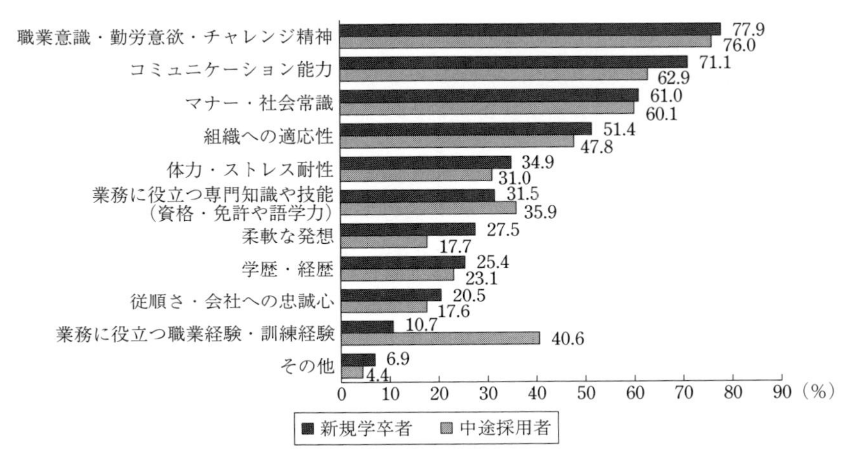

図1-2　正社員の採用選考にあたり重視した点別事業所割合（複数回答）

出所：厚生労働省（2019）。

ある」事業所が53.4%，「制度がない」事業所が39.6%と，正社員への転換も容易であるとは言えない。

一方で，若年正社員の採用選考をした事業所が，その選考にあたって重視した点を複数回答で尋ねたところ，図1-2の通り，「職業意識・勤労意欲・チャレンジ精神」が新規学卒者で77.9%，中途採用者で76.0%と最も高い割合を占めている。

中途採用者は「業務に役立つ職業経験や訓練経験」が，新規学卒者よりも30%ほど高い割合を占めてはいるが，他に大きな差のある項目は見受けられない。このため，新規・中途双方に正社員への門戸が開かれていないとは言えないが，現代の子どもの雇用状況は変化を遂げ，新卒採用と年功序列，終身雇用制が標準の就労スタイルとは言えなくなっている。

また，年齢や性別により傾向は異なるものの，雇用形態別に見ると若年労働者の主な収入源が，正社員が「自分自身の収入」74.0%に対し，正社員以外では「自分自身の収入」38.8%，「親の収入」39.6%と，自分の収入が不足している状況も見えてくる。

「『日本再興戦略』改定2015――未来への投資・生産性革命」（2015年）において，非正規雇用労働者の正社員転換等を加速させることが盛り込まれ，厚生労働省内に「正社員転換・待遇改善実現本部」を設置し，2016年には「正社員転換・待遇改善実現プラン」の発表をするなど，非正規雇用労働者の正社員転換・待遇改善に取り組みはじめたが，2020年のCOVID-19の流行による雇用環境の悪化も重なり，今後日本の子どもを含めた雇用環境が大きく好転することは困難であることが予測される。

出産・子育てなどのライフイベントによって，就労形態に変化がある女性も一定層いることから，男性とは異なり年齢階層が上がるにつれて正社員としての雇用形態の割合が減ってくることは致し方ない面はある。しかし，男女問わず若年労働者の雇用環境が変化し，転職や失職が珍しいことではない現代，また，自分の心身の疾病や障がい，配偶者やパートナーとの死別や離別，天災，感染症の流行など，予期せぬ出来事も想定した上で，若年労働者，そして女性労働者の雇用環境の安定についても，今後検討の必要があるだろう。

一方で，非正規雇用労働は，専門的な技能を生かすことができる，家事や育児との両立がしやすい，自分の都合や体調に合わせられるなど，ライフステージの変化や自分の体調，生活のあり方などに合わせた柔軟な働き方ができるというメリットはある。しかし，将来のビジョンをもったスキルの向上を継続すること，雇用期間など不安定な状況から抜け出すことなどが難しいというデメリットもある。2013年施行の改正労働契約法で，正社員と非正規社員の不合理な待遇の違いは禁止されたが，両者の間には今もなお格差が存在し，同一労働同一賃金が明文化されている現在においても賃金格差がある。厚生労働省（2024）によると，正社員・正職員と正社員・正職員以外の雇用形態間賃金格差（正社員・正職員＝100）は，男女計で67.4，男性で70.1，女性で72.2となっている。若年労働者では，19歳以下の男女で91.9，男性91.4，女性で93.8，20～24歳の男女では88.8，男性で87.0，女性で85.5となっており，年齢が上がるにつれその格差は大きくなってもいる。

こういった多様な雇用環境の中，子どもが仕事に就いて十分な収入を得られるとは限らず，「就職した」という事実だけによって自立をしたとは言えない状況となっている。

② 親元を離れること（離家）

２点目の「親元を離れること（離家）」については，厚生労働省（2019）によると，若年労働者の76.5％が家族と同居している。ここでいう家族は，親のほか，配偶者や子ども，きょうだいなどであるが，年齢層が低いほど親との同居率が高くなっている。なお，正社員では72.3％，正社員以外では83.5％が家族との同居をしている。

前述のように，高等学校や大学等を卒業後，新卒一括採用され，終身雇用制の正規労働者として雇用されるといった雇用環境も変化を遂げ，バブル崩壊後の1990年代以降からは，非正規雇用の割合が高くなっている。厚生労働省（2024）によると，2023年の雇用形態別の賃金は，男女計では正規雇用が336.3千円だが，非正規雇用は226.6千円であった。年齢別に見ると，19歳までは正規雇用が192.8千円，非正規雇用が170.7千円，20～24歳では正規雇用が228.7千円，非正規雇用が194.8千円となっている。雇用形態による賃金の差は，年齢を問わず課題である。また，厚生労働省（2021b）によると，図1-3のように2020年３月では，就職後３年以内の離職率は例年と比較して低下したものの，中学校卒業者で55.0％，高等学校卒業者で36.9％，短大など卒業者41.4％，大学卒業者で31.2％となっている。中でも，中学卒の就職後１年以内の離職率は突出して高い。また，離職理由については，よりよい条件やスキルアップなどを求めての転職のみではなく，労働条件や人間関係，心身の健康を損なったことを理由とするものなど多様である。終身雇用制といった保障がなく，正規非正規労働の混在する状況は，若年労働者が親元を離れる時期に影響する要素の一つと考えられる。

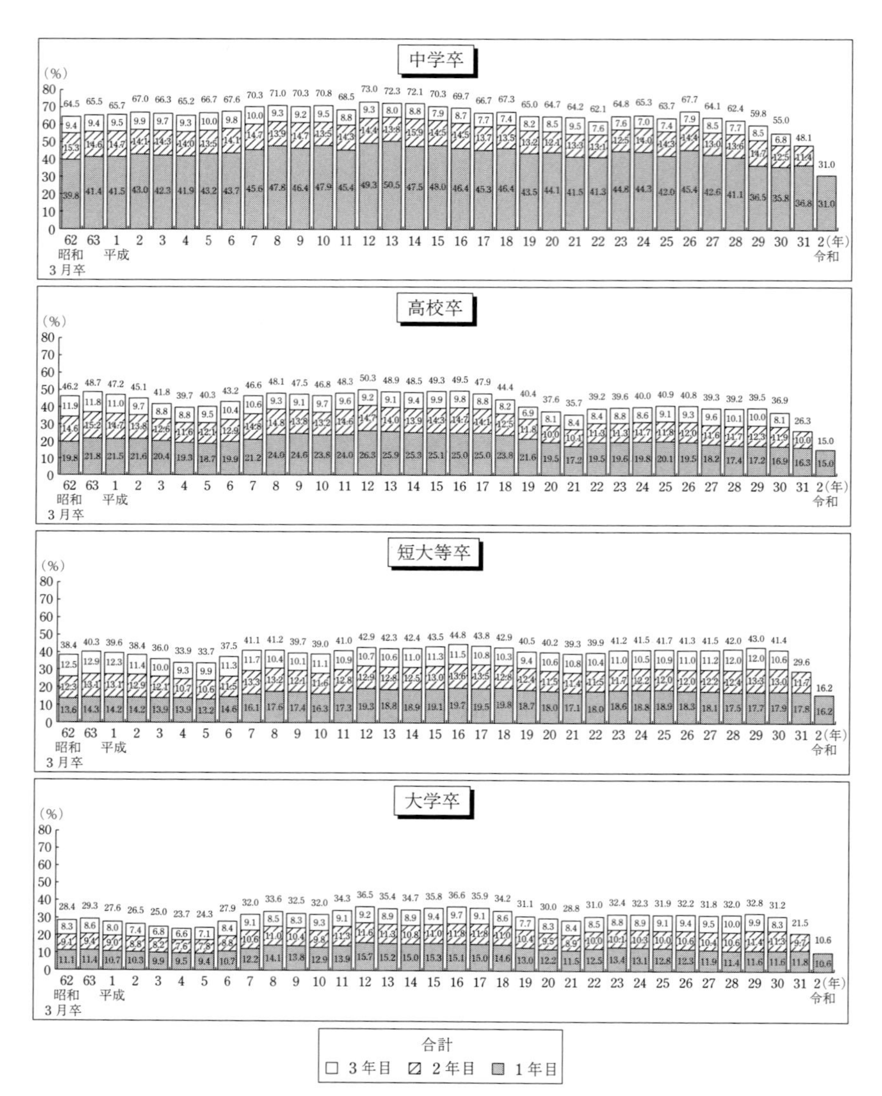

図1-3　学歴別就職後3年以内離職率の推移

出所：厚生労働省（2021b）。

一方で，高等教育機関への進学率は大幅に上がり，文部科学省（2023）によると，2023年５月１日現在の高等教育機関への進学率（大学・短期大学入学者，高等専門学校４年在学者および専門学校入学者）は84.0％と，過去最高となっている。進学率の上昇も，親元で生活する期間や，生活を共にしていなくとも親元に頼り続ける期間の延長につながりうる。このように，前述した若年労働者の雇用環境の変化，および高等教育機関への進学率の上昇など，親元を離れる時期が遅れたり，親元を頼りにする時期が長くなったりする要素がある。

③　結婚すること・子どもをもつこと

３点目の「結婚すること」，４点目の「子どもをもつこと」については，一人ひとりの結婚や出産に関する価値観，および時代の変遷に伴う価値観の変化がある。マーケティング・コミュニケーションズ（2022）によると，結婚歴のない独身者のうち，「結婚意思あり（現在既に予定がある・決まっている，現在予定はないが是非したい，現在予定はないができればしたい）」との回答が，20代の女性で64.6％，30代の女性で46.4％，20代の男性で54.4％，30代の男性で46.4％であった。一方で，「結婚意思なし（できればしたくない，したくない）」との回答が，20代の女性で14.0％，30代の女性で25.4％，20代の男性で19.3％，30代の男性で26.5％であった。また，現在子どもがいない人のうち，理想の子どもの数については，「０人」との回答が20代の女性の23.9％，30代の女性の43.4％，20代の男性の30.9％，30代の男性の37.7％であった。

結婚や子どもをもつことなどは，一人の人間として生きる際の価値観，権利に関わることでもあるため，これらをもって自立をはかるという時代ではもはやないと言えよう。しかし，前述の雇用環境の変化に伴う不安定性による経済的基盤への懸念などから，結婚するかしないか，子どもをもつかもたないかといったことに対し，選択自体が困難になりうる状況があることも事実である。

このように，就労や経済的に独り立ちすること，家庭をつくることといった側面から検討される傾向が続いてきた自立だが，近年は，就労環境や婚姻，家庭との関係性など，子どもを取り巻く状況の変化から，一律にではなく，一人ひとりに応じて検討されることが重視されてきてもいる。

3）現代の子どもの自立とは

前述のような変化の中，久木元（2009：201）は，従来の学校から職業への移行スタイルは，「古典的な移行モデル」であると指摘している。その移行は，直線的かつ一方的であり，不可逆的性格をもつ。比較的短期間に達成され，誰もがこの移行を経験するといった前提があるとしている。しかし，この前提は，前述のような変化によって，標準的なものとして成り立たなくなっている。

子どもの自立について，『平成30年版　子供・若者白書』の「特集　就労等に関する若者の意識」調査結果においても，「社会の中で自立し活躍するには，就労を通して経済的な基盤を築くことが大きな要素となるが，就労は，単に収入を得るための手段というだけではなく，その人と社会をつなぎ，自己実現を図るためのものでもあるなど，『働き方』は『暮らし方』そのものであると考えられる」と述べられている（内閣府 2018：2）。つまり，単に働いてお金を稼ぐことが自立であると捉えるのではなく，就労も自立を構成する一つの要素であり，自立には人の生き方そのものに関わる要素が複数含まれているといえる。また，働き方や家庭と仕事のバランス等についての意識も変化している今日，自ずと自立のあり方も多種多様なものとなるだろう。

内閣府のこの調査では，就労等に関して全国の16歳から29歳の男女10,000人の意識が調査されている。また，この結果は，内閣府が2011年度に実施している「若者の考え方についての調査」と比較されている。就学・就業状況別の「もっとも希望する雇用の形態等」については，調査時現在「正規雇用者」の96.0％，「学生」の88.4％が，「正規雇用」を希望すると回答していた。一方で，「非正規雇用者」の47.1％が「正規雇用」を，46.9％が「非正規雇用」を希望すると回答している。「自営業・自由業者」の60.4％が「自営業・自由業」を希望しており，「専業主婦（主夫）」の68.9％が「非正規雇用」を希

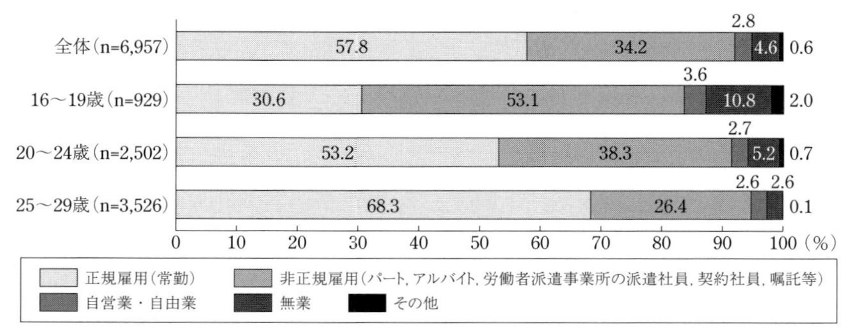

図1-4　初職の雇用形態

出所：内閣府（2018）。

望すると回答していた。調査時現在，「正規雇用者」は59.0％が「安定していて長く続けられるから」，26.9％が「収入が多いから」を選択しており，両者で約86％を占めている。一方，「非正規雇用者」は「自由な時間が多いから」が33.9％，「子育て，介護等との両立がしやすいから」が28.6％となっており，この時期が，ライフスタイル・ライフステージに応じた働き方・暮らし方が必要とされる時期であることもその一因であろう。

調査時現在あるいは過去に就業している・就業したことがある人のうち，初職が「正規雇用」であったのは，図1-4の通り，16～19歳で30.6％，20～24歳で53.2％，25～29歳で68.3％となっており，16～19歳の初職の非正規雇用率（53.1％）や無業率（10.8％）は，他の年齢層と比較して明らかに高く，働き始める年齢による働き方や職の選択肢の狭さもうかがうことができる。

また，就労により十分な収入を得られるのか，きちんと仕事ができるのか，仕事と家庭の両立はできるのか，勤務先での人間関係がうまくいくかなどについて，2011年度に実施された調査より少なくなっているものの，この調査時点においても多くの子どもが不安を感じていた。

子どもの自立の要因となる「働くこと」に関して相談先としては，表1-1のように，「親」は半数以上の子どもが相談先と考えており，次いで，「周り

表1-1　働くことに関して相談する先

親	52.9%
周りの友人・知人（インターネットで知り合った友人を除く）	31.3%
恋人・配偶者	23.4%
きょうだい	15.2%
学校等の先生や就職担当者，キャリアカウンセラー，コンサルタント等	13.7%
職場の同僚や上司	12.0%
学校やアルバイト先の先輩	6.5%
祖父母，親戚や親族	6.2%
インターネットで出会った友人	3.6%
役所等公的な機関の担当者	1.5%
労働組合や労働者の相談機関	0.9%
その他	0.3%
悩みはあるが，誰にも相談したことがない	10.8%
相談するような悩みを持ったことはない	15.3%

出所：内閣府（2018）より筆者改変。

の友人・知人（インターネットで知り合った友人を除く）」となっている。

また，内閣府（2019b）によると，社会生活や日常生活を円滑に送ることができないような困難が改善されたきっかけとしても，「家族や友人の助け」が2017年度調査と同様に，どの年齢層においても30%前後と，最も高い割合を占めている。次いで，「就職・転職したこと」といった場の転換がきっかけとなった割合が約25%のほか，「学校に相談したこと」や「支援機関・医療機関に相談したこと」がきっかけとなったとの回答と，「わからない・答えられない」との回答が，それぞれ10%前後を占めている。このように，親や友人といった人々のもつ力は，子どもにとっては非常に大きな支えとなっているといえる。

現代の子どもの自立を考える際，EGRIS（European Group for Integrated Social Research）によるヨーロッパの若者研究から尾形（2014：16）は，「若者の脱標準化とはどの若者も等しく大人に移行していく古典的な移行モデルではなく，青年期と成人期の間に中間的な時期が現れるとともに移行のパターンが複数に分かれて多様化していくとする。さらに移行する先が『大人』『成人期』というゴール自体も不明確化しており，若者と大人の間を行ったり戻ってきたりする動きがあることから“ヨーヨー型の移行（yo-yo transitions）”と名付けられている」と述べている。

前述のような子どもを取り巻く環境の変化からは，子どもの自立の多様性と，それに伴う自立の困難性は明らかであり，ヨーヨー型の移行を通して自立していく子ども一人ひとりに応じた時期と機会におけるサポートが必要不可欠であろう。

しかし，これはあくまでも家庭に頼ることのできる子どもも含めた状況である。本書で取り上げる社会的養護を必要とする子どもの自立は，その成育歴，家庭環境，およびそれによる様々な体験や心的外傷などにより，より困難を極めることも多い。また，社会的養護が必要なのにもかかわらず問題を抱えたまま潜在している子どもも同様である。ただでさえ困難な自立の過程は，社会的養護を必要とする子どもにとってどのようなものであるのかを中心に次項から述べていくこととする。

４）社会的養護における自立の指標とは

社会的養護を必要とする子どもは，表1-2の通り，家庭からの支えを受け続けられる環境がない，あるいは期待できない場合が比較的多い。家庭と関わりのあることで精神的，金銭的悪影響などを受け続ける子どももいる。家庭という後ろ盾がないからこそ，また，家庭とつながることが子どもにとって不利益になることもあるからこそ，社会的養護における自立には，子ども自身の力と，それを支える力の双方が必要となってくる。

自立に向けて，子ども自身が力を培うことができるよう，自立後にも適切に SOS を出すことができるよう，社会的養護における自立支援は，措置解除後から開始するのではなく，措置中から行われている。子どもの発達，年

表1-2　児童の今後の見通し別児童数（乳児院を除く）

	総　数	保護者のもとへ復帰	親類等の家庭への引き取り	自立まで現在のままで養育	養子縁組	里親・ファミリーホーム委託	他施設へ移行予定	現在のままでは養育困難	その他
里　親	6,057 100.0%	712 11.8%	51 0.8%	4,081 67.4%	610 10.1%	2 0.0%	96 1.6%	173 2.9%	306 5.1%
児童養護施設	23,043 100.0%	6,009 26.1%	250 1.1%	13,814 59.9%	28 0.1%	430 1.9%	435 1.9%	950 4.1%	1,029 4.5%
児童心理治療施設	1,334 100.0%	498 37.3%	19 1.4%	267 20.0%	1 0.1%	30 2.2%	367 27.5%	55 4.1%	87 6.5%
児童自立支援施設	1,135 100.0%	566 49.9%	15 1.3%	42 3.7%	0 0.0%	47 4.1%	325 28.6%	28 2.5%	104 9.2%
ファミリーホーム	1,713 100.0%	310 18.1%	18 1.1%	1,211 70.7%	13 0.8%	10 0.6%	30 1.8%	33 1.9%	76 4.4%
自立援助ホーム	958 100.0%	38 4.0%	5 0.5%	771 80.5%	*	2 0.2%	45 4.7%	14 1.5%	76 7.9%

注：*は，調査項目としていない。
出所：こども家庭庁（2024a : 17）。

齢，能力，家庭背景，心身の状況など一人ひとりに応じた支援を継続しているのである。

では，こういった社会的養護における自立の指標および自立生活能力を高める支援としては，どういったものが考えられるだろうか。社会的養護の中でも児童養護施設における自立について見ていくと，全国児童養護施設協議会（2019 : 12）による「今後の児童養護施設に求められるもの」では，「自立支援とは，子どもが生まれてから社会で自立した生活をするための生育過程において，養育者が行う様々な支援の総体である。児童養護施設内における生活支援だけではなく，アフターケアを含めた退所後の生活支援も包括する」と述べられている。また，「『自立支援』という言葉は，児童養護施設から家庭復帰をしない子どもへのリービングケアに対してや，社会的養護から離れ単身生活を送る子ども・若者へのアフターケアに対して使用されたりすることがあるが，本報告書における『自立支援』はその範囲にとどまらない」とした上で，子どもの自立を「他者に適度に依存しながらも，自分の主体的な選択に基づいて，よりよい生活を模索できることであり，そのために以下の4つが必要となる。

① 養育者による安心の提供を受け入れられること。
② 養育者の社会に対する信頼を通して，自身を社会化していくこと。
③ 養育者に対し適切な自己主張ができるようになること。
④ 原家族を理想化せず，客観的に自分の中に位置づけること。

自立に必要とされるこれらの点は，社会的養護ニーズのない家庭の子どもであれば，日々の生活の中で自然と用意されているものである場合も多いであろう。しかし，社会的養護を必要とする子どもにだからこそ，あえて用意しなければならないものでもある。これらを身に付けるための支援，つまり自立生活能力を高める支援としては，こども家庭庁（2024c：2）において，「安心感を持てる場所で，大切にされる体験を積み重ね，信頼関係や自己肯定感（自尊心）を取り戻す」と述べられており，日々，社会的養護において支援者が行っている実践そのものが，これにあたるものである。

5）社会的養護における自立の現状

社会的養護にある子どもの置かれてきた環境，自立をめぐる現状はどのようなものであろうか。前述の全国児童養護施設協議会（2019）による児童養護施設の子どもの自立のために必要な4つの点について，こども家庭庁（2024a；2024b）から，児童養護施設を中心に述べていくこととする。

まず，社会的養護にある子どもの置かれてきた環境として，被虐待体験割合の高さが挙げられる。例えば，児童養護施設では，表1-3のように，措置されている子どもの71.7％に虐待体験があるという結果となっている。

受けてきた虐待の種類は，1種類とは限らず，複数の種類の虐待を受けている場合も多い。虐待がなかったとしても，家庭における養育者の心身の疾患や障がい，服役や貧困など，社会的養護を必要とする状況になり，家庭か

表1-3　被虐待経験の有無及び虐待の種類

	総　数	虐待経験あり	虐待経験の種類（複数回答）				虐待経験なし	不　明
			身体的虐待	性的虐待	ネグレクト	心理的虐待		
里　親	6,057 100.0%	2,789 46.0%	851 30.5%	100 3.6%	1,812 65.0%	730 26.2%	2,996 49.5%	239 3.9%
児童養護施設	23,043 100.0%	16,519 71.7%	7,010 42.4%	854 5.2%	10,114 61.2%	5,468 33.1%	5,766 25.0%	682 3.0%
児童心理治療施設	1,334 100.0%	1,114 83.5%	761 68.3%	91 8.2%	508 45.6%	544 48.8%	194 14.5%	20 1.5%
児童自立支援施設	1,135 100.0%	828 73.0%	550 66.4%	49 5.9%	344 41.5%	389 47.0%	262 23.1%	42 3.7%
乳児院	2,404 100.0%	1,213 50.5%	286 23.6%	1 0.1%	818 67.4%	247 20.4%	1,152 47.9%	30 1.2%
母子生活支援施設	4,538 100.0%	2,961 65.2%	845 28.5%	134 4.5%	565 19.1%	2,385 80.5%	1,334 29.4%	205 4.5%
ファミリーホーム	1,713 100.0%	973 56.8%	431 44.3%	90 9.2%	636 65.4%	373 38.3%	606 35.4%	129 7.5%
自立援助ホーム	958 100.0%	744 77.7%	402 54.0%	78 10.5%	319 42.9%	437 58.7%	141 14.7%	68 7.1%

注：「虐待経験の種類」の構成割合は，「虐待経験あり」に対する割合であり，複数回答のため100%を超える場合がある。
出所：こども家庭庁（2024a：12）。

ら離れて生活すること自体が，子どもの人生においては大きな出来事である。実家庭では，上記の「養育者による安心の提供」を受けにくく，「養育者の社会に対する信頼を通して，自身を社会化」し難い環境である可能性が高いといえる。

実家庭の課題に加え，措置された子どもの中には，障がいのある子どもも少なくない。図1-5の通り，児童養護施設では，42.8%の子どもに障がいがあるとされている。社会的養護において「障がいあり」とされる子どもは41.4%であり，そのうち注意欠陥多動性障害13.3%，広汎性発達障害が13.0%，知的障害が12.2%，反応性愛着障害6.1%などとなっている。

学業についても，児童養護施設では表1-4の通り，遅れがある子どもが37.4%となっている。また，学校を欠席しがちな子どもも8.9%となっている。

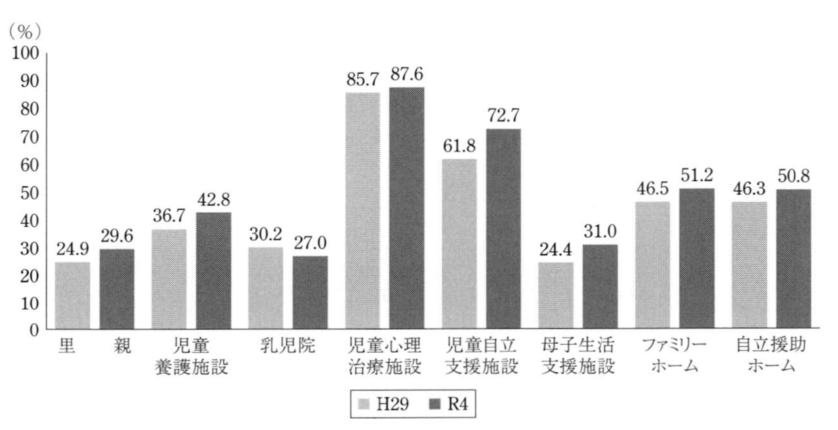

図1-5　社会的養護を必要とするこどものうち，障害等のあるこどもの割合
出所：こども家庭庁（2024b：11）。

表1-4　学業の状況別児童数

	総　数	すぐれている	特に問題なし	遅れがある
里　親	4,091 100.0%	320 7.8%	2,631 64.3%	1,113 27.2%
児童養護施設	19,838 100.0%	1,217 6.1%	11,148 56.2%	7,429 37.4%
児童心理治療施設	1,317 100.0%	50 3.8%	600 45.6%	665 50.5%
児童自立支援施設	1,135 100.0%	70 6.2%	520 45.8%	544 47.9%
母子生活支援施設	2,473 100.0%	137 5.5%	1,188 48.0%	1,115 45.1%
ファミリーホーム	1,443 100.0%	114 7.9%	714 49.5%	594 41.2%

注：就学前は，調査対象外。
出所：こども家庭庁（2024a：10）。

一人ひとりの障がいや学力，通学状況等に応じた支援も必要なのが現状である。

虐待，障がい，学業の遅れなど，一人ひとりの子どもによって様々な課題が混在する中，家庭で養育者に対し適切に自己主張することが容易ではない・容易ではなかった子どもも少なくはないだろう。

子どもは，社会的養護を必要とはしているが，家庭と交流できない子どもがすべてというわけでもない。社会的養護に措置されて以降も，表1-5のように，児童養護施設では75.1%もの子どもが，なんらかの形で家庭との交流を継続している。

しかしそれは，必ずしも子どもにとって楽しい経験，安心できる時間であるとは限らない。交流の約束を反故にされる，交流が叶っても保護者の望むよい子でいられるよう緊張続きである，保護者の感情に振り回される，保護者からの心身への攻撃を受けないよう身をすくめているといった場合も少なくはない。一方で，例えば児童養護施設では24.9%の子どもが家庭との交流がない。家庭との交流の有無を問わず，全国児童養護施設協議会（2019：12）にあるように，「原家族を理想化せず，客観的に自分の中に位置づけること」ができるよう，また，影響力の強い保護者に対しても「適切な自己主張ができるようになること」が，子どもの自立のためには重要である。

さらに，「原家族を理想化せず，客観的に自分の中に位置づけること」は，子どもの未来をつくるには必要ではあるが，上記のような被虐待体験による対人関係の歪みや，原家族への葛藤や期待は，社会的養護を必要とする子どもが，社会的養護にあるうちに克服できるとは限らない。自分自身が克服し，あるいは克服しようとしても，自立して懸命に生きている子どもへ，家族側からの金銭の無心や，精神的な揺さぶりをかけてくる場合も多々あるのが現状である。子どもにとって最善の利益につながる交流のあり方の模索が，措置中から措置解除後に至る長期間にわたって必要な子どもも少なくないのである。

表1-5　家族との交流関係別児童数

	総　数	交流あり			交流なし
		電話・メール・手紙	面　会	一時帰宅	
里　親	6,057 100.0%	351 5.8%	1,447 23.9%	346 5.7%	3,870 63.9%
児童養護施設	23,043 100.0%	2,537 11.0%	8,159 35.4%	6,499 28.2%	5,740 24.9%
児童心理治療施設	1,334 100.0%	120 9.0%	502 37.6%	423 31.7%	283 21.2%
児童自立支援施設	1,135 100.0%	67 5.9%	457 40.3%	422 37.2%	183 16.1%
乳児院	2,404 100.0%	155 6.4%	1,430 59.5%	188 7.8%	625 26.0%
ファミリーホーム	1,713 100.0%	129 7.5%	610 35.6%	239 14.0%	723 42.2%
自立援助ホーム	958 100.0%	194 20.3%	167 17.4%	121 12.6%	472 49.3%

注：「交流あり」の構成割合は，総数に対する割合である。
出所：こども家庭庁（2024a：15）。

こういった環境により，社会的養護を必要とする事態となった子ども，そして，社会的養護にはつながらないまま，愛情ではなく攻撃や拒否などを受けてきた子どもには，まず，前述の「安心感のある場所で，大切にされる体験」の提供から始める必要がある。

６）社会的養護における進路

表1-6・1-7は児童養護施設，自立援助ホームの子どもの大学（短期大学）への進学希望である。

児童養護施設では，中学３年生以上高校３・４年生までの子どもの大学又は短期大学への進学希望については，「希望する」が35.6%（前回31.8%），「考えていない」が29.2%（前回29.2%），「希望しない」が29.5%（前回32.6%）となっており，前回調査より進学希望が増加している。性別では，女子が男子

表1-6　児童養護施設の年長児童の大学（短大）進学希望

	実　数	希望する	希望しない	考えていない
総　数	7,738	35.6%	29.5%	29.2%
男	3,714	32.3%	29.6%	32.6%
女	3,419	39.4%	30.0%	26.0%
中3	1,943	41.8%	19.5%	36.1%
高1	1,852	36.7%	25.8%	33.2%
高2	1,643	34.4%	34.8%	25.6%
高3・4	1,588	31.0%	41.8%	20.7%
大・専・職	155	35.5%	14.8%	16.8%
その他	108	10.2%	41.7%	35.2%

出所：こども家庭庁（2024a : 28）。

表1-7　自立援助ホームの児童の大学（短大）進学希望

	実　数	希望する	希望しない	考えていない
総　数	949	32.1%	31.6%	29.7%
男	420	31.2%	33.8%	31.0%
女	515	32.8%	30.3%	29.1%
中学卒業	92	20.7%	39.1%	38.0%
高1	101	40.6%	28.7%	25.7%
高2	141	33.3%	30.5%	31.9%
高3・4	161	34.8%	38.5%	21.7%
大・専・職	87	43.7%	14.9%	13.8%
その他	191	19.9%	36.1%	40.8%

出所：こども家庭庁（2024a : 40）。

と比較し7.1ポイント進学の希望が高い。自立援助ホームも進学・就職など進路と関連性が深いが，中学校卒業から高校３・４年生までの子どもの大学または短期大学への進学希望については，「希望する」が32.1%（前回27.5%），「考えていない」が29.7%（前回36.1%），「希望しない」が31.6%（前回30.3%）となっており，前回調査より進学希望が増加している。性別では，女子が男

表1-8　高等学校等卒業後の進路（児童養護施設）

	進学		就職	その他
	大学等	専修学校等		
児童養護施設児	20.9％	18.0％	51.6％	9.6％
うち在籍児	29.5％	22.4％	29.2％	18.9％
うち退所児	18.2％	16.6％	58.4％	6.8％

出所：こども家庭庁（2024b：144）より一部改変。

子に比べ進学希望が1.6ポイント高い。

こども家庭庁（2024b）によると，表1-8の通り，実際に大学等へ進学した子どもは，例えば児童養護施設では大学等20.9％，専修学校等18.0％である。

児童養護施設からの進学率は上昇しているものの，進学を希望しながらも望みが叶わなかった子どもの存在が明らかであるとともに，全国の高等学校等卒業者の57.0％が大学等へ，20.2％が専修学校等へ進学している実情を考えると，社会的養護にある子どもの進学への道は極めて狭いと言わざるを得ない。進学をしたとしても，ブリッジフォースマイル（2023）によると，大学等へ進学した児童養護施設生活経験者のうち，中途退学率は入学１年後が7.5％，入学４年後で27.5％にものぼっている。進学できたから良しというわけではなく，中途退学者の約半数が進学後１年強の間に中途退学しており，進学後の経済的問題，希望する学問分野との合致の度合い，心身の健康状態など，様々な課題が子どもにはある上，困った時に頼ることのできる先が限られていることも課題である。

一方，高校卒業直後に就労した子どもの雇用形態は，ブリッジフォースマイル（2023）の調査によると，調査実施年である2022年は正社員・公務員61.2％，福祉就労25.3％，パート・アルバイト8.8％，契約・派遣社員3.5％であった。また，正社員として就労した子どものうち，就職３カ月後に16.9％，１年３カ月後に50.6％が離職していた。就職３カ月後に無職となったのは9.6％である。これは，正社員として就労した子どものみの割合であるため，離職・

転職を繰り返している子ども，離職・転職によって不安定な経済状況に置かれる子どもが少なくないことがわかる。また，福祉就労が約１／４を占めていることからも，子どもへの丁寧な支援の継続が課題である。

なお，上記調査は，回答者がすべての措置解除された子どもではなく，連絡を取ることができ，かつ回答を返信できる子どもであることから，子どもを取り巻く問題の氷山の一角であることも予想される。年を追うごとに，現在の状況が不明であるとの割合も高くなるなど，元措置先であった施設と連絡を取ることができる状態で措置解除されているにもかかわらず，途中で連絡がなくなる子どもも多い。連絡せずとも自分で生活できる子どもがいる一方，連絡が途絶えた子どもが置かれている環境，場合によってはその子ども自身の子どもが置かれている環境もが，課題を多く抱えている可能性があることが課題である。

こども家庭庁（2024a）によると，児童養護施設では，中学校３年生から高等学校高学年に進むにつれ，「大切なこと」に関する問いに対し，「将来に夢を持っていること」および「安定した仕事をすること」と回答する割合が高くなっているものの，それぞれ半数にも満たない。社会的養護にある子どもにとって「夢を持つ」ことが一体どういうことか，「夢をもつことが大切だ」という将来像を描くことのできる状況であるか，また社会的養護にある子どもが「安定した仕事」に就くことができるチャンスが豊富にあるか，「安定した仕事」の種類や内容などをどれだけ知っているかなどについても，検討の余地があるだろう。

このように，社会的養護における自立には多くの課題が山積している。また，その自立には，豊富な選択肢が用意されている，子どもの意思の尊重がなされていると言いきることができない状況である。しかし，人生を歩む主体は子ども自身である。彼らが自分の力でその人生を歩んでいくことができるよう，地域内での支援のネットワークの構築と，それが実際に機能することが，喫緊の課題である。

７）社会的養護における自立への道のり

家庭において，養育者から適切な養育を受けることができる・できた子どもにとっても現代における自立は困難であり，就職や家庭をもつといったことで自立したと判断するのではなく，行きつ戻りつしながら自立への道のりを歩んでいく。このため，自立していく年齢も，従来と比較して現代では遅くなっている。

これまで述べてきた通り，社会的養護を必要とする子ども，社会的養護を必要としながら社会的養護につながらずに潜在していた子どもの自立は，さらに困難であることは容易に想像できるだろう。このために必要なのは，措置中から措置解除後に続いていく計画的な支援体制と，問題がありながら社会的養護につながらなかった子どもの顕在化と支援体制の構築である。

自分の家庭において，養育者から適切な養育を受けることができる・できた子どもにとっては，前述のこども家庭庁（2024c：2）に述べられている「安心感を持てる場所で，大切にされる体験を積み重ね，信頼関係や自己肯定感（自尊心）を取り戻す」ことは当たり前の事柄かもしれない。しかし，そういったことを一人ひとりの子どもの過去・現在・将来の状況や発達・成長度合い，能力や心身の状態など，一人ひとりに合わせた形の支援として提供し，子どもを支援目標に向かって意図的に育んでいくことが，社会的養護の自立には求められている。これは，主に措置された先の社会的養護の場でインケアとして提供されるものである。

子どもが社会に出ていく存在であること，また，社会的養護が必要なのにもかかわらず社会的養護につながらなかった子どもがいることを考えると，措置されている・されていた先以外での子どもを支える場の働きも重要である。内閣府（2023）によると，育成支援機関等の認知度は，13～39歳までの調査対象者のうち，「職安などの就労支援機関（職業安定所（ハローワーク）・ジョブカフェ・地域若者サポートステーションなどの就労支援機関）」（61.3％）が最も高い。次いで，「児童相談所・福祉事務所などの児童福祉機関」（54.6％），

「児童館」(52.0%),「発達障害者支援センター」(33.9%),「青少年交流の家,青少年自然の家」(31.9%) と続いている。13～29歳を対象とした2019年の同調査では,これらの支援機関を知ったきっかけは,「学校」が最も多かった。社会的養護が必要であるにもかかわらず,社会的養護につながらなかった子どもも含め,社会的養護を必要とする子どもに支援の場について伝える重要な場・機会として,学校は大きな役割を担っているといえる。一方で,措置解除後年月を経ても,子どもが安心して支援を受け続けられるよう準備しておくことも重要である。育成支援機関等の利用希望について,15～19歳は「利用したいと思わない」「どちらかといえば利用したいと思わない」が合わせて62.4%であった。これらの割合は年々減っていき,年齢が上がるにしたがって,「利用したいと思う」「どちらかといえば利用したいと思う」の割合が高くなっている。

社会的養護施設等に措置されている時や,学校に所属している時から,子どもへの情報提供を続けることは大切である。しかし,受けた情報だけで支援を求められる子どもばかりではない。その子どもがよく知る人や支援者からつないでもらう,支援先へ共に足を運んでくれるといった,安心して支援を受けられる,安心して支援先を利用できる状況にし続けておくことが重要である。

以上のことから,社会的養護における子どもの自立への道のりは,図1-6のようにまとめられるのではないだろうか。

社会的養護を必要とする子どもの自立を促進することには,安心・安全な生活の繰り返しといった,適切な養育を受けられる状況にある子どもであれば当たり前と感じる事柄にも,意図的に取り組む支援が必要とされる。子ども自身が,子どもという存在としての権利（受動的権利）をしっかり守られ,かつ子ども自身が気持ちや願いを表明できるなど能動的な権利を尊重される体験をしていく。これらの体験の積み重ねを通して,非難される,自分が無価値だと思われてしまうなどと感じることなく,失敗を恐れず,SOSを自

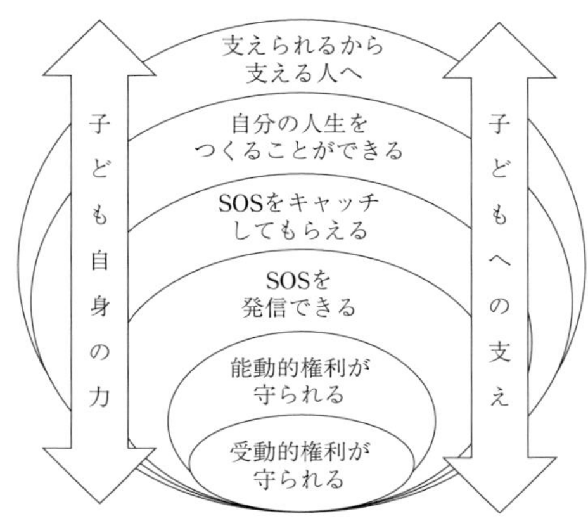

＜自立を促進すること＞
安心・安全な生活の繰り返しの経験，守ってもらえる経験，自分で選ぶ経験，安心して失敗できる経験，自分の考えを尊重してもらえる経験，共に歩んでいってもらえる経験，SOSを出しキャッチしてもらえる経験，成育歴の整理，養育者との関係調整，心身の健康回復や維持，社会的養護以外の人々から認められる体験，他者へ貢献できたという体験，など

図1-6　社会的養護の自立への道のり

出所：筆者作成。

ら発信できる力を身に付け，実際にSOSをキャッチしてもらう中で，自分を認める力や再チャレンジしていく力などを養っていく。自ら考え，時に失敗しながらも，努力を重ね，他者からの支えを得て自分の人生をつくっていく力も培われていき，支えられた経験が，今度は自分が誰かの支えになりたいという望みや実行力へと進化していく。

社会的養護を必要とする子ども，社会的養護が必要にもかかわらずそこへ至らなかった子どもの将来を，代わりに担うことは誰にもできない。図1-6の道のりにおいて，誰よりもその力（レジリエンスや子ども自身の挑戦，努力など）を発揮しなければならないのは，子ども自身であることは言うまでもないが，その力を発掘し，発揮し継続できるよう支え続ける力が，社会的養護とそれに関連する人々・施設・機関等にあることも事実である。そして，社会的養護にまったく関係のない地域住民も，子どもの自立の促進に大きなはたらきを担っていることは，山縣ら（2015年５月-）による当事者へのインタビューにおいても，子ども自身の声として複数あげられている。自立への道のりにおいて，これらの子どもの力を支えるため，①社会的養護における過去に対する支援，②措置中における支援，③措置解除後の支援，④地域住民や地域の関係者・関係団体等による支援が，効果的に連携し合うことが不可欠である。

2　自立・自立支援はどう捉えられているのか

社会的養護における自立には年限があるからこそ，経済的自立や身辺自立をいかに「させる」かという観点から支援が行われてきた。しかし，1994年の児童の権利に関する条約の批准や，1997年の児童福祉法等の一部改正による社会的養護の役割への自立支援の追加など，社会的養護における子ども観，支援のあり方は大きく変化してきた。

しかし今なお，社会的養護を必要とする子どもの自立は困難を極め，人生のスタートラインに立つ前からのあきらめ，挫折感，疎外感を感じる子どもは少なくはなく，措置された先による支援の格差も存在している。さらに，社会的養護が必要にもかかわらず社会的養護につながらなかった子どもの自立も，同じく支えられる必要がある。

このため本節では，社会的養護を必要とする子どもにとっての自立，自立支援がどう捉えられているのかについて，先行研究から整理することとする。

（1）研究目的・方法

1）研究目的と意義

前述した問題意識から，社会的養護を必要とする子どもの自立・自立支援について，共通認識をもつことは重要である。このため本節では，社会的養護における自立・自立支援の概念，およびその問題・課題を明らかにすることを目的とする。このことにより，社会的養護を必要とする子どもへの共通意識をもった支援の提供，置かれた社会的養護による格差の解消，潜在ニーズも含めた地域の理解と支えの醸成，公的支援で今後充実が求められる部分の明確化などにつながっていくという意義があると考えられる。

2）研究方法

本節では，先行研究を通して，社会的養護を必要とする子どもにとっての自立・自立支援の概念を整理する。自立をするのは子ども本人であることから，次節では，当事者である子どもの視点を含んだ先行研究から，自立や自立支援の問題・課題について整理していき，総括を行うこととする。

（2）社会的養護における自立・自立支援とは何か

1）研究方法

措置解除後の子どもの生活・支援の状況については，東京都をはじめとする地方自治体や，ブリッジフォースマイルなど措置解除された子ども等への支援にかかわるNPO法人などが調査を実施している。社会的養護に対する理解を促す必要性があるものの，多くの自治体が調査結果を公開していない。関心をもつ誰もがアクセスすることができるツールであるWeb上に公開しているのは，表1-9の19件であった（2020年12月末日現在）。しかし，調査は，連絡がつき回答することのできる子どものみによる結果である。支援を継続して受けづらい子どもや，支援はおろか生活実態すら把握できない子どもが，決して少なくないことも大きな問題である。

こういった社会的養護を必要とする子どもの目指す「自立」や，彼らにとって必要な「自立支援」は，今なお明確であるとはいえない。児童養護施設の支援者への谷口純世（2017：16）の調査によると，自立支援と聞いて想像することは，必ずしもコンセンサスが得られているわけではなく，支援者によって異なっていることが指摘されている。その上，「自立」「自立支援」は，一般家庭で養育されている子どものそれとも異なり，谷口（2021：41）が指摘しているように，被虐待体験からの影響，実家庭の課題と交流のあり方，進路選択の難しさなど，多くの課題をはらんでいる事柄でもある。このため，本節からは先行研究を通して，社会的養護を必要とする子どもの自立と自立

表1-9　19件の先行調査について

No.	調査名	公開年	調査元	調査地域	(1)回答者	(2)調査方法
1	東京都における児童養護施設等退所者へのアンケート調査報告書	2011年8月	東京都福祉保健局	東京都	1	A
2	社会的養護施設等および里親出身者実態調査概要報告書	2012年3月	特定非営利活動法人ふたばふらっとホーム	全国	1	A
3	埼玉県における児童養護施設等退所者への実態調査報告書	2013年1月	埼玉県福祉部子ども安全課	埼玉県	1	A
4	神奈川県児童養護施設等退所者追跡調査　神児研研修報告	2013年2月	神奈川県児童福祉施設職員研究会(神児研)調査研究委員会	神奈川県	1	A
5	全国児童養護施設調査2012　社会的自立に向けた支援に関する調査	2013年4月	認定NPO法人　ブリッジフォースマイル	全国	2	A
6	平成25年度　岡山市市民協働推進モデル事業施設児童退所支援のための実態調査　調査報告書	2014年3月	特定非営利活動法人　杜の家	岡山市	1	A+I
7	全国児童養護施設調査2013　社会的自立に向けた支援に関する調査	2014年5月	認定NPO法人　ブリッジフォースマイル	全国	2	A
8	全国児童養護施設調査2014　社会的自立に向けた支援に関する調査	2014年12月	認定NPO法人　ブリッジフォースマイル	全国	3	A
9	山形県における児童養護施設等の退所者支援に関する考察	2015年3月	佐久間美智雄	山形県	2	A
10	全国児童養護施設調査2015　社会的自立に向けた支援に関する調査	2015年12月	認定NPO法人　ブリッジフォースマイル	全国	3	A
11	東京都における児童養護施設等退所者の実態調査報告書	2017年2月	東京都福祉保健局	東京都	1	A
12	全国児童養護施設調査2016　社会的自立に向けた支援に関する調査	2017年2月	認定NPO法人　ブリッジフォースマイル	全国	3	A
13	大阪府　子どもの生活に関する実態調査（児童養護施設退所児童等の実態調査）	2017年3月	公立学校法人　大阪府立大学	大阪府・市，堺市	1	A
14	社会的養護施設等の退所児童に関する支援の実態把握調査研究等事業	2017年3月	社会福祉法人　全国社会福祉協議会 全国退所児童等支援事業連絡会	全国	3	A
15	名古屋市における児童福祉施設退所児童の実態調査	2017年3月	名古屋市子ども青少年局子育て支援部子ども福祉課	名古屋市	1	A+I
16	児童養護施設等退所者の生活状況及び支援に関する調査報告書	2017年11月	京都市	京都市	2	A+I
17	児童養護施設退所児童支援のための実態調査	2018年3月	桑原善登，桑原徹也	和歌山県	1	A
18	全国児童養護施設調査2018　社会的自立に向けた支援に関する調査	2018年11月	認定NPO法人　ブリッジフォースマイル	全国	3	A
19	令和2年度　児童養護施設等への入所措置や里親委託等が解除された者の実態把握に関する全国調査報告書	2021年3月	厚生労働省	全国	2	A

注：(1)「回答者」の1は退所者自身の回答によるもの，2は退所者および職員等の双方の回答によるもの，3は退所者自身の回答によらないものである。
　(2)「調査方法」のAはアンケート調査，Iはインタビュー調査である。
出所：各調査結果より筆者作成（公開年順）。

支援の概念を捉えなおし，その問題および課題についてまとめていくこととする。

先行研究は，「児童養護施設」「自立援助ホーム」「里親」「ファミリーホーム」「社会的養護」の5ワードに，それぞれ「自立」「措置延長」「進路」「進学」「アフターケア」の5ワードを組み合わせ，CiNii Articles および CiNii Books により検索した（検索日：2020年11月8日）。検索により抽出された文献から，以下の4つの要件を満たすものを取り出した。

① 社会的養護施設等のうち，児童養護施設，自立援助ホーム，里親，ファミリーホームのいずれかを体験した子どもを対象とするもの。
② 義務教育修了後の年齢の子どもを対象とするもの。
③ 児童の権利に関する条約への批准以降に発表，発行されたものであること。
④ 措置中あるいは措置解除後の自立あるいは自立支援について述べられているもの。

論文・資料については670件ヒットし，うち重複178件を削除した。次に，上記4要件を満たしていないもの442件，入手不可13件を削除した。書籍については75件ヒットし，うち重複23件を削除した。次に，上記4要件を満たしていないもの42件を削除し，検索ではヒットしなかったものの当研究への関連性の強い1件を追加した。本節では，これらの論文・資料37件，書籍11件の計48件の先行研究により，社会的養護を必要とする子どもの自立・自立支援の概念，問題や課題について整理していくこととする。

2）社会的養護を必要とする子どもにとっての「自立」の概念

自立の概念についての言及は，18文献でなされており（表1-10），例えば32北川（2016：71）による「本人の努力を基本に，持てる力や地域にある多様な物的・人的な（社会）資源や制度・情報等を活用し，自らの選択を前提とした，その意味で『リスクを負う権利』ともいわれる自己決定の下に，生き甲斐に満ちた生活を過ごせるようになること」，暫定的定義とされているが28林（2015：96）による「適宜支援を得ながらある程度の自尊心，生活意欲，希望に裏付けられた生活を継続できること」，48横山（2020：4）による「施設から退所して社会に適応しながら自分の力で生活をしていくこと」，18草間（2012：181）による「『児童の自立とは，精神的な自立・経済的な自立・日常的な自立を確立しながら，社会的自立を高め自己実現する過程と状態をいう』。前項において，筆者の自立の定義を述べたことと重複する面があるが，自立は養護児童にとって最終目標ではなく，あくまでも自己実現を達成していくために欠かせない手段ということである。自立を目的ではなく手段の連続的な営みであるととらえている」などがあげられる。

このように，社会的養護を必要とする子どもの自立の定義は様々であるが，5遠藤（2007：31）は，「私たちはとりあえず自立していくために必要な経済的自立と自分自身がしなければならない身辺の様々な処理能力にのみ自立の概念をおきがちである」と述べることで，断片的な概念は自立とはいえないと指摘しており，1竹中（1998：47）も自立は「多義的概念」であると述べるなど，経済的自立のみをもって自立であるといった概念は，社会的養護施設等の役割として自立支援が位置づけられた時期には，すでに過去のものとなっている。現在は，13徳永（2010：91）のいう「受動的自立と依存的自立を混在させたもの」といった考え方が，自立の概念の主流となっているといえる。さらに，自立は，例えば児童福祉法上の「児童」である期間や，様々なサービスの上限年齢，就学の有無や卒業などといった条件で決まるものではなく，プロセスであり，そのあり方も一人ひとりの子どもによって異なっているとの考えも，研究の領域においては浸透してきている。

3）社会的養護を必要とする子どもへの「自立支援」の概念

自立支援の概念については，表1-10の通り15文献に記述があった。自立支援の概念としては，2村井（2000：130）による「自立援助は相手の『主体性

表1-10　自立・自立支援についての言及

	著者名	年	自立		自立支援		
			概　念	問題・課題	概　念	問　題	大切・必要なこと
1	竹中哲夫	1998	○		○		○
2	村井美紀	2000	○		○	○	○
3	畠山由佳子	2002		○		○	○
4	加藤一政	2002	○		○		○
5	遠藤浩	2007	○			○	○
6	伊部恭子	2007	○		○		○
7	神戸賢次	2007	○			○	○
8	早川悟司	2008	○				○
9	東京都社会福祉協議会児童部会リービングケア委員会	2008			○	○	○
10	土井高徳	2009				○	○
11	喜多一憲・長谷川眞人・神戸賢次ほか	2009			○	○	○
12	松本伊智朗・清水克之・佐藤拓代ほか	2010		○			
13	徳永幸子	2010	○	○	○		○
14	小木曽宏	2011	○			○	○
15	高橋一正	2011	○			○	○
16	谷口由希子	2011		○	○		○
17	星俊彦	2012		○			○
18	草間吉夫	2012	○	○			
19	永野咲	2012				○	○
20	大村海太	2012		○		○	○
21	高橋一正	2012		○			○
22	星俊彦	2013	○		○	○	○
23	大澤真平	2013		○			
24	大森信也	2013		○		○	○
25	松原康雄	2014		○		○	○
26	尾形良子	2014		○			
27	大村海太	2014		○		○	○
28	林浩康	2015	○		○	○	○
29	埋橋孝文・大塩まゆみ・居神浩ほか	2015				○	○
30	馬場幸子	2016		○			
31	平井美佳	2016				○	○
32	北川清一	2016	○				
33	久保原大	2016				○	○
34	早川悟司	2017	○			○	○
35	平松喜代江	2017				○	○
36	宮地菜穂子	2017		○		○	○
37	高橋亜美	2017	○	○	○	○	○
38	高橋温	2017		○		○	○
39	小野善郎	2018		○		○	○
40	梅谷聡子	2018		○	○	○	○
41	宮地菜穂子	2018				○	○
42	井出智博・片山由季	2018				○	○
43	東京都社協児童部会自立支援コーディネーター委員会	2018				○	○
44	浅井春夫・黒田邦夫	2018				○	○
45	井出智博・片山由季・森岡真樹	2019	○	○	○	○	○
46	永江誠治・河村奈美子・星美和子ほか	2019		○		○	○
47	梅谷聡子	2019		○	○	○	○
48	横山順一	2020	○	○	○		○

注：網掛け部分は明確な言及なし。
出所：48件の文献より筆者作成（発表・発行順）。

の保障』を専ら行う援助である。そこでは最初に大人との信頼関係が必要とされ，それは彼らに『居心地のいい場所』(『心の安全基地』) を提供するなかで作られていく，という公式が成り立つ。そのうえで相手が決断するまで『待ち』，そしてその決断を『尊重』し，さらに相手が失敗を通して学び成長することを『見守る』ことが『自立援助』といえる」，支援者の語りから分析を行った48横山（2020：14）による「自立に向けた支援は日常生活にある」，13徳永（2010：94）による「子どもが過去の生活を踏まえながらも，現在と未来において生活の主体として自己形成を行うことを支援する営みである」などがあげられる。

つまり，自立支援は，社会的養護を必要とする子どもを法律やサービスの上限年齢，就学の有無などにより一律に自立させようとするためのものではなく，子ども自身のものである自立を，その力を発揮できるまで，また，その決断ができるまで待ち，子どもの意向を尊重した支援を行うものであるといえる。そして，自立支援の範囲も重要である。その力を育んでいくのはインケアである。つまり，自立支援はインケアでの取り組みから積み重ねられる営みである。谷口純世（2011：110）が児童養護施設の支援者への調査結果から「児童養護施設での自立支援の定義は，自立をある程度目前とした時期からのものであるととらえる視点と，生活全体が自立支援であるととらえる視点が混在しているのが現状である」と指摘しており，自立支援の期間の捉えられ方が支援者によって異なっている可能性は否定できないが，改めてこの点に関する十分なコンセンサスも必要である。

4）社会的養護を必要とする子どもにとっての自立・自立支援の捉え方

1997年の児童福祉法等の一部改正において，自立支援が社会的養護施設等の役割として位置づけられてから30年近くを経た現在においても，社会的養護を必要とする子どもにとっての自立や自立支援は，確固とした定義とすることが難しい。自立には，社会的養護か否かを問わずすべての人間に関係する事柄であるという共通性がある一方で，一人ひとり異なる要素が多く含まれ，必要な支援も子どもによる差が大きいという特性があるからである。共通性があるからこそ，各々の自立観・支援観を抱きやすいことも，自立・自立支援の共通概念を持ちにくくしているという難しさもある。

しかし，家庭に頼ることが困難なことが多い社会的養護を必要とする子どもにとって，自立がどういったものか，いつまでに完了しなければならないのかなどは一大事である。そして，措置された場を問わず，量的・質的にある程度公平な自立支援の保障は，その後の人生に関わる重要事項である。

前述の先行研究からは，自立については，①経済的自立のみを意味しないこと，②一律の年齢をもって完成するものではないこと，③自立はプロセスであること，の3点が明らかとなった。また，自立支援については，①主体は当事者である子ども自身であること，②支援者側は子どもの決断を待つ必要もあること，③自立支援はインケアからすでに始まっているものであること，の3点も明らかとなった。

このため，社会的養護を必要とする子どもの自立や自立支援を考える時，私たちはその主体が当事者である子ども本人であることを忘れてはならない。自立するのは本人であり，誰も代わることはできないからである。主体である本人の意向を尊重しながら，本人と共に進めていく必要がある。そして，社会的養護を必要としているにもかかわらず支援につながらない子どもも適切な支援に行き着くよう，また，適切な支援がなければ行政に働きかけるようにする必要もある。社会的養護を必要とする子どもは，子どもとしての当然の権利を奪われた体験をもつことが少なくなく，奪われた権利は，当然のことながら，社会的養護へ措置されたあとになったとしても，適切に守り直されねばならない。

3　自立・自立支援の問題・課題とは何か

（1）研究方法

本節では，自立は子ども自身のものであり，そのためには支援における子ども自身の意向や意思の尊重が不可欠であるとの観点から，前節で取り上げた48件の文献（表1-10）のうち，子どもの声を取り入れている先行研究5件を抽出し（表1-11），各論者の社会的養護における自立・自立支援の問題・課題について整理していく。

（2）社会的養護を必要とする子どもにとっての自立と自立支援の課題

上記5件の文献はすべて児童養護施設を対象とした研究によるものであった。それぞれの文献から読み取ることのできる自立・自立支援の課題は表1-12の通りである。

社会的養護を必要とする子どもの抱える課題の特性として，重層的な困難の存在と，措置や家庭復帰，自立などによる移動が不可避であり，それにともなって社会関係の切断と構築を繰り返さねばならないことがあげられている。

自立・自立支援の課題は，①特性，②制度・サービス，③支援・支援者，④施設，⑤生い立ち整理，⑥進路，⑦措置解除された子どもへの支援，⑧地域との連携の8点にまとめることができた。各研究の焦点が異なるため，指摘されている問題や課題は多岐にわたっているが，焦点が異なっていても，共通してあげられている問題や課題が複数あることは興味深い。半数以上の先行研究において共通してあげられている，②の「制度・サービス」による制限や不備とそれによる将来的なリスク，③の「支援・支援者」のうち子どもの意向の尊重や支援者との信頼関係の重要性，⑥の「進路」のうち大学進学率の格差とその問題・課題について，これから述べていくこととする。

表1-11　抽出文献一覧

No.	著者名	年	タイトル
1	谷口由希子	2011	児童養護施設の子どもたちの生活家庭 ――子どもたちはなぜ排除状態から抜け出せないのか
2	永野咲	2012	児童養護施設で生活する子どもの大学等進学に関する研究 ――児童養護施設生活経験者へのインタビュー調査から
3	平井美佳	2016	児童養護施設の高校生における進路選択 ――進路に対する態度と自立を支える心理的要因との関連
4	梅谷聡子	2018	児童養護施設における子どもの貧困と自立支援 ――職員へのインタビュー調査に基づいて
5	井出智博・ 片山由季	2018	子どもの未来を育む自立支援 ――生い立ちに困難を抱える子どもを支えるキャリア・カウンセリング・プロジェクト

出所：５件の文献より筆者作成（発表・発行順）。

１）制度・サービスによる制限や不備とそれによる将来的なリスク

制度・サービスによる制限としては，「年限のある自立」があげられている。永野（2012：28）は「公的責任の下で養育を担う児童養護施設は，こうした子どもに対し，衣食住の保障に限らず，専門的ケアを提供し，さまざまな機会の回復を保障する役割を負っていると考えられる。しかし，現状では，退所の時期は回復の保障がなされた時期と一致しないことが多い」，また，梅谷（2018：8）は「退所者がこのような困難に直面してしまう背景にあるリスク要因とは何か。本調査では，〈頼れる人がいない〉，〈虐待の影響〉，〈存在レベルでの自己肯定感の低さ〉，〈強いられた自立〉があげられた。これらの要因は，それぞれに影響を及ぼし合う」，そして井出・片山（2018：360）は，従来の自立支援が抱える問題の一つとして，自立が子どもにとってふさわしい時期ではなく，制度によって決められる「期限切れ」としての自立が進められてしまっていることを指摘している。

また，「公的養育システム内の格差や社会的支援（教育も含む）の欠如」も制限の一つとしてあげられており，谷口由希子（2011：124）は施設によって

表1-12　自立・自立支援に関する問題・課題

		1	2	3	4	5
特　性	重層的な困難の存在			○	○	
	移動に伴う社会関係の切断と構築の繰り返し	○				
制度・サービス	年限のある自立		○		○	○
	公的養育システム内の格差や社会的支援（教育も含む）の欠如	○	○	○		
	不利・さらなる社会的排除・連鎖	○	○	○		○
	相対的貧困下の子どもも含めた支援の必要性			○		
支援・支援者	子ども自身の問題（責任）というとらえ方の払拭		○			
	支援者の関わりによるプラスマイナスの影響		○			
	子どもの意見・意向の尊重	○	○		○	○
	具体的選択肢の提示		○			
	支援者との信頼関係・ロールモデル・相談できる人	○	○	○	○	
	集団の力の活用					○
	支援者・子どもが共に楽しむこと					○
	早い時期からのスタート					○
	日常生活の中での育ち直し				○	
	将来も踏まえた時間的つながりを意識した支援					○
施　設	施設の方針によるプラスマイナスの影響	○	○			
	施設風土の変革・醸成					○
生い立ち整理	原家族関係との適当な距離				○	
	希望する時に生い立ちを聞く，肯定的意味づけをすること				○	
進　路	肯定的な将来展望の低さ・レディネスの未形成					○
	職業選択の幅の狭さ（寮付き職場への就職も含む）	○				○
	将来展望の育み，キャリア形成支援のなさ					○
	プロジェクトへの継続的参加					○
	自立につながる社会経験・多くの価値観に触れる機会の必要性				○	○
	教育の重要性		○			
	大学進学率の格差・低さ		○	○		○
	大学進学への意欲，実現性の問題		○	○		
措置解除された子どもへの支援	事後対応的となる措置解除された子どもへの支援	○				
	措置解除後支援も可能な労働環境	○			○	
地域との連携	地域からの施設の子という認識	○				○
	措置解除された子どもに理解のある場所の存在				○	
	物品寄付ではなく子どもの体験の機会を求めること					○
	地域内の潜在的理解者への協力依頼					○

注：論文の付番は表1-11の通り。
出所：5件の文献より筆者作成。

非就学の子どもの措置解除が「公然のルール」であったり，高等学校受験に不合格だった際に無理な家庭復帰をさせていたりするケースに言及している。永野（2012：37-38）は，「本研究では，大学等進学の一場面からではあるが，児童養護施設からの大学等進学に対する意欲と条件の両面について，施設・養育者により相反するともいえる養育者の関わりが行われ，進学をめぐる状況に個人差が存在していることが明らかとなった。この個人差は，大学等進学の結果やその後の選択肢の状況を決定づける可能性がある。同時に指摘されるのは，この差が同一の制度による養育システムのなかで生じているということである」とその問題を明確に批判している。

さらに，これらの制限や不備による将来的なリスクとして，「不利やさらなる社会的排除，次代への連鎖」があげられており，谷口由希子（2011：17）は「児童養護施設を経験する子どもは，子ども時代に社会福祉の介入により社会保障の枠組みに組み込まれながらも，退所によって再び排除されてしまう可能性をもっているのである」とその危険性を訴え，永野（2012：30）は進学の観点から「進学率の格差が生む低学歴は，現代社会においてはさらなる不利を集積させるおそれがあり，このような格差や不利が児童養護施設というひとつの公的養育システムに集中している現状は，状況の把握や解消の探索がめざされなければならない」と，そして平井（2016：72）が「この進学率の格差は，不利や社会的排除の結果として捉えることができると同時に，さらなる社会的排除の原因ともなる。よって，このトートロジー的な悪循環を断つ施策とは何かを考える必要がある。そこで，子どもたちの社会的排除とその連鎖の解消には，進学や就労への支援がひとつの重要な鍵となるはずである」とその解消を訴えている。井出・片山（2018：15）は生い立ちに困難を抱える子どもを対象とした従来の多くの研究結果が，心身や対人関係，経済的な影響が長期にわたり，さらに世代を超えて連鎖する可能性があると指摘されていることを紹介している。

これらはどれも，制度の不備によるものであるとしか言いようのない事実であり，子ども自身の問題ではない。むしろ，子どもの将来に向かう芽をつぶしてしまう可能性の高い問題であるとともに，世代を超えての影響も指摘されており，改善が急がれる課題である。

また，現在は，失敗や挫折が許されない，チャレンジが許されない自立を強いている。それぞれの進路において，中途退学や病気，怪我など，様々なリスクはつきものである。家庭に頼ることのできない子どもが，失敗や挫折にあったときも安心して生活を維持し，次のチャレンジができるよう，また，進路が違っていると感じた時に違うチャレンジができるよう，真の意味での新たな出発ができるような制度設計でなければならない。制限のある制度・サービスではなく，子どもに応じてあり方を工夫できる柔軟で開かれた制度・サービスでなくてはならない。

2）子どもの意向の尊重や支援者との信頼関係の重要性

「子どもの意向の尊重」としては，谷口由希子（2011：239）は「援助者の援助方針と子どもの思いに差異や微妙なズレがあったならば，脱出にはつながりにくいことが明らかになった。援助者側が『その子にとってよかれ』と思い方針を立てていくことが，実際には子どもと合意形成できていないために子ども自身が意義を見いだせていない場合もある。その都度子どもに確認をし，説明していくことを怠ってしまうと援助者との信頼関係も形成されにくくなってしまい，結果的に脱出に向かう方向性を阻害する要因になってしまう」と指摘し，永野（2012：36）は進学意欲の観点から，「進学意欲には，①向上心や自身の境遇や育ちの中での目標の有無，②モラトリアムの肯定を含めた進学のイメージの有無が影響をもたらしていた。一般的な向上心からの進学意欲以外に，自身の育ちのなかから進学の目標をもつことが進学意欲につながっている」と，その子どもにとってよい時を待つ，意向を聴く，気持ちを高める・引き出すという関わりについて述べている。

また，井出・片山（2018：35）は「生い立ちに困難を抱える子どもたちの多くはそのレディネスが十分に形成されていないため，彼らの主体性を重視した自立支援を実現するためには，子ども自身が自らの将来について語り，将来展望を持てるように支援することが必要になります」と述べるとともに，CCP（キャリア・カウンセリング・プロジェクト）のプログラムに子どもの興味関心を取り入れ，子ども自身からの質問ができるように進めるなどの配慮をしている。さらに，同じく井出・片山（2018：84）による2人の高校生のインタビューからは，「彼女たちはCCPの中で『誰か』に『させられる』のではなく，『自分が』という主体的な感覚や『したい』という意思を持って，将来のことやおとなになることについて取り組んでいたことがわかります」と指摘している。梅谷（2018：5）は，施設に適応せざるを得なかった当事者の語る施設への肯定的な語りだけに慢心せず，施設のあり方に措置されている子どもの意見を取り入れることが非常に重要だと指摘している。

また，「支援者との信頼関係の重要性」については，谷口由希子（2011：239）は「子どもは職員をはじめとする援助者との生活時間を共有し積み重ねていくことによって大人との関係をいま一度立て直し，生活過程において信頼関係を形成していく」と述べており，永野（2012：36）は「意欲の高低は子ども自身の問題ととらえられがちであり，その先には，進学するかどうかは本人（の学力・意欲）次第であるという文脈が成立する。しかし，本研究では，養育者との関わりのなかで自己の進学イメージをもち進学意欲を高めたことが明らかとなった。つまり，進学意欲は，本人の素質や学力だけによっているのではなく，養育者の関わりによって，生じたり高めることができると考えられる」と，梅谷（2018：5）は施設の支援者との関係性を築くことができなかった子どもは学校や職場などで信頼関係を結んでいるケースもあるものの，「子どもの自立を促すインケアは，第一に，職員と子どもとの信頼関係の構築である。こうした人間関係が，それ以降の子どもの対人関係における他者への信頼の基盤になる場合がある」と述べている。

これらの課題には，すべて「継続」ということが重視されていることが明確であった。措置中の支援で，支援者の意図した支援の継続，施設風土の変革やそれに伴う支援者や子どもの意識までも変えてしまうようなプロジェクトの継続など，将来的な見通しをもった継続，さらにそこには子どもの意向を反映し，子どもの力を引き出す生活支援を通した取り組みの継続が必要である。

支援者の関わりは，子どものその後の一生を決定づける要素の一つになりうる。支援者の関わりによって希望する進路や生き方を見つける，逆に，希望する進路や生き方をあきらめるといったことが起こっている。だからこそ，最大限の可能性と，本人の納得いく進路の選択ができるような導きが必要であろう。そして，支援者がどれだけ子どもに必要な情報と資源を収集し活用できるかも，子どもの人生を大きく左右する。

3）大学進学率の格差とその問題・課題

「大学進学率の格差」については，永野（2012：37–38）は「本研究では，大学等進学の一場面からではあるが，児童養護施設からの大学等進学に対する意欲と条件の両面について，施設・養育者により相反するともいえる養育者の関わりが行われ，進学をめぐる状況に個人差が存在していることが明らかとなった。この個人差は，大学等進学の結果やその後の選択肢の状況を決定づける可能性がある。同時に指摘されるのは，この差が同一の制度による養育システムのなかで生じているということである」と指摘し，平井（2016：86）は「希望および予測の進路は就職が最も多いこと，また，予測する進路では希望する進路よりも進学が減じること，すなわち『進学を希望しているがあきらめる』子どもが一定数いることが明らかとなった。希望と予測の進路の不一致の理由については，経済的な懸念が最も大きく，特に進学をあきらめる高校生において懸念が高いことも示された」と問題を提起している。井出・片山（2018：22）も，大学等への進学率に一般家庭と大きな開きが見られること，一概に進学しないことが否定的影響を与えるとは言えないものの，進学によるメリットに関する指摘を行っている。

大学等への進学は，必ずしもすべての子どもにとってよいことであるとも言えず，また，障がいや生い立ちからの影響による事情により，その日生きていくことだけで精一杯の子どももいる。しかし，社会的養護にある子どもの大学等進学率は，全国平均をはるかに下回る状況が続いている。大学等で身に付ける資格・免許や，高等教育での学びが，よりよい就職に結び付く可能性，将来の職業選択やスキルアップの幅を広げる可能性は否定できず，大学等で過ごす「時」や，出会う「人」といった機会の意味も否定できない。叶う状況である限り，社会的養護を必要とする子どもに等しく，進学の選択肢の提示ができる，そして，確実に就学を続けられることが必要であろう。

（３）現代の子どもの自立と社会的養護を必要とする子どもにとっての自立・自立支援

社会的養護を必要とする子どもの自立にはさらに，家庭で暮らすことができなくなった事由による影響，家庭に頼ることのできない・距離を取らなくてはならない状況など，子ども自身が克服していかねばならないことが少なくない。自立の準備をする場である家庭は，子どもにとっては生き抜くことだけで精一杯の状況であったということも珍しくはない。また，社会的養護には年限がある。措置延長制度や社会的養護自立支援事業など，支援の拡充がはかられてきたが，加藤（2002：83）が述べているように，「いくつかの措置延長やその他の援助を受ける手段はあるが，実際には多くの児童が15歳から18歳のうちに児童福祉の対象から外れて，社会に出ていくことになる。それも特別な援助なしにであり，パラサイト・シングルと呼ばれる若者たちに比べて，その境遇の違いは明らかである」という状況は少なくはない。児童福祉法で規定された「児童」は18歳未満のすべての者である。

しかし，現実問題として，社会的養護を必要とする18歳未満の子どもに対する支援でさえその量や質には差があり，措置解除が支援からの断絶を意味するケースもある。当然児童福祉法の枠組みの中で支えられなければならない存在の問題を潜在化させ，問題があるにもかかわらず見て見ぬふりをする日本の社会的養護を，子どもの権利を守っているということは到底できない。

自立への支援では，措置解除後の子どもがなんとか経済的自立をし，身辺自立ができるよう支援をしがちにもなる。それほど，社会的養護に携わる専門職にとって，年限付きの自立のもつ意味は大きい。自立のためには措置解除後に必要な支援も多いが，これもすべての子どもに公平に用意されているわけではなく，施設等の状況，子どもの心身や就学，就労，生活等の状況，子どもの措置解除後に置かれる場や人間関係，地域の社会資源の状況，そして SOS を出すことができる環境にあるか否かなどによって大きく変わる。社会的養護を必要とする子どもに，等しく自立を支えてくれる存在や機会が保障されているわけではないという事実，小木曽（2011 : 151）が指摘するように「『フェアスタート』（公平なスタート）を切れない状況」は，子どもの自立のスタートそのものを妨害してしまう大きな問題である。平松（2017 : 116–117）も，施設の先輩の進路モデル，進学希望の動機に関するたまたまの出会い，施設の支援者等の進路に関する社会資源の活用力，施設による進路選択に関する考え方の違いを挙げている。社会的養護を必要とする子どもの将来が，施設等の進路モデルやたまたまの出会い，支援者や施設等の力量や考え方の違いによって，マイナスに働くことがないようにしなければならない。

子どものスタートを考える時，人生の選択肢の量・質はもちろん，その提示のされ方に差があることは問題である。今も，長年就職自立が主流だったために就職の道を強く提示される，進学の難しさばかりを伝えられる，進路についての相談ができない・意向を聴いてもらえないなどといった状況がないとはいえない。一人ひとりの子どもの状況により，ある程度の提示の枠組みが必要な場合もあるであろう。しかし，社会的養護の支援の格差によって，子どもに利益となる選択肢が狭められることはあってはならない。また，社会的養護を必要とする子どもが，強いられた自立や，支援の量・質の格差などによって，過去にできなかったこと，進学や資格取得など自分のスキルアップにつながることなどへのチャレンジが叶い難い・望み難い状況は直ちに改善していく必要がある。

失業や中途退学，経済的困窮や借金，望まない性風俗や法に触れたり危険だったりする仕事への従事，ネカフェ（インターネットカフェ）難民，ホームレス，精神疾患など，こういった子どもが陥る可能性のある危機的状況は数多ある。就職し自立したとされる子どもであっても，大澤（2013:136）が指摘するように，「社会的自立につながっているという点では，児童養護施設はその機能を果たしているといえるが，従来から指摘されている通り，その社会的自立は貧困・不平等の再生産につながりかねない状況に接続している」と，社会的養護を必要とする子どもの貧困・不平等につながりかねない状況がある。これはまた，その子どもに育まれる子どもにもあてはまる可能性が否定できない問題であり，梅谷（2018:32）も「児童養護施設における自立支援には，貧困の世代間連鎖を断ち切るという役割が課せられているといえよう」と指摘している。それほどに，社会的養護にあった子どもの生活状況はいとも簡単に傾く危険性を常にはらんでいる。危機的状況に陥った子どもが自力で這いあがってくることは，不可能に近いだろう。そういった状況に陥る前の予防的取り組み，伴走型取り組みの充実が課題である。そしてこれらの取り組みは，措置されていた施設等によって行われるものばかりではない。措置解除後の支援をしている団体や，地域住民，学校など，地域にある様々な社会資源を十分に活用していくスキルが求められる。

さらに，社会的養護を必要としているにもかかわらず，そのニーズが発見されなかった子どもへの支援の充実も急務である。支援を受けられないまま自立をせざるを得ない子どもの抱える困難は，想像をはるかに超えるものであろう。現在，こういった子どもを把握することは難しい。しかし，潜在ニーズへの取り組みもあわせて行うことが，子どもへ社会的養護の責任を果たしていくことにつながるのではないだろうか。

第２章　社会的養護で育つということ
——子どもたちの語りから

本章では，自立に向けて，支援を通して子どもに権利を守る力を育んでいくプロセスと，子どもが権利を守る力を体得していくプロセスについて検証していくに先立ち，『月刊福祉』（全国社会福祉協議会）に「My Voice, My Life——社会的養護当事者の語り」（2015年５月-）として連載されている記事のうち，2021年12月号までに掲載された78名の社会的養護施設等体験者のインタビュー記事の分析によって，子どもの視点から見た社会的養護とその課題について概観する。

1　社会的養護での体験を語ってくれた子どもたち

（1）子どもたち自身が語ることの重要性

社会的養護のもとで育った子どもは，これをどのように受け止めているのか。その支援を，実際に体験した子どもはどのように受け止め，意味づけているのか。子どもの受け止めや思いは，支援者がある程度推測できる場合もあるが，そうでない場合も多い。いずれの場合においても，真にそれがわかるのは子ども自身に他ならない。

「社会的養護が必要な子ども」という支援を必要とする存在であるとともに，「子ども」という成長の途上にある存在であるがゆえに，その主体的な語りは二の次にされることもあった子どもの語りであるが，児童の権利に関する条約の批准以降，子どもの語りを尊重する取り組みは多くある。

多くの自治体で行われている措置解除後の子どもの実態調査には，表1-9の通り，アンケート調査を中心として，子ども自身を回答者とするものが複数みられる。支援中に伝えられていたことや，意見を聴いてもらえたかといったことなど，施設での生活を振り返る項目も含まれている。こういったアンケート調査は，子ども自身の回答からの考察を可能にするという意義はあるが，長瀬・谷口（2019：58）が「『C　質問紙調査に回答できる層』は，『D　養育者（施設等職員・里親）が連絡先を把握している層』であることが基本的な要件となる。…（中略）…退所者調査で示される当事者の実態は，当事者全体の状況を示しているわけではないといえよう」と指摘するように，限界もある。アンケートに回答できる力がある子ども，回答できる状況にある子どもに限定されてしまうため，連絡可能か否かに加え，障がいや学力不足，支援者からの連絡への拒否や遠慮などの状況にある子どもの回答も含まれにくい。調査票を届けられなかった層や，調査票に回答することができない層の子どもの声は聴く術がないため，社会的養護を必要とする子どもの受け止めや思いを正確に反映することは難しい。

一方で，インタビューによる記録や研究，子ども自身による手記や子ども自身が講演等でその体験を語った際の記録など，子どもの語りのもつ力を最大限に生かそうとする取り組みもある。その多くは，書籍や雑誌に掲載されており，インタビューとしては本章で分析の対象とする山縣ら（2015年５月-）による社会的養護施設等体験者による語りの連載，手記や体験を語った際の記録としては，社会的養護の当事者参加推進団体日向ぼっこ（2009）や，『社会的養護とファミリーホーム』編集委員会編（2010；2011；2015；2022）などがある。大久保（2011）による施設で共に生活することを通した記録もある。一人ひとりの子どもの語りは，アンケートと同じくすべての子どもの思いを代弁するものとはならないが，子どもの受け止めや思いを深く把握できるという意義がある。

子どもの語りを通した先行研究としては，伊藤（2010）による研究のように，措置中の子どもの語りを分析しているものは極めて少なく，その多くは措置解除後の子どもの語りによるものであり，伊部（2018）や吉村（2015）などによってなされている。子どもの語りを通した研究の多くは，社会的養護における生活や支援のほか，進路，措置解除後などに焦点が当てられている。しかし全体として，措置中・措置解除後を問わず，社会的養護を必要としている子どもの語りによる研究は多いとはいえない。

その他，当事者団体の活動をはじめ，子ども自身からの積極的な発信もみられる。田中（2021）などによる当事者の自伝や，YouTube や Instagram などのツールを使った発信もみられる。

今後はより一層，子どもの語りを通した研究により，子ども自身の受け止めや思いから学び，検証する研究が必要である。措置されている子どもに対するインタビューは，子どもの措置中の受け止めや思いをリアルタイムで聴き取ることができる。措置解除後の子どもの語りは，時の経過や本人の体験を通して支援を振り返り，自分なりに支援中の受け止めや思い，支援者の意図などを整理できるという利点がある。その双方の利点を踏まえた検証が必要である。

本章の目的は，このような問題意識に基づき，社会的養護施設等体験者の語りから，社会的養護で育ったことが，子どもにどのように受け止められているのかについて，その状況と課題を概観することにある。

（2）社会的養護で育つということを明らかにするために——子どもたちの語りから

1）語ってくれた子ども

本章で分析の対象とするのは，全国社会福祉協議会から刊行されている『月刊福祉』に，2015年５月より連載されている「My Voice, My Life——社会的養護当事者の語り」である。この連載では，４名の大学教員が輪番で，毎月ひとりの社会的養護施設等体験者の語りを聴いている。このインタビューによる連載を分析に活用する理由は，①特定の種別のみではなく，複数の種別の社会的養護施設等体験者による語りであること，②20代が中心であり世代間ギャップが生じにくいこと，③順風満帆に生活を送っていない子どもも複数含まれていること，④すべての記事について子ども本人による原稿のチェックおよび掲載についての許可があること，の４点である。

このインタビューは，特定の調査項目を設定せず，子ども自身が理解している範囲で，自分の過去，現在，将来について子ども自身が語ってくれたことをまとめたものである。本研究では，2015年5月から2021年12月までに掲載された78名のケースを対象としている。このうち，13名のデータについては，筆者が2020年に『愛知淑徳大学紀要』へ論文を投稿する際使用しているが，本研究とは分析方法および分析の視点などすべて異にしている。

78名分の掲載されたインタビューデータから，読みとることのできる範囲で集計したところ，20代以下の年齢の子どもが最も多かった（一部，30代前半を含む）。78名のうち，子ども自身から措置を希望したのは10名，障がいがある子どもが3名であった。それぞれが社会的養護ニーズを抱えており（表2-1），複数のニーズを合わせもっている子どもも多い。

乳児院，児童養護施設，里親家庭，ファミリーホーム，自立援助ホーム，児童自立支援施設など体験してきた施設等は様々であり，数種類の施設等を体験した，同じ種別あるいは同じ施設等を複数回体験したというケースもあった（表2-2）。

2）子どもたちの語りの分析方法

掲載されたインタビューデータは，テキスト分析によって分析した。分析ソフトとして，樋口耕一により制作されたKH Coder（3. Beta. 04a）を用いた。KH Coderは，計量テキスト分析またはテキストマイニングのためのフリーソフトウェアである。本研究で用いているインタビュー調査の記録といったデータのほか，アンケート調査の自由記述，新聞記事など，テキスト型のデータを分析することができる。子ども自身の語りというテキストデータから，使用された語彙とそのつながりによって分析することは，子ども自身が感じている社会的養護で育つことについて概観するという本研究の目的と合致するため，この方法を選択した。

分析手順としては，インタビュー掲載データの子どもの語りにあたる部分をMicrosoft Excelデータへ変換した。変換したデータをKH Coderで読み込んだ上で前処理を行い，異なる語句だが同じ意味をもっている語句（例えば，「児相」と「児童相談所」など）の置換を行った。また，会話の中での特に

表2-1　78名のデータから読みとることのできる社会的養護を要する家庭の問題

	人　数	%
はっきりしない	7	9.5
親を知らない	12	14.9
親が多忙	5	6.8
親の離婚	30	39.2
親の再婚	11	14.9
親の死亡	10	13.5
親の精神疾患・依存症	25	31.1
親の身体疾患・障がい	6	6.8
虐　待	48	62.2
DV	28	17.6
貧　困	9	12.2
不登校	10	13.5

種　類	人　数	%
心　理	28	60.9
身　体	32	67.4
ネグレクト	34	69.6
性	3	6.5

出所：全国社会福祉協議会（2015年5月-2021年12月）78名の掲載データより筆者作成。

表2-2　78名のデータから読みとることのできる体験した社会的養護施設等

	人　数	%	備　考
乳児院	18	23.1	
児童養護施設	66	84.6	うち複数回経験 8 名（12.1%）
里親・ファミリーホーム	15	19.2	うち複数回経験 1 名（6.7%）
自立援助ホーム	7	0.9	
児童自立支援施設	6	0.8	うち複数回経験 2 名（33.3%）
児童心理治療施設	3	0.4	
母子生活支援施設	2	0.3	

出所：表2-1と同じ。

意味のない語句（例えば，「あ～」「うん」など）の取捨選択を設定し，語彙の意味を区別するため，実母実父に関しては「お母さん」「お父さん」（特別養子縁組をされた対象者については，対象者の使用している語句のままとしているが，分析の際にKWICコンコーダンスによる確認を徹底している），施設や児童相談所

表2-3　KH Coder により抽出された頻出語上位50語と出現回数

抽出語	回　数	抽出語	回　数	抽出語	回　数
思う	951	お父さん	282	友達	170
施設	665	子ども	268	仕事	164
お母さん	560	生活	259	出る	161
言う	559	子	247	入る	160
自分	508	高校	211	感じ	153
職員	426	学校	199	小学校	152
人	386	一緒	196	会う	150
行く	384	帰る	191	来る	145
今	315	聞く	175	見る	137
家	299	親	172	嫌	136

抽出語	回　数	抽出語	回　数
大学	134	アルバイト	101
楽しい	123	入所	98
話	121	お金	97
先生	120	気持ち	97
話す	119	最初	97
知る	115	ご飯	96
笑	114	食べる	90
暮らす	109	児童相談所	87
好き	105	家族	84
考える	104	多い	84

出所：表2-1と同じ。

の支援者は「職員」，寮長や園長などは「施設長」，学校の教諭を「先生」，実親の再婚相手は「継母」「継父」，実親の同棲相手等は「交際相手」，友だちのお母さんは「母親」と修正した上で，前処理を行ったところ，総抽出語数が13万2,321，異なり語数が5,721抽出された。総抽出語数のうち，出現回数上位50語を頻出語句として表2-3にまとめている。上位の頻出語句は，「思う」(951),「施設」(665),「お母さん」(560),「言う」(559),「自分」(508)(括弧内は出現回数)などである。

(3)倫理的配慮

本章では,『月刊福祉』にすでに掲載されている78名のインタビューデータの分析に限定し,原稿化されていない部分についての言及はしない。なお,『月刊福祉』内で原稿化されている部分はすべて,本人による原稿の内容確認の上,『月刊福祉』に掲載し公開する承諾を得ている。また,インタビューの実施および本研究における論文執筆においては,日本社会福祉学会の研究倫理指針を遵守している。

2 「社会的養護で育つ」ということ
——子どもたちの語りの分析結果

図2-1は,抽出語を用いて出現パターンの似通ったものを線で結んだ共起ネットワーク図である。図2-1でできた4つのサブグラフを生成している語句をKWICコンコーダンスで確認し,それぞれのサブグラフへのネーミングをした。なお,インタビューによるものであるため,必然的に抽出される回数の多くなる,抽出語第1位の「思う」は除いている。

(1)「今」を中心としたサブグラフ

「今」を中心としたサブグラフは,「今はもちろんお母さんのことが好きです」「今はお母さんとはメチャ仲がいいです。一緒に飲みに行ったりしています」「お父さんとお母さんは今どこにいるかもわかりません」「今,私にとってお母さんは,冗談を言い合ったりして気を遣わなくていい人ですが,3日くらい一緒にいると疲れます。…(中略)…メンタルがやられます。たまに会うくらいがいいかな」「お母さんと今は絶縁状態です」など,現在の実母との正負双方の関係性で生成されていた。

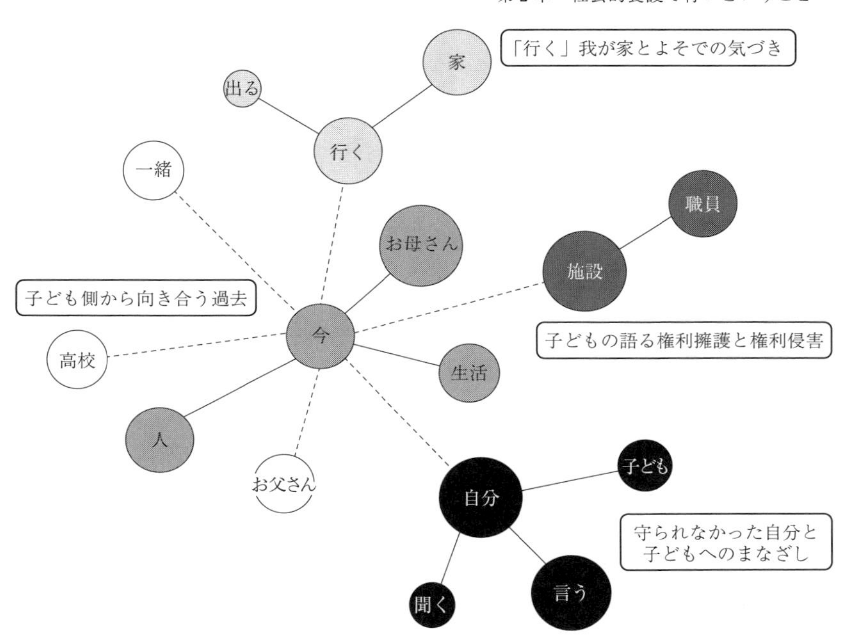

図2-1　78名の子どもの語りによる共起ネットワーク図

出所：表2-1と同じ。

「お母さん」という語句とともに多かった「人」という語句は，お母さんや施設の支援者，児童相談所の職員，施設の先輩や友人，学校の先生や友人，アルバイト先や就職先の上司や同僚など色々な「人」が存在しており，子どもがあえて「人」という語句を使ったものである。「人」は，「小学校4年生ぐらいからは，自分が今まで年上の人にされてきたことを年下の子にするようになったり，年上の人に殴られたらそのストレスを発散するために，年下の子に八つ当たりしました」と，自分が受けて嫌だった，辛かったことの連鎖，反対に「その人（児相の担当職員だった人）は今でも時々連絡してきてくれます」「今は相談できる人がいるから楽だけど…。私はなんとか乗り切れたけど，施設の友だちのなかには相談が必要なのにできないままでいる人もいるんです。そういう人がたくさんいることも知ってほしいし，支援が必要です」「今までいろいろな人に助けてもらったり，相談にのってもらったりしたんで。今度は困ってる人たちを助ける仕事に就きたい」「同期は 4 人いるんですけど，今は音信不通。個人の資質だけじゃないですよね。今でもつながりのある人たちは，必ずいい人との出会いをしているから」といった，様々な人に対するこれまでの支援への感謝や，それを他の人へつなごうとする気持ち，他の人を思いやる気持ちなどで生成されていた。

「今までずっと施設で生活してきたので，自分で考えて行動するよりも，ルールのなかで決められた通りに動くことに慣れてきていて，楽に感じました」といった施設で暮らすことへの安堵，「年に 1 回，担当の児童福祉司が『今の生活はどうですか』みたいな，そんな感じの関わりはありましたが，深い話はできなかったです。前回来た人からまた人が代わってるなと感じたりしていました。毎回同じ質問しかされないから，『またこの時期がやって来たか』と思うくらいで，あまり意味は感じられませんでした」「退所するときは不安でした。親と生活することも。今まで大勢で暮らしていたのに急にふたりになる」といった話を聴いてもらうことや措置解除についての不信や不安，「そこ（施設）で学ぶことも多いですから。今施設で生活している子どもたちには，こう言ってあげたい。『止めてくれる大人がおる間が花やで』。…（中略）…18歳を超えると，全部自分の責任になるし，よいことも悪いことも，教えてくれる人がおらんようになるから」といった施設で暮らしているからこその長所，「平凡ながらも家庭を維持していく，今の生活が続けばいい」といった自分でつくりあげた生活への安心や願いなどからも生成されていた。

このため，このサブグラフを【子ども側から向き合う過去】と命名した。

（2）「自分」を中心としたサブグラフ

「自分」を中心としたサブグラフは，「子どもにも権利はあると思う。大人にばっかり引っ張られるんじゃなくて…。でも，自分の気持ちは言いづらい。私は言えなかった」「高校生になったら，施設の子がほとんどいなくなります。だから，自分から言わなければあまり気づかれません。自分から施設のことを言うこともなかったですね」といった，自分の気持ちや自分の状況を言わない，言えない，言いづらい事実や，「お母さんは『被害者ぶるな』ってよく言いました。自分は正しいことをしているんだと」「相部屋の人に自分が寝るまで寝るなって言われたり，自分の持ち物をとられたりもしました。最初は職員に言いましたが」など他者から言われることで嫌な思いをすることや守ってもらえないこと，「『帰りたい』と答えました。そしたら退所して家庭復帰することになっちゃって…。自分で帰りたいって言ってしまった以上，引っ込みがつきませんでした（その後継父による虐待が再開）」といった状況をよく理解できているか子どもに確かめないままの方向転換などで生成されていた。

「聞いてみたいことがあるんです。自分で子どもを育てられないのに，何で次々に産んだのかということ」「お母さんは自分の子どもに関心がなく，あまり構ってくれない人だったんです」などのように，子どもとしての自分の存在価値の不確かさ，「『あの時の先生みたいになれてるかな』って言ったら，全然なれてないんですけど。自分なりに子どもたちが『学校楽しい』って思ってくれたらいいです」「無条件の自分の子どもだから好きだ！　が欲しかった。だから，自分はそうありたいと思っています」のように自分の子どもという存在への思いからも生成されていた。

このため，このサブグラフを【守られなかった自分と子どもへのまなざし】と命名した。

（３）「行く」を中心としたサブグラフ

「行く」を中心としたサブグラフは，「外泊で親の家に行っても，基本我慢の時間だったし」「小学校５年生の夏頃までは，親の家に泊まりに行っていました」「『この人いい人だなあ』と思って家に行くと，お母さんとお母さんの交際相手が喧嘩してて，お母さんは泣いてるし」といった自分の家にもかかわらず「帰る」ではなく「行く」と表現する家に対する意識，「家にいたくない一心で，学校が終わったら遊びに行って，最低限しか家に帰らなかった」といった家への拒否感，「メシも僕だけ部屋の前に置かれたり，みんなが映画に行っても僕は家に残っていたり…。ギクシャクしていて，家に居場所がなかった」といった家族の中での疎外感，「高校生の時，つきあっていた彼の家に遊びに行くようになって，『あれ，なんか自分の家とは違う』って思いました」「反省しろって言われて丸坊主にされたことです。ある日，彼の家にいたとき，彼の母親に初めて自分の家について話したんです。『あなたのお父さんは頭おかしいよ』って」など外の世界へ行くことによる自分の受けている権利侵害への気づきなどで生成されていた。

「学校の友だちの家に初めて行った時のことです。靴のそろえ方や食事の仕方とか（について友だちの母親に褒められた）」という，他者の家に行く体験を通して，施設で叱られながら教わったことの意味の発見したことなどによっても生成されていた。

このため，このサブグラフを【「行く」我が家とよそでの気づき】と命名した。

（4）「施設」を中心としたサブグラフ

「施設」を中心としたサブグラフは，施設等で生活する中で，「彼氏にも言うか言わないかで施設の職員にすごく相談にのってもらいました。結局彼氏も施設に連れてきて」「施設の職員のほうがきょうだいより頼りやすい」「中間・期末テストの最終日に，部活で帰りが遅くなると施設に伝えては，友だちとカラオケに行っていたこと。たぶん施設長や職員には…バレてたかな？（笑）」といった支援者への信頼や，支援者からもらった気持ちやよい意味での見て見ぬふり，「高校で稼いだアルバイト代は，施設の職員の勧めで全額貯金していました。そのお金で，車を一括で買えたんです」「内緒のアルバイトはえらかった。結局，バレてやめました。でも，施設の職員が高校に，将来のために必要だと交渉してくれて，アルバイト先も一緒に探してくれました」といった子どもの将来を思っての対応，「施設職員のことも，『給料をもらってる人たちだ，どうせお金のために俺らといるんだろう』としか見ることができませんでした」「俺たちが抱えるような悩みは，一般家庭で育って大学に行って，施設の職員になった人にはわかないことだって思っていました」「（生い立ちについて）何で自分は知らないのに（施設職員とか）ほかの人は知っているんだろうって」「施設の職員のことも嫌いだった。私は嫌われてるんだろうなって思ってたから…」といった支援者への不信感や嫌悪感，「学校の先生が『税金なのにね』って言ってきました。悔しくて，帰って施設の職員に言ったのに，相手にしてくれなかった…」「中学生の時，大学に行って保育士資格を取りたいと施設の職員に話しました。『お金大変だし諦めたら？』と言われたり，『高校は商業科に進んだら？』と勧められたりしたのがとても嫌だった。だから，高校は夢を実現するために，普通科に進みました」「生徒指導の先生からは10月末まで在籍したら卒業できるって言われたけど，施設の職員は普通で，スラスラッと手続きしとった感じやったね」「しばらくたった頃にお父さんと面会させられたんです。施設の職員と一緒に施設を出て児童相談所に行ったら，待合室にお父さんがいました」（激しい罵詈雑言を浴びると分かっていながら児相職員は席を外し，待っていると約束した部屋のすぐ外にもいなかった）といった，施設の支援者や児童相談所職員による子どもの意見や将来の可能性への不十分な配慮，不適切な関わりなどで生成されていた。

支援者の支援の意図が理解できず，様々な葛藤を抱えて措置されていた施設から脱走したり，支援者と言い争ったりした過去がありながら「一人暮らしの頃，小学校の時からお世話になっていた施設の職員が，毎月レトルトカレーや親子丼を送ってくれて，必ず応援メッセージを書いたメモが入っていたのです。『こんな職員になりたい！』って思いました」「今思うと，誰に話を聞いてもらうよりも，施設の職員に聴いてもらったほうが落ち着くんです」といった振り返って支援者の気持ちが子どもの心に響く様子や，「施設の職員になりたいとずっと思っていました。お世話になった職員に憧れています」「もし子どもができたら，施設の職員たちみたいに，『時にはちゃんと母親，時には友だちのように話せる』って感じになりたいです」「○○（子どもの名前）は立派にやっているって，施設の職員に『安心』してほしいから」という将来の夢や今を頑張る力をもつことなどによっても生成されていた。

このため，このサブグラフを【子どもの語る権利擁護と権利侵害】と命名した。

3　社会的養護に必要とされていること

（1）子どもたちの語りから明らかになったこと

本項では，前節において命名した4つのサブグラフを通して考察していくこととする。

1）子ども側から向き合う過去

ここでは特に，「お母さん」という家族員との正負双方の関係が語られていた。社会的養護に至ることは，解決とイコールではなく，例えば「お母さん」という家族員による影響は，社会的養護にたどりついた後も続く。社会的養護で暮らすことによって，支援者からの支援を受け，よい意味での物理的・心理的距離を置くことができるようになったり，お互いのつきあい方をうまく工夫したりすることで，よい関係性を再構築していた子どももいた。一方で，どれくらいの期間や程度ならば関わりが無理なくできるかを，自分が判断し，関わり方をコントロールせざるを得ない子どももいた。

このように，自分の親について客観的に見つめ，うまく関わりを拒絶したり再構築したりすることができる力を身に付けることは，通常は子どもがしなくてもよいことである。しかし，社会的養護にある間にも，親からの言葉や行為に怯え，ぬか喜びし，振り回されるといった体験を，子どもは重ねていた。子ども自身が抱く複雑な思いや疑問を踏まえつつ，どう将来の関係性をつくっていくかについて，社会的養護にあるうちにできる限り，適切な方法や向き合う機会をもち，自分を守る力を付けていくことが必要とされる。

社会的養護における子ども間の暴言暴力の連鎖に，子どもが不安や不信，恐怖を感じないよう，徹底して守られる環境をつくることも重要である。支援者が，子ども間の圧力にどれだけ敏感に気づき，真摯に取り組んでくれるかを，子どもはよくわかっていた。

措置中や措置解除の際のことに，十分に自分の気持ちや意見に耳を傾けてもらうことができていなかったということも語られていた。例えば児童相談所との関わりが，児童相談所の職員によっては定例化・行事化したものになってしまっていることにも，子ども自身が気づいていた。

一方で，支援者の支援への感謝の気持ちを抱いたり，そういった支援をできる存在になりたいという夢をもったりした子どももいた。社会的養護において日々守られ，自分の意見に耳を傾けてもらうことのできる体験を積み重ねることを通して，間違っていることは違うと思ったり，言ったりすることができ，間違ったことを自分も他者にしたくないと思うことができるようになることが語られていた。また，支援が必要なのにもかかわらず，つながっていない人がいることへの思いも語られていた。支えてくれた人への感謝する気持ちの芽生えは，他者を思いやる力を育んでいくことにつながりうる。

2）守られなかった自分と子どもへのまなざし

家庭や社会的養護における暮らしで，人への言いづらさや，言ったことによる結果の重さ，人から言われたことからの嫌な思いを感じることが語られていた。例えば，友人に社会的養護施設で暮らしているという事実を言いづらかったこと，虐待環境の続いている家庭への復帰についてよくわからないままに決断を迫られ，十分な理解もなく従わざるを得なかった選択の重さなどについて述べられていた。社会的養護を引け目に感じることなく堂々と伝えることができ，理解される社会，理解が不十分なまま選択を迫られ従わされることのない支援が必要である。

3）「行く」我が家とよそでの気づき

自分の家にもかかわらず，「帰る」ではなく「行く」との表現が多くあったことも，困難な親との関係性を表していると考えられた。交流中も虐待が続いていたり，「疎外感」や「居場所がない」と感じていたりする事実が語られていた。家庭との交流も重要であるが，交流中に子どもが守られないという事態は，社会的養護による子どもへの権利侵害である。

子どもが，自分の家庭とは異なるものに触れて気づくことも重要である。虐待環境しか知らなければ，その環境が子どもにとって普通の環境となってしまう。一方で，子どもは，自分の家庭や社会的養護以外のところでの気づきも得ていた。子どもが成長し，友だちの家を訪れたり，友だちの家の話を聞いたり，アルバイト等の仕事を始めたりする中で，社会的養護を必要とする環境とはまったく別の環境に触れ，新たな気づきを得ることも，子どもを育む大切な要素になることがわかった。この意味で，自分の家庭や暮らしている施設等以外の場を訪れること，そこで他者と出会うことは，守られていなかった自分の状況に気づかせてくれるという大きな意味をもつと言える。

4）子どもの語る権利擁護と権利侵害

家庭のみではなく，福祉，教育の中でも，子どもへの権利侵害ではないかと考えられることがあったことが複数語られていた。こういった事態は，徹底して是正する必要がある。

一方で，子ども自身が過去と向き合ってはじめて，過去に受けた支援の意味が分かったということも語られていた。社会的養護では，今の支援が即時に子どもの心に響くこともあるが，そうではない場合もある。子どもの心に伝わるのにはタイムラグがあることも多いのが，社会的養護における支援の特徴であること，伝わるには，自分や自分の将来を思ってしてくれていると，子ども自身が理解できるように伝え続けられているかどうかが重要であることも明らかであった。

こういった社会的養護における支援者の支援によって，支援者になりたい，支援者のような親になりたいといった，将来の大人としてのモデルや目標を得られた子どももいれば，支援者に安心してほしいからという思いが，生活を頑張る原動力になっている子どももいた。

（2）子どもたちの語りから見える今後の課題

前項の考察を通して，子どもの語りからは，社会的養護におけるいくつかの課題が明らかとなった。ここでは，本研究で明らかになった課題について3点に絞って考察する。

1）子どもが安全に過去や家庭と対峙できる機会の必要性

過去や自分の家庭と対峙できる・対峙しなければならないのは，子ども自身である。しかし，それは時として虐待の想起となる危険性もあり，支援者の見えないところで子どもが我慢し，耐え，辛い悲しい思いをするといった，権利侵害の繰り返しにつながっていることが語られていた。子どもが安全に対峙するには，徹底したサポートが不可欠である。例えば，家庭との交流においても，子ども自身が希望を述べる機会や，交流時の逃げる手段や場の確保，交流の状況を振り返り，聴いてもらうことができる機会の提供など，子ども自身が安全だと感じ，守られていることを実感できる支援が，当然のこととして準備されなければならない。

自分自身と対峙するには，自分の過去に対する理解も重要である。積極的に生い立ちの整理に取り組もうとする支援もあれば，なんとなく取り組んでいる，あるいは特に触れない，子ども自身が必要ないと言えば取り組まないなど，様々な状況があった。しかし，子どもが自分の生い立ちを知り，すべてが決して子どものせいではないということを理解することは，子どもが自ら人生を歩みだすための力となる。一人ひとりの子どもが，自分の家庭との関係性を捉えなおし，生い立ちを整理するためには，一律の取り組みではなく，子どもを支える人や時間が十分にあるうちに行う必要があることも示唆された。一人ひとりの子どもとどのように整理していくことが適切か，整理ができない・すべきではないならば，それはなぜなのかということを判断した上で，慎重に検討していく必要がある。

2）子どもへの支援のもつ力への共通認識と支援者へのサポートの必要性

社会的養護において，支援者が日々積み重ねている支援による体験のもつ力は，唯一無二のものであるという共通認識をもつことが重要である。この体験を通して，初めて子どもは自分が守られていなかったことに気づき，守られるとはどういうことかを身をもって体験する。鈴木（2005：21）が「乳児だけでなくどの年齢の子どもも，施設という生活の場では養護職員を含む他者から人間としての尊厳を守られながら生活することは人権としての事柄であり，誰かを大切にした報酬として獲得するものではない」と指摘するように，社会的養護を必要とする子どもの人権を考える際に，まず守られなければならないのは，権利を奪われた状況は当たり前ではなく，子どもは守られて当然なのだということを体験によって実感できる日々である。守られることを体験する中で，自分自身を守ることを理解し，その体験を重ねることを通して，他者を思いやる力を持ちうることも，子どもは語っている。

この体験の実現には，支援者へのサポートが非常に重要である。支援は，必ずしも子どもが即時に理解できるものばかりではない。支援者への暴言暴力，無視，無断外泊，自傷行為など，支援者の心身を傷つける形として返してしまったという語りも少なくなかった。子どもからの反発等があったとしても，支援者が複数の目で判断し，その子どもにとって最もよい支援を一丸となって提供し続けるには，支援者の高い専門性と忍耐力が試される。そして，支援者が，子どもにとってよいと判断したら，子どもが隠れてしていることを知っていても見て見ぬふりをする，子どもに失敗からの立て直しを体験させてみるなど，その子どもの，その時の状況に応じた工夫をすることができる余裕をもつことも必要である。その積み重ねこそが，子どもが受けた権利侵害からの育て直し・育ち直しであり，社会的養護に求められる支援そのものであることは明らかである。

3）地域の理解者・支え手の必要性

子どものため，地域の理解者・支え手を増やすということが必要である。地域には，今も変わらず社会的養護への偏見がある。それを感じていた，あるいはその恐れを感じていたという語りは少なくない。それを子ども自身に我慢させること自体が，社会による子どもへの権利侵害といえる。一方で，子どもが自分の家庭や施設等以外で得る気づきは，自分や自分の家庭についての客観的理解を促すことに大いに寄与することが明らかであった。社会的養護は決して特別なことではなく，どの家庭でもそのニーズをもちうるという意識を持ち，自分と関係のあることとして捉え，地域全体で子どもを守り育んでいく取り組みが必要である。

（3）　本章の課題

本研究では，措置中，措置解除後の子ども自身に，過去・現在・将来について自由に語ってもらったインタビュー記事から，子どもの感じる社会的養護について概観した。自由な語りであるからこそ，子ども自身が感じていることを聴くことができているという利点はあるが，インタビュアーによる差の存在や共通して尋ねる項目が特に設定されていないという限界もある。本章では，子どもの自由な語りから感じていることを分析するに留めているが，今後は，自由な語りを尊重しながらも，ある程度の項目を設定した一次データによる分析によって，子どもの感じている社会的養護について検証していく必要がある。

また，本研究のインタビューは，インタビューに答えられる状況にない子どもの声を拾うことはできていない。今後はインタビューに答えられない子ども，および社会的養護が必要にもかかわらずつながることができなかった子どもや，自分の状況について声を上げることの難しい子どもにも，焦点を当てて考察を深めていくことも不可欠である。

第3章　子どもが自立していくプロセス
――「SOSを出すことができる」自立を目指して

第1章では，社会的養護における自立・自立支援について先行調査から概観し，第2章では，社会的養護を体験している・体験した子どもの自由な語りをまとめた連載記事という二次データを通して，子どもの視点から見た社会的養護とその課題について概観した。本章ではこの上で，調査地域・対象を限定して行った調査結果による一次データから，社会的養護施設等から措置解除された子どもの視点を通して見た社会的養護の現状と支援の課題および子どもが自立していくプロセスについて検証する。

1　自立について語ってくれた子どもたち

（1）なぜ自立を子ども自身に語ってもらうのか

第1章で述べたように，自立や自立支援はすべての人に関わる課題である一方で，支援や子どもの状況によって変化する年限，措置中・措置解除後の支援の量・質の差，地域における潜在ニーズの存在，貧困・不平等の再生産の可能性など，社会的養護ならではの課題があった。こういった状況から，自立を一人で何でもできることではなく，必要な時に，適切な人・場へSOSを出すことができることであると捉え，そのための力を子どもに育んでいく支援が必要であった。また，子どもが危機的状況に陥る前に，予防的な伴走型の支援を充実させる準備をしておくことも重要であった。

第2章では，子どもが自分の過去や家庭と対峙するための支援の必要性と，子どもへの日頃の支援をつくる支援者への支援の重要性とともに，地域に関する課題があった。地域住民との関わりの中で子ども良い気づきや体験をしていたことも明らかであったが，一方で，社会的養護を引け目に感じることや，教育機関等での権利侵害があることも語られていた。地域で生きる一員である子どもの状況について，地域における正しい理解と支え手が必要だが，地域住民が社会的養護を知る機会は限られている。

児童虐待やヤングケアラーなどについては，日常的にニュース等で目にする機会は多くなってきたが，支援が行われている社会的養護やそれを必要とする子どもについては，子どもの自伝や作文，体験発表，子どもへのインタビューをもとにしたものが多くあるものの，これらは読者が日常的に目にする媒体とは言えず，社会的養護についての社会的認知にはつながりにくい。これまで，多くの自治体や支援団体が，社会的養護施設等を措置解除された子どもの現状や困りごとなどについての調査を行い，支援の量的・質的向上を目指しているが，これらについても公開されていないものも多く，誰もが見ることができるよう Web 上で公開されているものについては，第１章で述べた通り2020年12月時点で19件であった（表1-9）。

また，これらの調査が必ずしも，人生を生きる本人である子どもによって回答されているわけではないことも課題である。子どもへの支援や措置解除後の状況についての支援者・養育者（以下，里親も含め「支援者」と表記）の考えは重要である。加えて，生活の主体である子ども自身の考えは，より重要である。支援者が支援を通して推測することができることも多くあるが，子どもの気持ちや考えをすべて正しく代弁できるわけではないからである。そして，子どもには自分で気持ちや考えを表明できる力と権利があるからでもある。表1-9の19件の調査では，子ども自身の回答によるものが９件（47.4%），子どもおよび子どもの支援者による回答が５件（26.3%）となっており，子ども自身の回答によらないものが５件（26.3%）であった。また，Web 上で公開されてはいても，その調査結果は，子どもの自伝等と同じく，関心を持たない人には届く術がないという課題もある。地域における理解や支え手を増やすには，こういった事柄について，誰もが日頃から目にする機会を増やすこと，それを通した正しい理解を促していくことが重要である。

本章では，これらの問題意識をもとに，調査地域と対象を限定した調査を実施することにより，子どもへの調査の結果による一次データから，子どもの視点を通して見た社会的養護の現状と支援の課題および子どもが自立していくプロセスについてさらに検証することを目的としている。

本章の調査は，2021年度に名古屋市で実施した，社会的養護施設等（児童養護施設，自立援助ホーム，里親家庭，ファミリーホーム，児童心理治療施設，児童自立支援施設：以下「施設等」と表記）を措置解除された子どもへのアンケート調査およびインタビュー調査である。措置中から措置解除後に至る支援の継続を，積極的に進めている名古屋市で支援を受けた，子ども自身による回答を通して検証していく。

（2）本章の研究の意義

本研究の調査の対象者が子ども自身であることは，社会的養護の実情を把握し，子どもにとってより良い支援のあり方を探る上で大きな意義がある。

なお，本研究のアンケート調査では，健康保険や年金に関する設問において，わからなかったら後日支援者等に尋ねるよう促すなど，子どもがその必要性を理解し加入できるようにとの支援の一環としての意義もある。

また，自立支援を担当する職員（以下，「自立支援担当職員」と表記）の配置は，全国的に見て，大きく前進しているとは言い難い。しかし，名古屋市では，2021年度までに全児童養護施設，および開設後年数の浅い自立援助ホーム1ホーム以外の自立援助ホームに配置されている。自立支援担当職員，関連機関等の支援者（児童相談所，名古屋市民間社会的養育施設長会，就労支援事業，社会的養育ステップハウス事業）(1)で構成される会議が定期的に開催され，連携体制が組まれている。本研究は，こういった積極的取り組みによる変化を通して，試行錯誤を続けてきた一つの自治体に調査対象を限定することによって，支援体制の変化や工夫の中での子どもの現状と支援の課題および子どもが自立していくプロセスについて検証することができるという意義もある。

（3）子どもの語りから子どもが自立していくプロセスを明らかにするために

本研究は，子どもへのアンケート調査とインタビュー調査で構成されている。それぞれの研究方法については，本章第2節以降で述べることとする。

名古屋市は2016年度にも，施設等から措置解除された子どもへの実態調査を行っている。それから5年が経過し，自治体として，子どもの現状と課題を明らかにし，今後の名古屋市の社会的養護のあり方についての課題を明確化することが必要とされていた。定期的調査の必要性からのみではなく，名古屋市では支援者の間での高等学校を中途退学した子どもや高年齢で措置された子どもの措置解除後についての懸念の高まり，前述の自立支援担当職員の配置など，ここ5年間における社会的養護の変化への対応の必要性もあった。こういった変化にあわせ，子ども自身の声により支援のあり方の見直しを図るため，名古屋市では2回目となる実態調査を実施した。

筆者は，この調査チームの一員として本調査の全過程に関わる中で，名古屋市が，①子どもの気持ちや考えを重視し，子ども自身を対象とした調査を行っていること，②自立支援担当職員の配置や，施設・事業所・機関などの連携を積極的に進めるなど，子どもへの支援環境の改善を積極的に図っている自治体であり，その改善による支援への効果について検証することができること，③調査結果を通して子どもの措置解除後の支援の向上に寄与しようとしていることの3点から，名古屋市の施設等から措置解除となった子どもを対象として，子どもを取り巻く現状と支援の課題について検証していくこととした。

2　子どもと子どもへの支援の現状
――子どもたちへのアンケート調査結果から

（1）研究方法

1）調査対象

アンケート調査では，2016年4月1日から2021年3月末日の5年間に，名古屋市内の施設等から措置解除された235名（中学校卒業以降の年齢の子どもで，家庭復帰した子どもを除く）の子どもを対象としている（以下，2021年度に実施された名古屋市の調査を「名古屋市調査」と表記する）。このうち，施設等から連絡を取り，調査票を渡すことができたのは，208名（88.5％）と高い割合を占めていた。これは，前述の自立支援担当職員の支援の効果によるところが大きい。なお，死亡，行方不明，その他何らかの事情で送付することができなかったのは27名（11.5％）であった。

２）調査方法

アンケート調査は，郵送もしくはオンラインで行った（参考資料「第３章　名古屋市の社会的養護施設を措置解除された子どもへのアンケート調査項目」参照）。どちらを選ぶかは，最後に暮らしていた施設等の支援者から調査について依頼する際，子ども自身に選択してもらった。回答困難により意見の表明ができないといったことを防ぐため，障がいや学力などにより，能力的にアンケートを読み回答することが困難な子どもについては，回答への協力の意思や回答内容などについて，子どもが斟酌しなくともよい支援者を，各施設で慎重に選定した。「思った通りに答えてよいこと（回答内容によって怒ったり，嫌いになったりしないこと）」「途中で嫌になったら回答をやめてもよいこと」「回答内容は，誰が答えたか分からないようにまとめるので安心してほしいこと」の３点を，支援者が子どもに理解できる言葉で伝えた上で回答を支えた。その際，支援者には，調査の設問および選択肢のうち，理解が難しい部分の説明に徹し，回答の誘導はしないよう事前に意識の統一をはかっている。この結果，回答者数128名のうち15名（11.7％）が支援者の支えによって回答を終えた。能力的にアンケートへの回答が困難な子どもへ，自立支援担当職員をはじめとする支援者により，丁寧に対応することができたことも回答困難な層の意見収集につながっている。

３）調査期間

調査期間は，2021年７月中旬から2021年８月末である。

４）回収率

調査対象者235名の子どものうち，回答は128名からあり，回収率は54.5％であった（有効回収数・率も同数）。調査票を発送することができた208名にお

表3-1　アンケート調査の発送元とそれぞれの回収率

発送元	発送数	回答数	発送元別の回収率（%）
児童養護施設（本体）	133	82	61.7
児童養護施設（地域小規模）	24	21	87.5
里親家庭	13	6	46.2
ファミリーホーム	2	2	100.0
自立援助ホーム	33	17	51.5
児童自立支援施設	3	0	0.0
児童心理治療施設	0	0	0.0
合　計	208	128	61.5

出所：アンケート調査結果より筆者作成。

ける回収率は61.5%となっている。施設種別による回収率は表3-1の通りである。

５）倫理的配慮

本研究の調査は，日本社会福祉学会の研究倫理指針を遵守しているとともに，名古屋市の調査実施のための手続きを経て実施している。なお筆者は，調査の設計から実施および分析すべてに関わっており，名古屋市から全調査データの使用について許可を得ている。

（２）アンケート調査結果

本節では，名古屋市調査の結果について，措置中の支援，措置解除後の子どもの状況，措置解除後の支援の３点から整理する。

１）措置中の支援

図3-1の通り，措置中に「教えてもらって良かったこと」は，「家事の仕方について」が73名（57.0%），「人とのつきあい方について」が72名（56.3%）と，半数を超えていた。次いで，「お金について」と「生活リズムの整え方について」が63名（49.2%），「健康について」が54名（42.2%）を占めている。

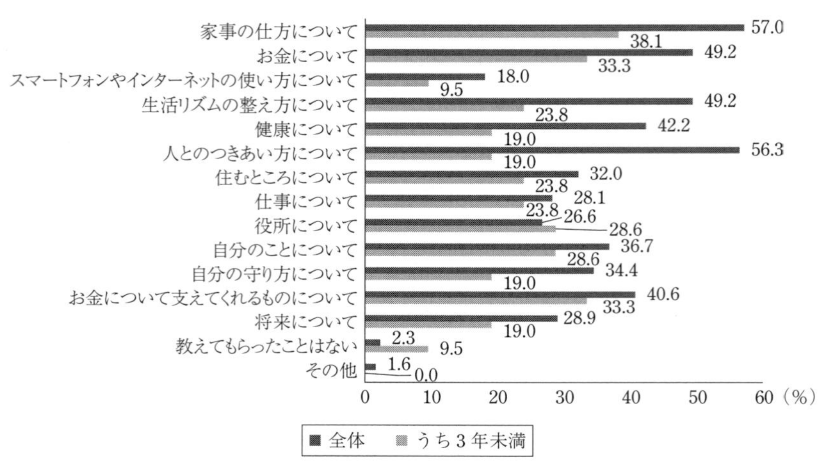

図3-1　教えてもらって良かったこと

出所：表3-1と同じ。

措置解除後に必要な知識である，「住むところについて」や「仕事について」「役所について」「将来について」などは30％前後であることから，措置解除以降の伴走も必要となることが推察される。一方で，「スマートフォンやインターネットの使い方について」は，「教えてもらって良かった」とする回答割合が23名（18％）と低い。近年の支援者の懸念事項であった，高年齢で措置された子どもについて，措置期間が３年未満と短い21名の子どもの回答から見ると，「役所について」を除いてすべての項目で，「教えてもらって良かった」と回答した割合が全体よりも低くなっていた。高年齢になってからの措置により，すでに知っていたため教えてもらう必要がなかったのか，施設等で暮らしている期間内では教えてもらったという意識までもつに至らなかったのかは不明であるが，後者の場合は特に，措置解除後の支援でのフォローが必要である。

措置中に「教えておいてほしかったこと」については，「役所について」の28名（21.9％）が最も高かったものの，大きな割合を占める項目はなく，他項目はすべて15%にも満たなかった。名古屋市では，措置解除後も施設等とつながりがある割合が高く，自立支援担当職員や支援事業の支援者からの働きかけも日頃から意識的にされているため，知らなくとも困ったら尋ねることができる存在がいるということが，その主な要因ではないかと考えられる。一方，自由記述においては，例えば，掃除はできても住む所に合わせた掃除の仕方について，調理はできても栄養バランスの詳細についてなど，措置中に教えてもらっていた内容や，インターネット検索ではわかりにくいことも出てきていた。また，病気や怪我などその状況になって初めて意識すること，家族との今後の関わり方や自分の生き方など，人生に伴走する関わりの必要性も出ていた。その他，外国にルーツのある子どもに適した支援の場へのつながりなどについても，回答数は少ないものの，子どものルーツに関わる重要な事柄であるため看過することはできない。

措置解除に向けて，進路選択で自分の気持ちや意見を言うことができたかどうかについては，92名（71.9%）の子どもが「言えた」と回答している。3年未満の措置期間の子どもは全体と比較して割合が低くなるものの，11名（52.4%）が「言えた」と回答しており，措置期間を問わず，進路選択において子どもの気持ちや意見を尊重しようとしてくれていると感じられる支援が展開されていることがわかる。一方で，「聞いてもらったが言わなかった」が全体の19名（14.8%），「聞いてもらえなかった」が7名（5.5%）となっている。

進路選択で気持ちや意見を言うことができたと回答した92名のうち，その時に支援者がしてくれたと子どもが感じていることは，図3-2の通りである。行動や言葉で示してくれることはもちろん，「（自分の考えがまとまったり，決断したりするのを）待ってくれた」という支援を感じている子どもがいることも明らかであった。なお，3年未満の措置期間の子どもが，支援者がしてくれたと感じる割合は，明らかに低くなっている。

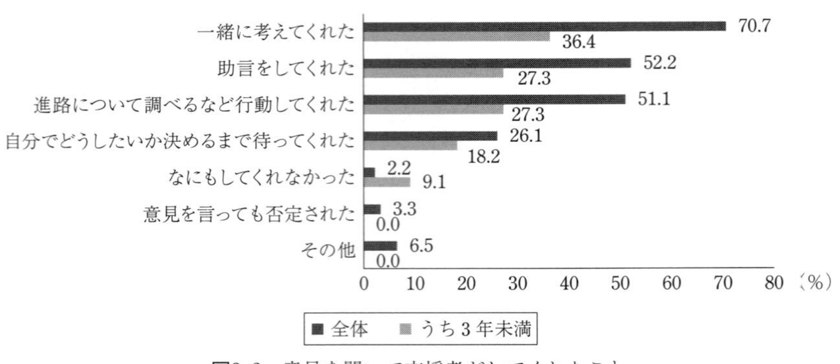

図3-2　意見を聞いて支援者がしてくれたこと

出所：表3-1と同じ。

2）措置解除後の子どもの状況

措置解除後すぐの子どもの状況としては，進学が33名（25.8％），就職が67名（52.3％），無職4名（3.1％），その他が6名（4.7％），無回答が18名（14.1％）であった。

子どもの現在の学歴は，図3-3の通りである。措置期間が3年未満の子どもの中学校卒業・高等学校中途退学率が全体と比較して高くなっている。また，複数の施設等を体験した子どもと一つの施設等を経験した子どもの学歴を比較すると，体験した施設等が一つの子どもの方が大学等在学率，高等学校卒業率が高い。学歴がすべてではないものの，現代は，高等学校卒業が就職するための必須の条件となっている場合も多いため，社会的養護における安定した学習環境の提供や，高等学校を中途退学した後の，高等学校卒業に向けた支援の必要性は大きい。厚生労働省子ども家庭福祉局家庭福祉課（2022：142）によると，2020年5月1日現在の児童養護施設における子どもの大学等への進学率は17.8％となっており，全国平均の52.7％といまだ大きく乖離している。

高等学校や大学等を中途退学した子どもは，128名のうち20名（15.6％）で

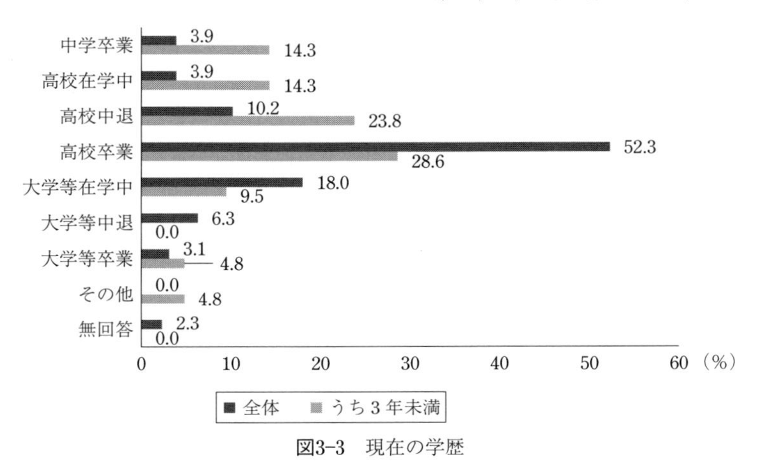

図3-3　現在の学歴

出所：表3-1と同じ。

あった。その理由として最も高い割合を占めていたのは，「人間関係」の７名（35.0%）である。次いで「遅刻や欠席が多かった」が５名（25.0%），「お金が足りなくなった」が４名（20.0%）となっている。「勉強についていけなかった」「勉強内容が合わなかった」「精神的に不安定になった」が各３名（15.0%）であり，進路選択時にいかに将来の生活設計を立て，将来の希望について考えられるようになるかは，年限のある支援において，大きな課題である。進路選択時には将来について考えることができない状況にある子ども，選択したものの自分に適していないことが後に判明する子どももいることから，こういった子どもが措置解除後に再チャレンジする機会を準備し提供することも急務である。

措置解除後，就職した子ども67名のうち，正規雇用が51名（76.1%），契約・派遣職員とパート・アルバイトが各８名（11.9%）であった。しかし，正規雇用であっても，表1-9に示した先行調査No. 6で指摘されているように，例えば土木建築系で「日給制が多く存在するため，必ずしも生活が安定しているわけではない」という形態の正規雇用もある。雇用割合の高い業種としては，サービス業，製造業，飲食のほか，運輸・情報通信，卸売・小売り，福祉などがあがっている。安定して収入を得ることができる職場に勤め，生活の安定を図る必要があるが，どれも決して賃金の高い職種とはいえず，身体的に厳しい仕事であることはもちろん，精神的に厳しい仕事や感染症の流行により打撃を受けやすい職種も含まれている。

就職した67名の子どものうち，転職したことのある子どもは25名（37.3%）であった。その理由として最も高い割合を占めていたのは，進学者と同じく「人間関係」の11名（44.0%）である。人間関係を理由とするものとして，職場で「いじめがあった」や「差別された」「困っても助けてくれる人がいなかった」といった理由をあげた子どももいた。「人とのつきあい方」については，前述の措置中に「教えてもらって良かった」との回答では128名中72名（56.3%）を占めていたが，仕事となると，様々な状況の職場で，教えてもらったことを援用することが困難な状況が出てくることが推察される。

また，「精神的不調」は6名（24.0%），「身体的不調」は7名（28.0%）であった。心身の不調については，進学者より明らかに割合が高くなっており，「その他」として心身どちらの不調か定かでない回答も複数あることから，実際はさらに割合が高くなる。心身の不調に備えて健康保険への加入は重要であるが，22名（17.2%）の子どもが健康保険についての理解が困難な状況にあった。表1–9で示した先行調査No. 19では，受診ができなかった理由として，66.7%が「お金がかかるから」と回答していた。措置中には診療や薬に対する支払いは必要なくとも，措置解除後に医療が必要な際，支払わなければならない金額はかなりの高額に感じる生活水準の子どもも多くいる。健康保険への加入を徹底すること，安心して医療を受けることができる環境を用意することは重要な課題である。一方，年金の加入についての理解が困難な子どもは，健康保険と同様に，24名（18.8%）と2割弱を占めていた。さらに年金の場合は，無回答が健康保険の6名（4.7%）と比較して多く20名（15.6%）であり，年金の加入についても子どもの将来に影響する大きな課題であ

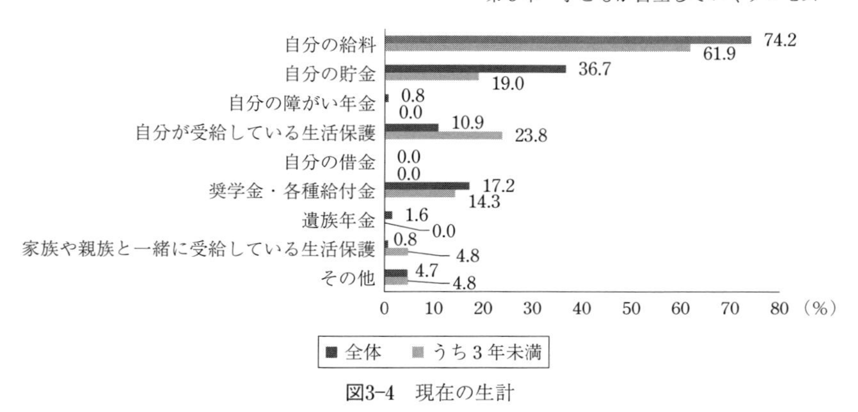

図3-4　現在の生計

出所：表3-1と同じ。

る。

生計をどのように立てているかについては，図3-4の通りであった。中途退学や転職の理由として，「心身の健康状態」や「人とのコミュニケーション」をあげた子どもの割合は前述の通りであるが，そういった場合も含め，生活保護は緊急時の子どもの生計を支える資源の一つとなっている。３年未満の措置期間の子どもの方が，生活保護によって生計を立てている割合が高くなっているが，措置期間の長短を問わず，生活保護を必要時に利用し，生活の立て直しを図ることができることも重要である。

措置解除後すぐの住居は，128名のうち，賃貸住宅が52名（40.6％），会社や学校の寮や借り上げ住宅が計33名（25.8％），グループホームが24名（18.8％）などであった。グループホームは，2016年度の調査においても16.1％を占めており，障がい福祉分野のニーズは継続してあることも明らかであった。

３）措置解除後の支援

前述の通り，名古屋市調査では，過去５年間に措置解除された子どもの88.5％に，連絡した上で調査票を配布することができた。名古屋市では，2016年に第１回の社会的養護施設等から措置解除された子どもへの同様の調査が行われている。その際には，過去10年間に措置解除となった子ども（名古屋市調査同様，中学校卒業以降の年齢の子どもで，家庭復帰した子どもを除く）353名を対象としており，連絡した上で調査票を送付することができたのは176名（49.9%）であった。対象者の措置解除後の年数が異なるため，比較することは困難であるが，表1-9に示した他自治体や支援団体の調査と比較しても，名古屋市調査における子どもとの措置解除後のつながりの割合は高く，自立支援担当職員の配置とその支援による効果は明らかである。

措置解除後の支援につなげるために，子どもが措置解除前からどのような相談先を教えてもらっていたかについて尋ねた項目では，「施設等自分が暮らしていたところ」の割合が極めて高く，「措置解除後に困ったら施設等に相談においで」というメッセージを87名（68%）もの子どもが汲み取り，理解していることがわかる。3年未満の措置期間の子どもについても，11名（52.4%）と半数を超える子どもにこのメッセージが伝わっていることからも，支援者が日頃から措置解除後の相談先となることを意識した支援を展開していることを示していると考えられる（図3-5）。

調査時点で，施設等と何らかのつながりをもち続けていると答えた119名は，対面，電話，メールやSNSを中心としたつながりを継続している。コロナ禍のため，対面でのつながりを制限せざるを得ない中であっても，若者よりそいサポート事業(2)も含め，65名（54.6%）の子どもが施設等を訪れている。一方で，電話，メールやSNSも積極的に活用されている（図3-6）。

自立支援担当職員による積極的なはたらきかけに加え，若者よりそいサポート事業の実施もあることから，つながりの頻度は「毎月」が最も多く，43名（36.1%）を占めており，名古屋市の2016年度調査の16.7%と比較して大きく増加している。なお，「毎月」と「年数回」との回答は，計86名（72.2%）に上る。

措置解除後にした相談は，図3-7の通りである。措置解除後に「相談していない・しなかった」と回答していたのは34名（26.6%）であった。

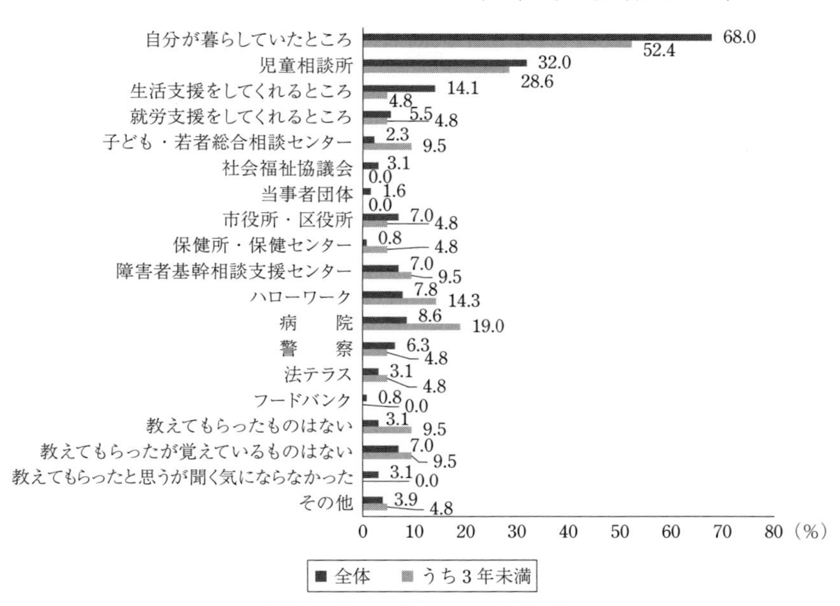

図3-5　教えてもらっていた相談先

出所：表3-1と同じ。

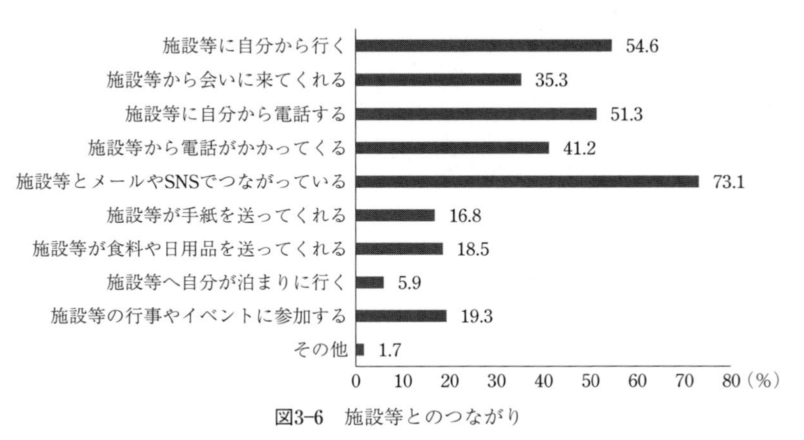

図3-6　施設等とのつながり

出所：表3-1と同じ。

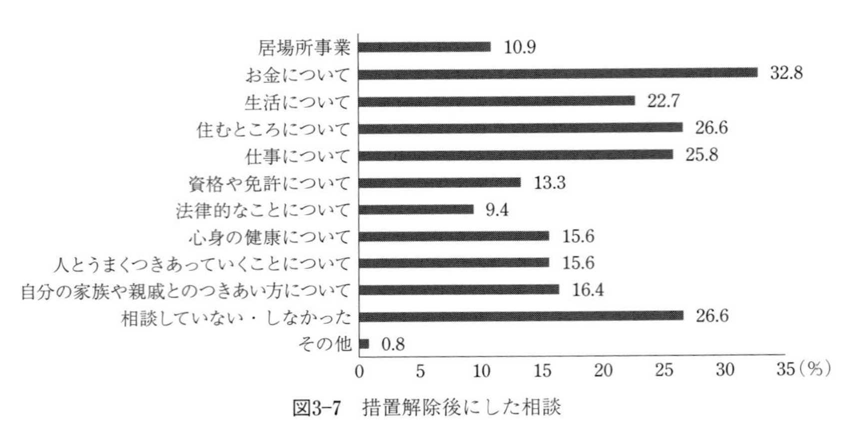

図3-7　措置解除後にした相談

出所：表3-1と同じ。

相談内容として最も高い割合を占めていたのは「お金について」が42名（32.8%）である。「住むところについて」や「仕事について」など，措置中に「教えてもらって良かった」との割合が低かった項目についての相談も，上位に位置している。措置解除後に知らないことに気づいた時，適切な人や場に相談できることは重要である。相談先としては，特に施設等については，具体的に支援者の個人名があがっているという特徴があった。一人ひとりの子どもにとって重要な「人」の存在の大きさも明らかであった。

子どもが希望する措置解除後のつながりについては，「決まったときではなく，ちょくちょく声をかけてほしい」が最も多く46名（35.9%）を占めていた。定期的・不定期的を問わず，何らかのつながりを希望する子どもは，80名（62.5%）を占めている。「その他」の自由記述においても，不定期的な声かけ（「空いているときに」「僕を思い出したら」「いつでもいい」など）を望む回答が複数あり，「気にかけてくれている」と感じたい気持ちが見える。一方で，「連絡は自分でするのでくれなくてよい」は17名（13.3%），「巣立ったあとはかかわらないでほしい」は3名（2.3%）となっている。なお，3年未満の措置期間の子どもの「決まったときではなく，ちょくちょく声をかけて

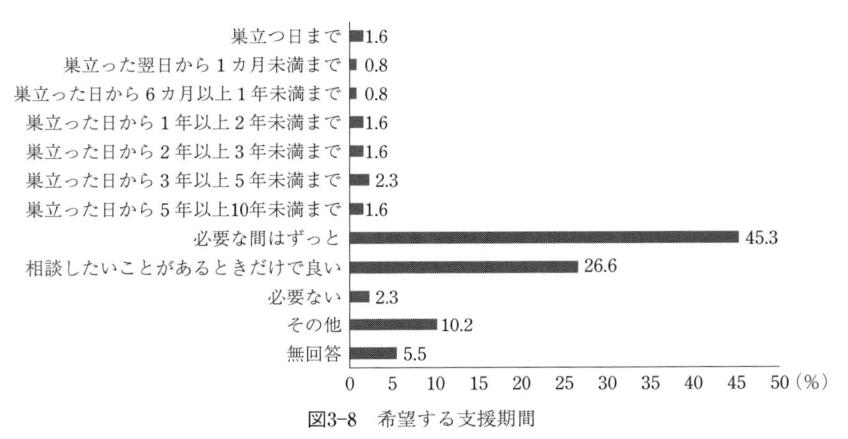

図3-8　希望する支援期間

出所：表3-1と同じ。

ほしい」との回答は，10名（47.6%）と，全体と比較して高くなっている。短い支援期間であっても，措置解除後に声をかけてほしいと思うことのできる関係づくりと，措置解除後の支援の成果が見える。

子どもが希望する支援期間については，期限付きの支援を選択する子どもは少なく，「必要な間はずっと」との回答が最も多かった（図3-8）。

「相談したいことがあるときだけでいい」との回答を合わせると，期限付きを選択しなかった子どもは71.9%に上る。「その他」との回答においても，「一生涯」「死ぬまで」「必要なときだけに限らない，ずっと」などの回答や，「期限を切るようなことじゃないと思う」「決めるようなことでもないと思う」といった回答も見られており，期限なしの支援を希望する割合はさらに高いものとなる。

（３）アンケート調査の結果と考察

子どもへのアンケート調査結果から，次の３つのことが明らかとなった。

1）措置解除後に備えた支援づくりの必要性

支援者は，子どもの意見を尊重しようと努めている。子どもの意見を聴いて，一緒に考えたり調べたりしてくれるといった行動や助言などのほか，子ども自身が考えをまとめ決断するまで「待つ」ことを通した支援も展開している。こういった支援から，子どもには措置解除後に困った時に「この人」に相談しようと思うことのできる重要な人の存在ができる。

措置中の支援として，子どもは措置中に「教えてもらって良かったこと」のうち，「スマートフォンやインターネットの使用法」を選択する割合が低かった。多くの場合，こういったスキルは，支援者より子どもの方が高い。しかし，その危険性については，必ずしも子どもが理解しているとはいえず，支援者はあえてその危険性についての知識や技術を身に付け，子どもに意識的に伝えていくことが求められる。また，3年未満の措置期間の子どもの，「教えてもらって良かった」ことについての回答割合は，全体と比較して低い傾向がみられた。経験上教えてもらわなくとも知っていたのならば問題はないが，施設等で暮らしている期間内では「教えてもらって良かった」と実感することができなかったならば，措置解除後の支援におけるフォローは重要である。

また，措置期間の長短を問わず，進路選択において「意見を聞いてもらったが言わなかった」「意見を聞いてもらえなかった」という子どもが存在している。その理由と対応について検討することが重要である。

進路選択時には，将来の生活設計を立てたり，将来の希望をもったりすることができる子どもばかりではなく，進路選択したものの自分に適していないことが後になってわかる子どももいる。安定して給与を得ることが難しい職業に就いたり，人間関係や心身の不調などに見舞われたりすることもある。子どもが，社会的養護で安定した学習環境を提供されるとともに，措置解除後に再チャレンジする機会や，うまくいかなかった時の休息や再出発をすることのできる場と時間と手立てを，措置中から準備しておく体制づくりも急務である。

２）自立支援担当職員の配置とその支援の効果

自立支援担当職員の配置によって，施設等では措置解除後も支援を継続することのできる子どもの割合が大幅に増加している。また，支援を継続できることから，子どもが措置解除後も分からないことを尋ねることができるという安心感をもっていることが，措置中に「教えておいてほしかったこと」に関する設問への回答から推察できる。措置解除後のつながりの頻度も，「毎月」との回答が，2016年に行われた名古屋市の調査と比較して大幅に増加しており，これは，自立支援担当職員の日頃からの子どもへの積極的支援による効果であると考えられる。

３）措置解除後の子どもの人生との伴走の必要性

措置解除後の支援としては，インターネット検索では解決しづらいことや，実家庭との関わり方，生き方についてなど，生きていく上で出会う新しいできごとや生き方に関わることへも，子どもの人生に伴走する支援の必要性があることが明らかとなった。３年未満の措置期間の子どもで「教えてもらって良かった」「進路選択で自分の意見や気持ちを言えた」「意見を聞いて支援者がしてくれたこと」など，割合の低下する項目についても，その理由を明らかにするとともに，関係性の構築や支援の時間的余裕を理由とする場合なども含め，子どもの人生と伴走する支援は重要である。

また，人生という長い期間において，年金や健康保険への加入は重要であるが，これらについての理解が困難な子どもがいたことは看過することはできない。生活保護が緊急時の子どもの生計を立てる資源となっていること，障がい福祉関連の支援を必要とする子どもが継続して存在していることなども明らかとなっている。人数は少ないものの，外国にルーツのある子どものニーズもある。こういった，一人ひとりの人生に伴走しながら対応することができるよう，他分野・他機関等との連携力も重要である。

3　子どもが自立していくプロセス
――子どもたちへのインタビュー調査結果から

（1）研究方法

1）調査対象

前節のアンケート調査において，インタビュー調査への協力についての承諾が得られた子どものうち，10代後半から20代前半の年齢の15名に対し，インタビュー調査を実施した。対象者は，特定の施設や，自立後の生活を円滑に送っている子どもなどに偏ることがないよう，措置時の年齢，措置期間，体験した社会的養護施設等，措置解除後の期間，進路，雇用形態や就学形態，転職・転居・中途退学の有無，結婚や自分の子どもの有無などに配慮して選定した（表3-2）。

2）調査方法

子どもがリラックスして回答することができるよう，2～3名の調査者のうち1名は，最後に子どもが暮らしていた施設等の支援者とした。その際，回答内容について，子どもが斟酌しなくてもよい支援者を慎重に選定している。

インタビューにおいては，実施前に調査の目的や内容，回答に関する約束ごとなどについて説明した上で，子どもが2枚の同意書にサインをし，子どもと名古屋市が1枚ずつ保管することとした。インタビューは自由度の高い半構造化インタビューとした。主なインタビュー内容は，①措置解除直後の状況，②現在の状況の2点を中心とし，その他，③子どもが理解している措置理由，④進路選択の理由や進路選択時の状況，⑤中途退学や転職などがある場合はその状況や理由などについて，対象の子どもの意向や時間が許す限り尋ねている（参考資料「第3章　名古屋市の社会的養護施設等を措置解除された子どもへのインタビュー調査――インタビューガイド」参照）。

表3-2　インタビュー対象者

	性別	年齢	経験施設	合計措置期間	措置解除時の進路	転職	現在の状況	現在の学歴	心身不調や障がい	生計	現在の住まい	結婚	子ども
1	男性	20	乳児院 児童養護施設	15年以上	進学（大学）	なし	大学在学中	高校卒業 （大学在学中）	なし	複数か所のアルバイト代と補助金	一人暮らし	なし	なし
2	女性	20	乳児院 児童養護施設	15年以上	就職（正規雇用）	あり	アルバイト	高校中退	なし	アルバイト代と補助金	一人暮らし	なし	なし
3	女性	23	児童養護施設	5年未満	就職（正規雇用）	あり	正規雇用 （休職中）	高校卒業	あり	傷病手当	一人暮らし	なし	なし
4	男性	22	児童養護施設	10年以上 15年未満	進学（大学）	なし	大学在学中	高校卒業 （大学在学中）	なし	複数か所のアルバイト代，各種奨学金，補助金，若者よりそいサポート事業など	一人暮らし	なし	なし
5	男性	23	乳児院 児童養護施設	15年以上	進学（専門学校）	なし	正規雇用	専門学校卒業	なし	給与	一人暮らし	なし	なし
6	女性	19	乳児院 児童養護施設	15年以上	就職（正規雇用） ＊研修中に退職	あり	無職	高校卒業	なし	不明	一人暮らし	なし	なし
7	女性	19	乳児院 児童養護施設	10年以上 15年未満	就職（正規雇用）	あり	無職	中学卒業 （高校中退）	あり	生活保護	一人暮らし	なし	なし
8	男性	21	児童養護施設	10年以上 15年未満	就職（福祉就労）	なし	福祉就労	養護学校卒業	あり	給与	グループホーム	なし	なし
9	女性	22	乳児院 児童養護施設（２か所） 里親	10年以上 15年未満	進学（大学）	なし	専業主婦	高校卒業 （大学中退）	なし	配偶者の給与	自分の夫・子どもと生活	あり	あり
10	女性	22	児童養護施設	5年未満	芸能活動	あり	自営業	高校卒業	なし	給与	一人暮らし	なし	なし
11	男性	22	児童養護施設	5年以上 10年未満	進学（大学）	なし	大学在学中	高校卒業 （大学在学中）	なし	アルバイト，奨学金，若者よりそいサポート事業	一人暮らし	なし	なし
12	女性	22	児童自立支援施設（２回） 児童養護施設	5年以上 10年未満	就職（正規雇用）	あり	パート	高校卒業	あり	配偶者の給与と本人のパート収入	自分の夫・子どもと生活	あり	あり
13	女性	19	児童養護施設（２か所）	5年以上 10年未満	就職（正規雇用）	なし	正規雇用	専門学校卒業	なし	給与	会社の寮	なし	なし
14	女性	23	里親 自立援助ホーム	5年未満	進学（看護学校）	なし	パート	定時制高校卒業 （専門学校中退）	あり	配偶者の給与と本人のパート収入	自分の夫と生活	あり	なし
15	男性	24	児童自立支援施設 ファミリーホーム	5年以上 10年未満	進学（大学）	あり	正規雇用	高校卒業 （大学中退）	なし	給与	妻の実家で同居	あり	あり

出所：表3-1と同じ。

3）調査期間

調査期間は，2021年10月上旬から2021年11月中旬である。

4）倫理的配慮

本研究の調査については，日本社会福祉学会の研究倫理指針を遵守するとともに，名古屋市の調査実施のための手続きを経て実施している。なお筆者は，調査の設計から実施および分析すべてに関わっており，名古屋市から全調査データの使用について許可を得ている。

（2）インタビュー調査の結果と考察

1）分析方法

15名の子どものインタビューデータの分析には，M-GTA（修正版グラウンデッド・セオリー・アプローチ）を用いた。M-GTAを用いた理由は，分析手法が明確に示されており，研究対象がプロセス的特性をもっていること，研究結果が現実に問題となっている現象の解決や改善に向けて実践的に活用されることが期待されること，インタビューデータを念頭においた研究法であることが本研究に合致しているためである。

分析テーマは「社会的養護施設等につながった子どもが自立していくプロセス」，分析焦点者は「社会的養護施設等を措置解除された子ども」とした。

分析ワークシートを立ち上げるに先立ち，各インタビューの逐語録（総文字数30万7,480文字）を実施後すぐに作成し，それぞれの逐語録を熟読しながら各協力者の理論的メモノートを作成した。設定した分析テーマと分析焦点者に関連しているバリエーション（具体例）を，逐語録から分析ワークシートに記入し，分析焦点者にとっての意味を意識しながら定義と概念名を作成した。同時に，アイディアや疑問，検討した内容などは，理論的メモとして記入していった。

生成された概念については，他のバリエーションがないかを確認し，類似例を追記し，概念として成立するか検討した。対極例となる可能性のある概念についても検討をしていった。生成された概念同士の関係の検討，データに対して適切であるかの検討を続けていき，カテゴリーの生成や結果図の検討も始め，概念がそれ以上生成されないことを確認し，理論的飽和とした。カテゴリー同士の関係性の全体像を表現する結果図を作成し，ストーリーラインを記述した。なお，本研究の一連のプロセスは，子ども家庭福祉を専門とする研究者より指導を受けながら進めた。

2）分　析

分析の結果，表3-3に示す24の概念，およびそこから７つのカテゴリーが生成された。結果図は図3-9の通りである。

3）カテゴリーのうごき

カテゴリーを中心としたストーリーラインは，以下の通りである。なお，カテゴリーは【　】，概念は［　］，定義は《　》，“　”は具体例を示している。

社会的養護に措置された子どもは，支援によって【人生の土台づくり】をする。子どもは社会的養護という新しい環境で，多くの体験を重ね，育て直し・育ち直しを経験する。支援の中で，葛藤を感じたり，抵抗をしたりし，【戦う子ども】もいれば，支援を通して【踏み出す一歩】のための力を得る子どももいる。こういった体験を通して，【自立に向かう生活づくり】を子ども自身が行い，【人と共に生きる子ども】として暮らしていく力が芽生えることもある。暮らしを通して【子どもの望むこれから】が明確になることもある。この全プロセスにおいては，施設内外の【応援団の存在】が重要である。

4）各カテゴリーを構成している概念の関係

生成されたカテゴリーを構成している概念の関係は，以下のようになっている。なお，インタビュー対象者の各会話の末尾に記されている番号は，「発言者番号-その発言者の会話の通し番号」である。

表3-3　概念名・定義名

カテゴリー	概念 No. および概念名		定義（右欄は具体例数）	
人生の土台づくり	24	自分はこんな子だった	子どもが振り返る自分のこと	20
	5	楽しかったなあ…	措置中に，子どもが楽しかったこと，プラスの気持ちをもったこと	21
	7	嫌だったなあ…	措置中に，子どもが嫌だったこと，不自由を感じていたこと	34
	4	教えてくれた日々	措置中に，子どもが支援者から教わったこと	14
	2	どうして自分は	子どもが社会的養護ニーズについて理解していること・していないこと	24
戦う子ども	8	感じた有利・不利	子どもが一般家庭との違いを感じていること	12
	23	子どもの抵抗	子どもが支援において抵抗すること	13
	3	家族・親族とのつながり	子どもと家族・親族にあるつながりのこと	21
	18	家族・親族への思い	子どもが家族・親族について思っていること	10
踏み出す一歩	9	運命の分かれ目	子どもが今後の方向性を選ぶときのこと	47
	14	自分でやってみよう	子どもが何かをしようと踏み出すこと・踏み出そうと考えていること	16
	1	がんばる自分	子どもが何かを自分の力でがんばったこと	37
自立に向かう生活づくり	16	今だからわかるんだ	子どもが振り返ってわかる措置中の支援のこと	40
	10	子どもの送る生活	措置解除後の生活で，子どもがしていること	42
	6	困りごとはない	措置解除後に，子どもが困っていないこと	11
	11	出会った困りごと	措置解除後に，子どもが困ったこと	37
	20	だったら良かったな	子どもがしておけば良かったと後悔していること	11
人と共に生きる子ども	13	感謝と遠慮	措置解除後に，子どもが支援について感じていること	10
	17	他者への思い	子どもが誰かについて思うこと	15
	15	他者に伝えたいこと	子どもが誰かに伝えたいと思っていること	7
子どもの望むこれから	21	支援への希望	子どもが措置解除後の支援に望むこと	27
	19	これからの望み	子どもの夢や，将来こうなりたいと思っていること	14
応援団の存在	12	支援してくれる人・もの・こと	子どもを支援してくれる人・もの・ことがあること	87
	22	支えてくれる他者	子どもが施設外の人から支えられること	24

出所：表3-1と同じ。

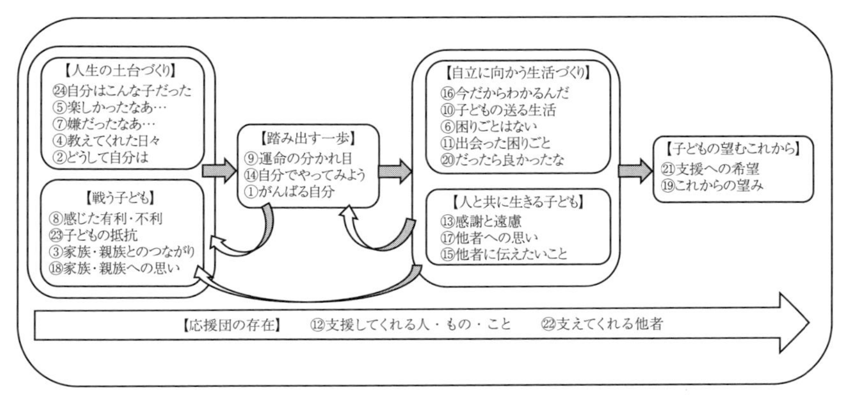

図3-9　結果図「子どもが自立していくプロセス」

出所：表3-1と同じ。

【人生の土台づくり】

このカテゴリーは，《社会的養護に置かれた子どもが，支援によって自分の人生の土台をつくること》を構成する概念から成り立っている。㉔［自分はこんな子だった］と子どもが語るように，一人ひとりはまったく別人格の独立した個人である（以下，〇内の数字は，表3-3に示した概念 No. を指す）。支援において，子どもは⑤［楽しかったなあ…］，⑦［嫌だったなあ…］と感じながら，社会的養護につながる以前とは異なる様々な体験をする。それは，支援者が④［教えてくれた日々］であり，すべてではないが②［どうして自分は］という自分が社会的養護にある理由を，教えてもらう機会も設けられている。

社会的養護ニーズのある子どもであるという共通点はあるものの，子ども自身が振り返るように，一人ひとりの子どもはまったく別人格の独立した個人である。これを㉔［自分はこんな子だった］と概念化し，《子どもが振り返る自分のこと》と定義した。具体的発言は以下の通りである。

“優等生って感じですね。「ザッ！」（笑）”（1-128）
“マジで，問題児でしたよ”（2-871）“外面は良かったんで（笑）”（2-905）
“（怒ると）手出したりとかしてた。（対）職員だね。あと？　無断外泊してた”（7-610）
“学校ではもう学年1位だったんですよ，勉強は。けっこう器用な子だったと思います”（15-497）

子どもは，社会的養護の支援において，措置前に置かれていた環境にあったものとは異なる，様々な体験をする。そのうち，子どもが楽しかったなどプラスの気持ちを抱いたことを，⑤［楽しかったなあ…］と概念化し，《措置中に，子どもが楽しかったこと，プラスの気持ちをもったこと》と定義した。具体的発言は以下の通りである。

“招待とかもいろいろあって，普通の家庭だったらこんなとこ行けてないよとか，こんな経験できてないよなあとか，いっぱいあって。楽しかったです”（2-993）
“人がいるから楽しい。年齢が近い子とかいるから楽しい。行事は楽しい。ユニット外出，楽しいよ（笑）。そんときは～，なんかグループに分かれて（行きたいところの）プレゼンした”（6-420）
“「焼き肉やりたい！」とか言ったら，みんなでお金出し合ってやったりとか(笑)”（14-207）

一方で，支援において子どもが嫌だったと感じたり，不自由を感じたりすることもある。これを⑦［嫌だったなあ…］と概念化し，《措置中に，子どもが嫌だったこと，不自由を感じていたこと》と定義した。具体的発言は以下の通りである。

“携帯（を高校入学時になってももつことができなかったこと）”（2-807）
“怒っているオーラを出して（職員が）話してくれない”（3-102）
“一番つらいのは，やっぱりいじめ”（8-629）
“まず衛生じゃないですか？…（中略）…洗濯場がすごい荒れてるとか，共同で使ってるんで，もう紛失物もあったりとか…（中略）…盗みがあったりとか”（10-554）

“職員がなんか，えこひいきみたいなことする人で！”（12-1033）

様々な気持ちが湧き上がる生活では，支援者が子どもに，必要なことを毎日意図的に伝える支援が積み重ねられている。これを④[教えてくれた日々]と概念化し，《措置中に，子どもが支援者から教わったこと》と定義した。具体的発言は以下の通りである。

“お金の使い方かなって思いますね，あと，人間関係”（4-238）
“自然とだからさ（教えてもらい方は）”（7-401）
“料理と人間関係。けっこう自分で，お弁当は自分で作りなさいみたいな感じで，最初は。で，夜ご飯も手伝いなさいみたいな。…（中略）…もう今では，普通に家でご飯作れるくらいにはなってます（笑）”（12-90）
“たま～に手伝うくらい。ぜんぜんもう，（自炊は）余裕でしたね。見て学びました”（13-352）

生い立ちについても，支援者等から教わることのうちの一つである。措置中に子どもが理解できるように伝えられる，あるいは自分で社会的養護ニーズを理解できる年齢で措置されたなど，その状況は子どもによって様々であるが，生い立ちを理解する機会のないまま措置解除となっている場合もある。これらを② [どうして自分は] と概念化し，《子どもが社会的養護ニーズについて理解していること・していないこと》と定義した。具体的発言は以下の通りである。

“あんまり興味がないからって（施設では）軽く流したみたいな感じで…”（4-201）
“（複数回の措置の際）選択肢が私たちになくて…”（9-22）
“自分の生い立ちはすごい理解してるし，理解しようとしてる，みたいになります。（誰かに生い立ちについて聞いたことは）まったくないです”（10-587）
“施設長さんとか，あと当時担当してくれた職員さんが，そういう内容で（施設に）入ったよというのは教えていただきました”（11-29）

【戦う子ども】

このカテゴリーは，《社会的養護を必要とするが故の葛藤や考えの整理をしていくこと》を構成する概念から成り立っている。子どもは，社会的養護で育まれる中で，社会的養護にあるからこそ⑧［感じた有利・不利］の体験をもっていることが少なくない。支援を受ける際，㉓［子どもの抵抗］という形で葛藤を表出することもある。③［家族・親族とのつながり］を通して⑱［家族・親族への思い］が徐々に変化していくこともある。多くの経験をとおして，子どもは自分の置かれている状況と戦い続けている。

社会的養護にあるからこそ出会った人，できたこと，もらった機会などを喜び，よい感情をもつ子どもがいる一方で，社会的養護にあるからこそ地域の家庭と比較する気持ちや，自分の置かれている環境への不公平感をもつ子どもも少なくない。これを⑧［感じた有利・不利］と概念化し，《子どもが一般家庭との違いを感じていること》と定義した。具体的発言は以下の通りである。

“普通の家庭だとないじゃないですか。なんか困ったりしたら相談できる人もめっちゃいるし，同い年とか年下もめっちゃいるじゃないですか，なんかすごい，今は，普通の家庭より幸せだったなっていうのは思います”（2-680）
“一般の，なんか裕福な家庭というか，やっぱバイトしなくてもいろいろやってもらえたりとか…，なんだろ。いろいろ経験できたりとかすると思うんですけど，僕は自分の手で自分がやってかないかんなぁっていうのがあって”（5-313）
“親いないのが今もついてまわってるっていうか？　高校卒業するまで，卒業したら親いないっていう，私からしたらハンデ？　はなくなると思ってたけど”（9-241）

支援においては，その意図がわからないまま子どもが葛藤し，暴言や無断外泊などによってそれを表出せざるを得ない子どももいる。これを㉓［子どもの抵抗］と概念化し，《子どもが支援において抵抗すること》と定義した。具体的発言は以下の通りである。

“ほんとに，あんなこと言わなきゃよかったなみたいなの，たくさんある（笑）”（9-269）
“もうずっと寝てる。「学校行きなさい」，「なんで行かないかんの？」とかいうのを…，何回か，まぁ…何日おきかに繰り返して…最終的に行く，みたいな。居室のベランダでタバコは吸うわ，ねえ？（職員に暴言を吐いたことについても）だってめっちゃうざかったんだもん，あんとき（笑）”（12-875）
“門限。でも破ってましたね。約束というか，全部破る。だからタバコは吸うし～，門限は破るし～，原付も乗るし～みたいな，感じだった”（15-417）

措置中から措置解除後も，多くの子どもには家族や親族がおり，交流しながら成長する子どもは少なくない。交流は，子どもにとってよい影響を与えることもあれば，逆に悪影響を及ぼすこともある。交流中にその状況が変化することもある。これを③［家族・親族とのつながり］と概念化し，《子どもと家族・親族にあるつながりのこと》と定義した。具体的発言は以下の通りである。

“お母さんは1回だけ会って。小学…中学校くらい。それ以来って感じっす。今は連絡が取れないですけど，じいちゃんを介せば一応とれる”（1-52）
“高校決めるときもさ～，あのさ～，もめたよね～。おばあちゃんとさ～。おばあちゃんが公立行けとか言い始めてさ”（6-295）
“（大学1年生で妊娠したときは）ヤバいヤバい，って思って。そう（笑）。おばさんが，怖くて。…（中略）…おばさんに言ったら，「子どもを授かることは，いいことだから，これを機に，あんたしっかりしなさいっていうことなんじゃないの？」って”（9-119）
“お兄ちゃんはちょっと暴力気質があるので，あんまり会いたくないから会わないんですけど，お姉ちゃんと妹とはすごい仲いいです。連絡すごい取り合うし”（14-316）

家族や親族とのつながりのあり方は，子ども自身がそのことをどう思うかを確認しながら，一人ひとりの状況に応じて構築し直していく必要がある。これを⑱［家族・親族への思い］と概念化し，《子どもが家族・親族について思っていること》と定義した。具体的発言は以下の通りである。

> “きょうだいという枠組みだけど他人みたいなもんなので，そっからまた一から関係をつくっていくのも面倒くさいなって”（4-302）
> “僕は長男だけど，まあ支援者でもあるのかなぁと思ってて。だからこそなんだろう。もっと何かしてあげたいとかそういう気持ちも強くて”（5-354）
> “（おばあちゃんが言うことには）「はい！」，「わかりました！」って言うけど，施設では「ウザッ！」て言うだけ。連絡取るのをやめた。切った”（6-1368）

【踏み出す一歩】

このカテゴリーは，《自分の人生の方向性を決めたり，自分から何かに取り組もうとしたり，取り組んだりしたこと》を構成する概念から成り立っている。子どもは支援の中で，複数の⑨［運命の分かれ目］に出会う。そこでも支援者による支援が意図的に行われており，自分で選択したり，選択することを支えてもらう中で，⑭［自分でやってみよう］という思いをもったり，何かに①［がんばる自分］として挑戦できることもある。

子どもは将来に向けて，例えば高等学校等や大学等進学，中途退学，就職，退職，転職，結婚，子どもをもつことなど，複数の人生の岐路ともいえる場面に出会う。その選択は，家庭という後ろ盾がない子どもにとっては，後の人生にまで影響する大きく重いものである。自分自身で考え，決めることができた子どももいれば，言われるがまま，よくわからないままに決めたり，適当に決めたりしたという子どももいる。想定外の妊娠，いじめ，ハラスメントなどにより方向転換を決めた，あるいは決めざるを得なかった子どももいる。これを⑨［運命の分かれ目］と概念化し，《子どもが今後の方向性を選ぶときのこと》と定義した。具体的発言は以下の通りである。

> “お金はかかるんですけども，まぁいろいろな資格を取れたりだったり，まぁその知識だったり技術だったりっていうのは学べるし，その後，ちゃんとした仕事につけるなっていうイメージがあったので，専門学校に行くことに決めまし

た。…（中略）…早く社会に出たい気持ちがあったので，なるべく短いスパンが良かったんです”（5-15）
“グループホームは嫌だとか，一人暮らしの方がいいみたいな。言ってたけど，なんかもう（大人は）グループホームの話しかしないから。「ああ，もうめんどくさいわ」と思って。”（7-737）
“そこの実習がなかったら，多分，今のところに就職することすらできていたかどうかわからない”（8-184）
“福祉系の大学に行きたいってなったのは，この施設に入ったときに感じてたんです。…（中略）…決定的になったのは，中学3年生の，虐待防止世界大会かな？　誘っていただいた時に。まあ，その時にやっぱりいろんな子たちに出会ってきて，「あーやっぱこれ！　これだな！」って”（11-113）

支援を通して，子どもに何かに挑戦してみようという気持ちが芽生えることがある。これを⑭［自分でやってみよう］と概念化し，《子どもが何かをしようと踏み出すこと・踏み出そうと考えていること》と定義した。具体的発言は以下の通りである。

“（保育士資格を取るために）ユーキャン応募したんっすよ。金払ったんですけど。教材費6万くらい。でもまだやっていないという（笑）。形から入ろっかなと思ったんだけど。やるはずだったんだけど，まだ全然やってない。一応，気持ちだけは（笑）”（1-319）
“（お金貯めたり勉強したり）したいなぁ，って思っています。まだ，何一つできてないですけど（笑）（2-278）。高卒の認定取って。取らなきゃなんにも始まらないから。23歳くらいまでには取りたいなあって。遅くても”（2-1211）
“（これからしたい仕事は）シール貼りとか，そういう系かな。（働きたいという気持ちは）半分”（7-574）

何かに挑戦してみようという気持ちは，支援を通して，実際に何かに挑戦するという行動につながることもある。これを①［がんばる自分］と概念化し，《子どもが何かを自分の力でがんばったこと》と定義した。具体的発言は以下の通りである。

“（大学に行きながらアルバイトは）してる。4つやっている”（1-27）

“(高等学校在学中)ずっとバイトしてました”(3-142)
“単位だけは取るってことを自分で決めてました。あんまり評価は気にしないですけど,単位だけは落とさないようにしました”(4-105)
“「どうしよう,どうしよう」って感じで,(自分の1か月の入院後,不安定になった自分の子どもの横に)とりあえず座って,近くで座って,(自分の子どもが)怒り終えるのを,静まるのを待って…(職員さんに電話して,不在だったり気を遣わせたりすると悪いからひとりで耐えた)”(9-231)
“自分,今,(自力で)車校(自動車教習所)行ってます”(13-333)…(中略)…お金を使いすぎて,出身施設に借りに行って。怒られましたけどね(笑)。…(中略)…(それからは)財形やり始めて。やっぱお金大事だし〜。なんか,貯めようって思って”(13-425)

【自立に向かう生活づくり】

このカテゴリーは,《措置解除後に支援の意味を見出したり,支援を受けて自分で生活をつくっていったりすること》を構成する概念から成り立っている。支援を振り返った子どもが,その意図を⑯[今だからわかるんだ]と振り返ることは少なくはなく,受けてきた支援を通して,⑩[子どもの送る生活]がつくられていく。その生活は,その子どもに備わっている力や,その子どもを取り巻く状況によって,⑥[困りごとはない]こともあれば,⑪[出会った困りごと]に悩みSOSを出すこともある。自分のつくる生活を⑳[だったら良かったな]と振り返ることができることもある。

支援の意味がわからず抵抗することがあっても,時の経過や子ども自身の体験を通して,支援者がどういった意図をもって支援をしてくれていたのかを,子どもが理解することも少なくない。これを⑯[今だからわかるんだ]と概念化し,《子どもが振り返ってわかる措置中の支援のこと》と定義した。具体的発言は以下の通りである。

“「かかわってるのは仕事だからなんでしょ〜!!」ってめっちゃ言ってた気がする(笑)でも,仕事でも…そこまでできない,ですよね?”(2-937)
“先生たちが,私がやらなかったことをやってくれていたおかげで,こうやって生活ができているんだなっていうのはすごい感じます，今は。すごいありがたいし，ここまで生きてこられているのが嬉しいなって”（3-92）
“施設にいたときは，（困ったら聞けていたかは）ちょっと微妙だったかも（7-184）。なんか施設にいたときはやっぱ職員が多いから。ま，困ってたら職員が気付いてくれるよね，みたいなのがあったかも（7-188）。…（中略）…（職員が自分の言動に理由があるとみてくれていたのは）知らなかった，嬉しいよ”（7-654）
“必死に起こしてくれても，指導だから行きたくない（笑）。でも行かないとヤバいからって，学校まで送ってくれて，学校の先生にも電話してくれて。ほんとにやってくれましたね。（そのときは）「腹立つなあ！」って（笑）。「もういいんだけどっ!!」って。「何しに午後から行かないといけないの？」，「意味ないじゃないっ!!」，みたいな。今は（振り返ると「してくれた」って思う）”（9-91）

措置解除後，子どもはそれぞれの生活の場において，自分の生活をつくり上げていく。措置中にはできなかったことに喜びを見出したり，逆に措置中との環境の違いに寂しい思いを抱いたりするなど，多種多様な生活がつくり上げられていく。これを⑩［子どもの送る生活］と概念化し，《措置解除後の生活で，子どもがしていること》と定義した。具体的発言は以下の通りである。

“（大学生になって楽しかったのは）自由になったことですかね（笑）。まぁでも，大舎の施設で生活してたので，寝る時間とご飯食べる時間もそうですけど，お金の使い方とか全部自分でできることが嬉しかった”（4-92）
“人がいないから困る。しゃべり相手がいないの。ガチ困る！　それ！　それ○○（子どもの名前）一番困ってるかもしれない！　ぜんぜん慣れん。一人って，マジ慣れない”（6-818）
“自分はやっと一人かみたいな感じになった分，なんだろ，ちょっとねぇ，さみしいというか，なんだろうな。「ただいま」って言える場所が，まぁ，なくなったかなぁみたいな。電気もついてない…みたいな”（11-166）
“一人暮らしになったら，嫌いなもの食べなくてもいいのが，すっごい嬉しかったです（笑）好きなもの食べれるし”（12-397）

“ちょこちょこ先輩と旅行とかいろんなところに（行った）”（13-468）

措置解除後，子どもに備わっている力や，その子どもを取り巻く環境によって，自分の生活をつくることに困難を感じていない子どももいる。これを⑥［困りごとはない］と概念化し，《措置解除後に，子どもが困っていないこと》と定義した。具体的発言は以下の通りである。

“（施設を）出てからは正直あんま困ってなくて，あの…まぁ，その，施設にいるうちにいろいろな職員さんからいろんなものを吸収して。家事とかそういう面も施設にいる時からやってましたし，料理はぶっちゃけ，その，今，いろいろ調べたりできるじゃないですか”（5-11）
“人に会うとね，「常識あるね」ってめっちゃ言われる（6-359）。施設以外では習うところないでしょ（笑）”（6-362）
“（措置解除後は）なんかグループホームにいたからあんまり心配事なかった気がする。…（中略）…すぐ言うからな。わからんことは（職員に）”（7-155）
“そういうの（家事）は，家で，実家にいた時，家に住んでいたときから，親にやれって言われてやってたので…”（14-87）

一方で，措置解除後の生活をつくる上で，困難を感じている子どももいる。SOSを出すことのできる子どももいれば，SOSに気づいてもらうことで支えを得る子どももいる。これを⑪［出会った困りごと］と概念化し，《措置解除後に，子どもが困ったこと》と定義した。具体的発言は以下の通りである。

“（コロナでバイトに）全然入れなくなった。めちゃくちゃ（バイト代が）減った。…（中略）…だから携帯代を遅らせたこともありましたし”（2-1844）
“職場の全面的ないじめがあって…”（3-32）
“（交際相手の）親はなかなか難しいところ”（4-278）
“もう（職場で）ぜんぜん誰ともそんなに話してないから。やっぱあの，（同僚が全員）日本人の人じゃなかったから”（7-843）
“NHKの人が困りましたね。訪問されて”（11-137）
“自分が病気になって，（健康保険に加入しておらず）100%のお金でずぅっと

払ってて。病院代を…”（12-298）

子どもが自分の生活をつくっていく中で，振り返り，後悔の気持ちを抱くこともある。これを⑳［だったら良かったな］と概念化し，《子どもがしておけば良かったと後悔していること》と定義した。具体的発言は以下の通りである。

“とりあえずもぉ，学校（高等学校）をとりあえずやめたい。で，いざやめたら，その次に，いろいろどぉしようっていうのがいろいろ出てきて，今はめっちゃ後悔してます（笑）”（2-541）
“（運転免許取得の補助について）ちゃんと卒園してたらさあ，車の免許のお金も出してもらえたじゃん。ヤバいよね。私何してんだよって感じだよね”（2-1682）
“高校のときに学校にいく習慣がついてたら，こんなこと（大学中途退学）にはなってなかった（笑）”（9-68）
“（措置中には健康保険について）なんにも（言われなかった）…。「入れるんだ！」って思いました，逆に。何にも言われなくて…入っとけば…まぁ自分のバイト代もあったし…，入っとけば良かったなとは思いました”（12-308）

【人と共に生きる子ども】

このカテゴリーは，《支援をしてくれた人と，それ以外の人々に対する思いを抱くこと》を構成する概念から成り立っている。措置解除後は特に，支援者へ⑬［感謝と遠慮］の気持ちを抱く子どもは多い。また，支援者だけではなく，⑰［他者への思い］を抱き，⑮［他者に伝えたいこと］を見つける子どももいる。

子どもは，措置解除後に振り返る中で，支援の意図を理解し，支援者への感謝の気持ちを抱くことが多くある。であるからこそ，大切な支援者の忙しさに想いを馳せ，自分が困っている時もSOSを出すことに遠慮の気持ちを抱くこともある。これを⑬［感謝と遠慮］と概念化し，《措置解除後に，子どもが支援について感じていること》と定義した。具体的発言は以下の通りである。

“（ずっと施設とつながっていて）むちゃくちゃありがたいです。友だちとかもいないから，なんか，相談できる人もいないし，なんか，ずっと知ってる人だから，ってのもあります”（2–378）
“困ったら全部対処してくれるね。うん。ありがたい。ありがたい（6–1670）…（中略）…（強制退去のあと，不動産会社からの）電話，全部かけ直してくれたのマジ感謝（笑）。マジあれ困ってた！　ずっと”（6–1672）
“仕事だから，そんなプライベートのLINEまで送ったら（迷惑だよな）って考えるんですよね，どうしても”（9–251）

支援において支援者から思いをかけて育まれてきた子どもは，様々な人との関係性を体験し，自分も他者を認識し，他者への思いをもつに至ることがある。これを⑰［他者への思い］と概念化し，《子どもが誰かについて思うこと》と定義した。具体的発言は以下の通りである。

“なんかバイトすぐに辞めちゃう子とかいるんすよ。施設にいる時は，けっこう危険というか，要注意かもしれないです。全部直せないんですけど，いかにそれを卒業までに（笑）がんばれるか，いかに…”（1–434）
“（がんばっている社会的養護で同期だった子どもについて）すご～い。すごいな”（2–1582）
“（退所した子たちと遊んでめっちゃ楽しかったが）私より上の人は仕事してて，けっこう忙しい人ばっかりだったんで。みんなで予定を合わせるっていうのが，なかなかできないことだから，みんなで会うっていうのがまず難しいんですね。何かをみんなでやろうっていうのを立てたいんだけど立てれない。ちょっと難しいのかな”（3–216）
“ぶっちゃけ，「助けて！」って言えれば，みんな助かると思うんですよ。だけど，そこが言えないから”（5–59）
“だから最初から一人でいようって考え方の人だった。一匹狼を貫いていたんですよ。仲良くなれば，仲悪くなることもありますけど，仲良くならなければ仲悪くなることもないんで。害がない”（10–579）

他者への思いをもつにとどまらず，自分の気持ちや，相手のためになることを，他者に伝えたいという気持ちが芽生える子どももいる。これを⑮［他者に伝えたいこと］と概念化し，《子どもが誰かに伝えたいと思っていること》と定義した。具体的発言は以下の通りである。

“外に出てから気づくことがほんとたくさんある。ほんと守られてたんだなって。ほんとに思う。みんなに言ってあげたい。「守られてるんだよ！　あなたたち！」みたいな（笑）”（9–257）
“（伝えておきたいことは）私がその，ここにいたときにすごい記憶に残ってる職員の一言があって。職員の心のモチベーションの話なんですけど（10–750）。…（中略）…反抗するから，無視するから言わないじゃなくて，やっぱりちゃんと言うべきなんだな～って。指導者たる者は…。というのを思いました。だからめげずに頑張ってください！　という（職員への）メッセージ（笑）”（10–822）
“やっぱ（施設を）建てかえて，いろんな年齢層と一緒に住むようになってから。こんな悪いことしとったら，下の子が真似するなって思ったんですよ。多分そのとき。で，そっからまあなんか，「まあ普通に生活しよ，施設内ではいい子にしとこ」って思いました。私は別に人生どうなってもいいけど，他の人たちがまあ，真似して。「お姉ちゃんたちがやってるからいいわ」って真似して，人生めちゃくちゃになったらかわいそうだなって思って”（12–983）

【子どもの望むこれから】

このカテゴリーは，《支援を体験した上で，支援への希望や自分の望みをもつこと》を構成する概念から成り立っている。措置解除後にも，支援を継続してほしい，こういった形で支援をしてほしいといった，㉑［支援への希望］を子どもはもっている。また，支援を通して自分の⑲［これからの望み］をもつ子どももいる。

措置解除後のつながりも通して，子どもは支援を継続してほしいという希望，支援の頻度や方法への希望などを明確にもっていた。支援を継続してほしいという希望は共通しているものの，その頻度や方法についての希望は，子どもによって異なっている。これを㉑［支援への希望］と概念化し，《子どもが措置解除後の支援に望むこと》と定義した。具体的発言は以下の通りである。

“（仕事をしながらいてもよい）であれば，（高等学校卒業後の年齢でも施設に）いれるならいたいと思う”（3-237）
“ゴールとか目標みたいなのを立てがちなんですが，やっぱその子によってゴールとか目標は違くて，いろんな家族構成だったりその子が悩んでるところだったりとか（も違うので），一概にここまでするみたいのはいらなくて”（5-82）
“一人暮らし体験できるよね？　一応。なんか，生活のなかで（ひとりでではなく，一緒に）の方がいい”（7-915）
“別に高卒でもちゃんと暮らしていける人がたくさんいるっていう，情報がほしかった（進路の選択肢と情報がほしかった）（9-275）。…（中略）…実際高卒で働いてる人たちから聞く方が，わかりやすい。あとちゃんとした金額見せたり（笑）”（9-289）
“お便りは引き続き送ってくれてもいいかな。ただね，なんか紙の時代でもないからなあ（笑）”（10-425）
“純粋に応援はしていただきたいなっていうのはあるんす。なんかどっかで，「○○（子どもの名前）がんばっとるかな～」くらいでいいっすね。なんかこう，物が欲しいとかサポートが欲しいとかではなく”（15-1169）

自分自身の夢や将来への望みをもつに至る子どももいる。ライフステージの変化とともに，我が子ということを意識し，自分の子どもにはこうしてあげたいといった望みも出てきている。これを⑲［これからの望み］と概念化し，《子どもの夢や，将来こうなりたいと思っていること》と定義した。具体的発言は以下の通りである。

“最低限のことは教えれる？　なんか，もし，子どもができたときとかに，最低限のことは全部教えられるくらいには，ちゃんとしてたいなって思います”（1-1104）
“（正社員に）なりたいです。自分の時間が持てるのもそうですけど，なんか，精神的に安定するかなっていう”（2-1265）
“そう（ゆくゆくは交際している相手と一緒になりたいと）思ってます”（4-259）
“ほんとそう（毎日学校に行くことは大事）。うちの息子には，何がなんでも行かせる（笑）。絶対に行かせる（笑）”（9-76）

“日本を全部回って旅行してみたいなっていうのはあります”（13-466）
“社会人が通えるような塾ってないなあって思って…。そういうところがあったら，資格とかもっと取りやすくなるのかなあって（14-374）。…（中略）…オンラインとかなら社会人でも通いやすいかもしれない”（14-387）

【応援団の存在】

このカテゴリーは，《子どもには措置中から措置解除後に至るまで，応援団の存在があること》を構成する概念から成り立っており，自立していく全プロセスに関係している。子どもには，⑫[支援してくれる人・もの・こと]があるが，それは支援者のみにとどまらず，㉒［支えてくれる他者］の存在がある場合もある。

子どもは，措置中から措置解除後に至るまで，支援者はもちろん，社会的養護に用意されている多くの経験や機会，サービス，金銭的支援など，多くの支援に囲まれて育まれていく。これを⑫[支援してくれる人・もの・こと]と概念化し，《子どもを支援してくれる人・もの・ことがあること》と定義した。具体的発言は以下の通りである。

“家賃補助と学費半額”（1-155)。…（中略）…あと，お金もらいに来たりします（施設独自の生活給付金と若者よりそいサポート事業などで)”（1-242）
“何でしたっけ？　あの～，お仕事見つけてくれるとこ（ハローワーク），めっちゃ（職員と一緒に）行きました（笑）（2-91)。…（中略）…ほとんど全部。やってもらった，一緒にやったというか，やってもらったというか…です（2-216)。(役所の手続きも）一緒に行きました（2-220)。月1くらい来てくれます。近くに（2-347)。(自分から連絡しなくても連絡を）くれます（2-358)。…（中略）…出る時に，なんか，レシピとかゴミの出し方とか（を書いた手作りの冊子を)，なんかもらえ，もらったんですよ。それが結構役に立ってる。うん，めっちゃ見ました（2-240)。…（中略）…（ご飯は）○○（就労支援事業)のあれで。月1くらいで送ってくれて。めっちゃ助かった(笑)”（2-1858）
“コロナになる前は1か月に1回は（施設に）泊まりにくるっていうか（3-189)。子どもたちが「いいよ！」っていうところに寝かしてもらう（3-194)。泊まらなくてもご飯だけ食べにくるっていうのもあります”（3-197）

子どもを支えるのは，社会的養護ばかりではない。子どもを取り巻く人々に支えられることも少なくはない。これを㉒［支えてくれる他者］と概念化し，《子どもが施設外の人から支えられること》と定義した。具体的発言は以下の通りである。

> “（就労支援事業の職員につないでもらって，仕事の話や）支援金の話とかもめっちゃやってくれたりとか，教えてくれて，一緒に市役所に行きました（2-1911）。…（中略）…（食料品は）玄関の前に，ボーンと置いといてくれています（笑）”（2-1927）
> “今の会社の人たちがすごくみんないい人で。ハローワークのこと教えてもらって，それで「すぐ入社にはなっちゃうけど，やれることがあるかもしれないから手続きしに行こう」って。連れってってもらったりとか…。それでいろいろ支払いができていないものがあって，「お金を20万貸すから支払っておいで」って言ってくれて”（3-60）
> “（困ったら）まずは友達に言う。友達じゃないけど施設出た子とか（6-119）。…（中略）…電話する。この間は友だちのお母さんに電話した！（笑）”（6-760）
> “（お金のことは）弁護士（未成年後見人）に聞いてる（7-303）。…（中略）…（生活保護の手続きは）最初あの，グループホームの人と一緒に”（7-937）
> “おばさん的に，何も知らない方がいい，何も知らなくって教えてくださいって聞いた方が可愛い，嫁は，って（笑）。だから，なんでもかんでもお義母さんに”（9-189）
> “（事務所の代表の人に）こう腕つかんで，もう目見て，「ダメだ！」って，もう3歳児を叱るかのようなふうに叱ってもらったんです。それが，あ，こんなに向き合ってくれる人がいるんだっていうので，ちょっと変われたかもしれないっていうのは思いますね”（10-245）

（3）インタビュー結果の考察

調査結果を通して，社会的養護施設等につながった子どもが自立していくプロセスについて明らかになったことを，4点に絞って考察する。

1）自立していくプロセスの個別性

子どもの自立していくプロセスは，例えば生活スキルについては一から伝えていく必要のある子どももいれば，家庭で家事をしていた，あるいはさせられていたため，すべてできるという子どももいる。権利についても，侵害されていたことが普通であると捉えてきた子どももいれば，友人や学校の先生などとの関わりによって，自分の置かれていた環境は子どもにとって不適切であるとすでに理解していた子どももいるなど，社会的養護につながる前に置かれていた環境によって，始点が異なっている。また，措置解除という事実や一律の年齢といった条件で終了するものではなく，一人ひとりの子どもに合わせて行われることも求められるため，終点も子どもによって異なるという特徴がある。このように，自立していくプロセスには個別性がある。

２）自立していくプロセスの進行に影響する要素

自立していくプロセスには，施設内でのいじめや不適切な関わり，支援の意図がわからないことによる反発や抵抗，学業とアルバイトの両立の難しさなど，その進行が一時的に困難となったり，子どもに大きな負担がかかったりする要素がある。一方で，支援により意図的に守られる・自分を守る体験の積み重ね，体験からもたらされる多くの感情や人との関係性，攻撃を受ける心配なく安心して抵抗できる日々，家庭について理解し関係性を調整する機会，選択や選択のやり直しを支えてもらう機会，他者に貢献することのできる機会など，その進行に寄与する要素も多くあった。

自立していくプロセスには段階があるものの，その進行においては，進行を促進し妨げる要素や，一人ひとりの状況などによって，前の段階に戻ったり，一つの段階で足踏みをしたりもしながら進んでいくことが明らかとなった。そして，その基となるのは，守られ大切にされる体験を積み重ねる支援であることが明らかであった。

３）施設内外の応援団の重要性

支えてくれる多くの人・仲間・機会などがあるという，社会的養護だからこその利点への言及も少なくはない。困ったことがあるのは決して問題ではなく，困った時に相談することができる，あるいは常日頃から気にかけ声をかけてくれる人の存在があるかどうかによって，措置解除後の人生が決まってくると言っても過言ではない。SOSを出すことができる存在がいることのみではなく，SOSを出すことを支援者への配慮からためらう子どもも少なからずいるため，SOSが必要なことに気づいてくれたり，気にかけてくれたりする施設内外の子どもの応援団ともいえる人々の存在も重要であった。

4）自立していくプロセスにおいて不可欠な権利の存在

インタビューでは，子どもが措置前に侵害された権利への対応と，権利を守られる体験，意見や選択を尊重される体験を，支援を通して積み重ねる取り組みが行われていることが語られていた。支援中は子どもの意向に反する支援であったとしても，子どもが振り返って考えた時，それが子どもと子どもの人生を守るための支援であったことへ気づくことが少なくないことも語られている。一方で，社会的養護に措置された後であっても，権利擁護が徹底されていないことがあることも語られていた。

このように，子どもが自立していくプロセスにおいて権利は，切っても切れない関係性にあることが明らかであった。児童の権利に関する条約では，大きく分けて「生きる権利」「育つ権利」「守られる権利」「参加する権利」の4つの権利が規定されているが，これらすべてが自立していくプロセスに存在しており，自立していくプロセスそのものが，子どもの権利擁護の取り組みそのものであることが明らかであった。

4　子どもの自立に向けた支援の課題

（1）分析結果による課題

アンケート調査およびインタビュー調査による名古屋市調査の結果は，措置解除後の子どもへの支援について，いくつかの課題を明らかにしている。ここでは，名古屋市の状況を踏まえつつ，それを5点に絞って考察する。

１）支援者の配置を拡充する必要性

本研究の調査結果から，自立支援担当職員の配置および連携した支援の効果は明らかであった。アンケート調査結果では，措置解除後の支援を継続している割合が明らかに増え，子どもの状況を常に気にかけ，連絡を取ることができている。子どもにも，措置解除後に困ったらいつでも支援者に尋ねられるということを積極的に伝え続けている。インタビュー調査においても，自立していくプロセスの進行に大きく影響するものとして，子どものことをよく知っている人，中でも自立支援担当職員は，その中核的存在となっていた。

しかし，名古屋市では，自立支援担当職員が専任として配置されているものの，実際は，多忙な生活支援への応援業務をはじめとする他業務との兼務を求められることも少なくない。インタビューでは，子どもの発信する SOS には緊急性の高いものもあれば，昼夜や休日を問わないものもあり，その相談内容は多岐にわたることが複数語られていた。連絡を絶った子どもであっても，支援が必要だと考えられる場合は，様々な手段を講じて連絡を試み，支援につなげる働きかけを続けている。加えて，自立支援担当職員は，専門知識や技術，支援者の専門性を，後輩にあたる支援者に伝達し，支え，指導をしていくことを求められる立場であることも多い。この結果，自立支援担当職員が一人ひとりの子どもに応じた支援を展開していくための時間が，慢性的に不足している。一方で，自立支援担当職員と子どもの性別が異なる場合，子どもと同性の生活支援を担当する支援者に依頼せざるを得ないこともある。これは，生活支援を担当する支援者の人的・時間的余裕も減ずることにつながる。

支援者の専門性や心身の健康は，支援者自身の生活・人生はもちろん，子どもの生活・人生・心身の健康にも多大な影響を与える。前述のように，子どもが望んでいるのは，「自分をよく知ってくれている人」に相談できること，その人が「ちょくちょく連絡をくれること」であった。支援者の勤続年数の短さは，これらをさらに困難にさせる。

また，子どもが，困りごとがあっても支援者が忙しいだろうからと遠慮したり，連絡すると自分を知らない人につながるのではという不安をもったり，そのことによって自分も相手も気まずい思いをするのではと危惧するといったことがないようにしていく必要もある。同時に，「自分をよく知ってくれている人」の勤務時間外や，退職や異動等があっても，子どもに不安を感じさせないよう，支援をバトンタッチしていくことのできる体制づくりも，日頃の支援に余裕がなければ困難である。

以上のことを踏まえると，施設等の支援者の働きやすさ，仕事の続けやすさ，心身のメンテナンスのしやすさを考えた支援者の配置と，自立支援担当職員がその業務を実質専任として担っていくことのできる環境をつくることが急務である。

2）支援の公平性の担保と拠り所の確保の必要性

支援の継続においては，現状では，設備，金銭的事情，措置されている子どもや支援者の状況などにより，ある施設ではできることが他の施設ではできないこともある。安定した学習環境の有無，緊急時や実家的な意味合いでの食事や宿泊の可否など，施設によって支援の量やメニューが異なっていることが，子どもから語られていた。これは，子どもにとっては大きな問題であり，大きな関心事でもある。共通のニーズをもった子どもへの支援において，ある程度の公平性の確保は重要である。また，前述した「自分をよく知ってくれている人」の退職や異動，子ども自身の転居，支援者との関係不調などによって，支援を必要としていながらも，安心して相談することができる先を失う子どももいる。こういった子どもも含め，子どもの拠り所となる場をどう確保していくかも課題である。

3）人生に伴走する支援の必要性

自立は，一律の対応によって叶うものではなく，自立していくプロセスには，個別性があった。一人ひとりに応じたプロセスの進み方があり，その始点や到達点，人生に関わる決断の仕方や時期，困ったと感じる内容や程度など，子どもによって異なっている。

何らかの決断をするまでに長い期間が必要な子どももいれば，決断が間違っていたと振り返り，やり直したいと望む子どももいる。アンケート調査では，進路選択において自分の気持ちや意見を「言えた」と回答した子どもの割合は，措置期間が3年未満の子どもであっても半数を超える高さだったが，選んだ進路において，中途退学や転職の経験をもつ子どもは少なくなかった。その中には，インタビュー調査において，高等学校卒業の資格を取りたい，自分に合った就職先を探したいという子どももいた。社会的養護の措置解除までに，将来に関わる事柄を選択し，自分に適した決断をすることは，困難であることも多い。このような場合，施設等には一時的に受け入れる制度，人，時間，空間，資金等のゆとりがないことも多い。子どもが，必要に応じて支援を受けることのできる体制を整備し，中途退学や就職後の進学，選んだ進路が違っていた時の再挑戦，心身の疲弊からの回復などを，安心してすることができる環境を確保する必要がある。つまずくことが特別なことではないという認識のもと，子どもの心に湧いてきた意欲や希望を応援し，一人ひとりの状況に応じた支援を用意できる体制が必要である。

また，調査結果からは，措置解除後の家事等については，「ググれば出てくる」といった言葉が少なくなかった。子どもが措置解除後に求めていることは，ネット検索等ですぐわかることを教えてもらうことというよりは，新しい人や環境，できごとに出会う体験や，その時の気持ちなどを「自分をよく知ってくれている人」と分かち合うことができることだと考えられる。「自分をよく知ってくれている人」への相談内容は，措置解除後の生活では，ネット検索では出てきにくい事柄，つまり，子どもとその子どもの置かれている環境に合わせて対応していく必要のある事柄に変化してもくる。ライフステージの変化によっても，相談したい内容や質は変化してくる。子どもは，期限付きでも定期的でもない措置解除後の支援を求める傾向も強かった。

このように，一人ひとりの子どもの自立していくプロセスに応じて，子どもの人生に伴走することができる体制，いつも気にかけていることが伝わる体制が必要とされている。

4）施設内および社会的養護に関わる支援者間の連携の必要性

社会的養護にあるからこその困難がある一方で，社会的養護にあるからこそ支えてくれる多くの人・仲間や機会があることの利点を子どもは感じてもいた。自立していくプロセスにおいて，困ったことに出会うことは当たり前であり，相談できる人がいるか，その機会があるかどうかは重要である。また，子どもは支援者の忙しさや，自分のことをよく知らない支援者の感じるであろう戸惑いなどへの配慮や遠慮の気持ちも感じていることも明らかであった。このため，支援者側が日頃から気にかけ，声をかけてくれるということを望んでもいた。

こういった支援の提供のためには，支援者の連携は不可欠である。措置解除後の支援を必要とする子どもは両性おり，相談内容や相談の場によっては，同性の支援者がふさわしいことがあることも明らかであった。両性による自立支援担当職員の複数配置は，現在のところ名古屋市の予算上困難であるが，例えば，家庭支援専門相談員の複数配置を全施設で実施し，実質専任化すること，里親支援専門相談員の全施設配置および実質専任化を，計画的に進めていくことなどを通して，各施設の支援者間で協力体制を構築する体制づくりも課題である。

名古屋市では，自立支援担当職員や，就労支援事業所，社会的養育ステップハウス事業，児童相談所などの支援者で構成されている会議の開催によって，定期的に顔を合わせ，互いの支援状況を報告し合い，社会資源の活用法を伝え合うことなど，連携の基盤をつくる取り組みがなされている。互いに顔を合わせ，互いの状況を知るということは，必然的に自分の支援の状況を振り返り，他施設等の支援と比較し，支援の量や質を向上させることにもつながる。こういった取り組みを通して，解決困難な事例についての助言を支援者間で求め合ったり，児童養護施設への措置中から子どもが就労支援事業所のプログラムに参加できるようにしたり，児童養護施設の支援者が必要に応じて自立援助ホームや就労支援事業所につないだり，自立支援ホームと社会的養育ステップハウス事業が連携しながら支援を行っていたりするなど，多くの連携が工夫して行われていることが明らかであった。実際に，支援してくれた人として，自立支援担当職員など施設の支援者のほか，就労支援事業や児童相談所などの支援者をあげる子どもも少なくなかった。

名古屋市では，自立支援担当職員の配置により，従来は就労支援事業などで行っていた支援が，各施設においてできるようになるなどの変化も生じている。一方で，事業であるからこそできる支援も多くある。施設等と各事業が措置解除前から交流し合い，それぞれの長所を生かし，さらに強固な連携づくりに取り組んでいく必要がある。

また，アンケート調査結果では，会社や進学先の寮や借り上げ住宅などを住居としている子どもも多かった。これらの住居は，仕事と住まいを一緒に失う危険性がある。転職理由として多くあげられていた，心身の不調から措置解除された子どもを守る必要もある。支援の公平性について前述したが，こういったリスクが起こった際，各施設等で一時的に子どもが滞在できる場を確保することが難しい場合もある。年金や健康保険について理解できていないことから，加入していない子どもがいることも明らかであった。これらは，医療行為を受ける，障害年金を受け取るなどの際に重要な意味をもつものである。また，障がいに関する支援や生活保護を必要とする子どもがいることも明らかであった。このため，生活困窮者支援，障がい者支援，役所などと，分野を超えて危機に備える連携体制を構築していく必要もある。

現在はほとんど見られないが，社会的養護ニーズのある子どもも支援対象としている支援団体との連携も，今後の支援体制の課題であると考えられる。

5）自立していくプロセスに不可欠な権利への意識の必要性

調査結果からは，子どもが「権利」という語彙を使うことはなくとも，自立していくプロセスにおいて，子どもが措置される以前に侵害された権利への対応，措置中および措置解除後の権利を守られる体験や，気持ちや意見を尊重され権利を行使できる体験が，支援を通して積み重ねられていることが明らかであった。

生活スキルの習得や金銭的自立も，自立していくプロセスにおいて重要であるが，それらが自分で十分にできない状態であっても，子ども自身がスマートフォン等を活用したり，措置解除後も継続して支援を受けたりすることで対応できる事柄も多い。それ以上に，子どもの権利は侵害されてはならないものであること，自分で自分の権利は守っていく必要があることといった権利意識を措置中に身に付け，必要に応じて適切な時・人・場にSOSを発信することのできる力を身に付けることが必要不可欠である。

一方で，社会的養護において，権利擁護が徹底されていない状況があることも明らかであった。意図をもった支援が子どもの意向に反することであったためにそう感じられたこともあれば，そうではない場合もある。子どもの振り返りによる語りを通して，支援における権利擁護の徹底も求められる。

（2）本研究の実践への応用可能性と限界・課題

本研究では，名古屋市という，子どもへの措置中から措置解除後につながる支援を積極的に行っている自治体の，支援体制の改善による効果が，子ども自身の声から明らかとなった。子どもの声から，子ども自身が望む支援についても明らかとなっており，今後措置解除後の支援の方向性を検討する自治体にとって，検討の際のポイントが複数含まれていると考えられる。また，措置解除後の支援を名古屋市も含め，自治体間で互いに共有することで，支援の量・質の向上につなげていく足掛かりとなると考えられる。

本研究では，調査において取り残される傾向のある，障がいや学力等による回答困難な子どもの意見を含めることもできた。措置中の生活および現在の生活がうまくいっている子どもに偏らないよう対象者を選定し，こういった子どもの意見を含めることもできている。声を上げにくい子どもの声を，いかに尊重していくかについても，他自治体や支援団体と共有し工夫し合うことで，子どもの真の困りごとを，より把握することができると考えている。

前述の19件の先行調査（表1-9）は，本人を回答者とするものが全体の73.7％を占めていた。名古屋市調査もこれにあたる。しかし，いずれの調査も，回答者が施設等から連絡可能な子どものみであるという限界があるため，措置解除後の子どもの全体像を正確に把握できているとは言えない。本研究においても，アンケート調査票を送付することができなかった子どもの声を知る術はないという限界が残っている。また，社会的養護を必要としながらも，施設等につながらなかった子どもの意見についても，同様の限界が残っている。

さらに，本研究が分析の対象としている名古屋市調査の結果も，他の自治体や支援団体等による研究結果と同じく，広く社会的認知につながるような媒体を用いて周知されているわけではない。地域住民の理解を促進するために，今後，こういった調査の結果が，社会的養護についての理解につながるよう，年齢や立場，関心の有無などを問わず，誰もが日頃から目にする媒体を意図的に用いて周知していく必要がある。また，措置解除後の支援には，名古屋市内においても支援の量や質に格差があったが，それは名古屋市に限ることではない。子どもの措置解除後の支援の量的・質的向上のため，地域を超えて社会的養護や社会的養護に関係する支援者と情報を共有していく必要もある。これは，他府県に転居する，あるいは他府県から転居してくる子どもが，支援にアクセスしやすくなることにもつながる。

今後は，措置解除後に支援を必要としながらも，支援の継続が叶っていない子どもの意見を含めること，社会的養護にある子どもについて正しく周知していくことを意識した研究を続けることが重要である。

付　記

本章の調査では，2021年に名古屋市で実施した名古屋市子ども青少年局子育て支援部子ども福祉課（2022）によるデータを，名古屋市の許可を得て使用している。

注

⑴　名古屋市が2017年12月より「社会的養育ステップハウスモデル事業」として開始した（2020年度より「名古屋市社会的養育ステップハウス事業」），児童養護施設等を退所して就労する子どもに対し，住居を提供して自立に向けた生活支援を行う事業である。

⑵　名古屋市内の社会福祉法人が連携し，「社会的孤立や虐待，貧困などを原因として生きづらさを感じている人たちが，既存の制度やサービスでは解決できないと思われる課題」を解決するためにできた「なごや・よりどころサポート事業」の３事業のうちの一つである。施設等退所後，進学した子どもに，参加施設から毎月３万円の生活資金を手渡しし，面談によって生活の様子を聞いたり相談にのったりすること，幅広い社会経験を積むことができるよう，参加施設がボランティア活動の場を提供することといった就学支援と，進学や就職をした子どもへの緊急時の生活相談や必要に応じた経済的支援をすることといった緊急時支援がある（名古屋市社会福祉協議会　社会福祉施設部会委員会「なごや・よりどころサポート事業」〔https://758yoridokoro.wixsite.com/nagoya〕より抜粋）。

第4章　子どもが権利を守る力を体得するプロセス
——「自他を守る力」を体得するまで

第3章での検証を通して，アンケート調査からは，社会的養護施設等を措置解除された子どもを取り巻く現状と支援の課題が明らかとなった。また，インタビュー調査からは，子どもが自立していくプロセスが，子どもの語る具体例を通して明らかとなるとともに，自立していくプロセスにおいて権利は切っても切ることができないものであることも明らかとなった。

児童の権利に関する条約への批准や，社会的養護施設の小規模化など，社会的養護を取り巻く状況の変化の中で，自立を目指した支援を行う社会的養護においては，子どもを守る取り組みが続けられている。その支援は，子どもの受動的権利の保障にとどまらず，大竹（2021）による自立支援計画の作成を通して子どもの意見を聴くことに関する研究，坂口（2021）による子どもとともにつくる児童自立支援計画の取り組みについての実践レポート，浅田（2018）による応答的な関係による意見表明権の保障についての研究など，子どもが主体として意見を言う，聴いてもらえるということの尊重に関する実践や研究も増加している。

ただし，子どもが権利を守る力は，社会的養護施設等での生活の営みを通して自然な形で伝えられていることも多い。このため，自立していくプロセスにおいて，権利は不可欠なものであるにもかかわらず，子ども自身が権利とは何か，権利を守られるとはどういうことか，権利を守るとはどういうことかといったことについて，必ずしも明確に「権利」という言葉を通して意識しているとはいえない。子どもが権利意識をもつこと，権利を行使することができるようになること，つまり子ども自身が主体として権利を考える，意識的に権利を行使できる力を育んでいく支援についての研究が多くはないのが実態である。

このため，本章では，社会的養護を必要とする子どもにとっての権利について概観する。その上で，社会的養護を必要とする子どもへのインタビュー調査結果を通して，支援者の行う支援によって子ども自身が権利を守る力を体得していくプロセスについて検証していく。

1　社会的養護を必要とする子どもの権利とは何か

（1）日本における子ども観

日本には，子どもは大人の所有物，つまり，子どもは養育者である「親のもの」であるという捉え方があった。こういった捉え方に基づく養育では，子どもの権利を保障することは難しい。子どもが一人の「人」ではなく，養育者である「親のもの」であれば，自分のもの（子ども）をどう扱おうと親（養育者）の勝手であるという解釈になりうるからである。たとえ，養育者である親が子どもを大切にし，素晴らしい養育を行っているように見えたとしても，子どもが「もの」であるうちは，子どもは「大事なもの」として「守ってあげる」だけの存在であるともいえる。そこに，子どもは権利の主体として自分の権利を行使できる存在であるという視点がなければ，真に子どもの権利を守っているとはいえない。

今もこの考え方は，子どもを守らない，あるいは守ることができない養育者の逃げ口上ともなっている。虐待事件などで今も聞かれる，「しつけのつもり」という言葉は，その典型である。このように，現在においても，「自分の（『もの』である）子どもに何をしてもよい」「他人から自分の（『もの』である）子どもの養育についてとやかく言われる筋合いはない」といった考え方が残っているのが現実である。

一方で，1989年に国連で成立した児童の権利に関する条約に，日本が批准した1994年以降，状況は変わりつつある。すなわち，「子どもは子どもとして権利を守られる存在であると共に，自分の権利を守る存在でもある」という子ども観への転換である。浅田（2018：43）が述べるように，「日本では子どもを保護の対象とする一方で，保護を受ける権利の保有者であるという認識は薄い」が，日本も遅ればせながら子どもの能動的権利の保障に関する模索と，子どもの受動的権利の徹底保障への取り組みが進みつつある。

（2）国連子どもの権利委員会からの指摘と社会的養護

児童の権利に関する条約に批准したことで，日本も，発効後2年，その後は5年おきに，国連子どもの権利委員会へ報告をし，審査を受けることとなった。これに従い，2024年現在までの間に，4回の審査を受けた。国連子どもの権利委員会からは日本が修正していく必要のあることについて勧告がなされるが，その勧告は多岐にわたっている。

直近の勧告は，2019年に行われた，「第4回・第5回統合定期報告書に関する総括所見」である。条約上は5年ごとの報告となっているが，第3回総括所見において，「第4回・第5回をあわせた定期報告を，2016年5月21日までに提出するよう求める」とされており，10年の状況に対する勧告である。因みに，第4・5回も2回分をまとめての報告を求められている。

第4回・第5回統合定期報告書に関する総括所見では，2016年の児童福祉法改正，2017年の刑法改正による性虐待を念頭に置いた「監護者性交等罪」や「監護者わいせつ罪」の新設や男子への保護，施行日は遅いものの2018年に最低婚姻年齢を男女とも18歳と定めたことなどについては，積極的に評価されている（第3パラグラフ）。

しかし，差別の禁止，子どもの意見の尊重，体罰，家庭環境を奪われた子ども，リプロダクティブヘルス（性と生殖に関する健康）および精神保健，少年司法といった複数かつ子どもの権利には不可欠なことについて，緊急の措置が取られなければならないと勧告されてもいる（第4・第5パラグラフ）。体罰については，2020年4月の児童虐待の防止等に関する法律の改正で，保護者についてのみ禁止された。しかし，厚生労働省（2021c）によると，15～75歳の国民のうち，体罰禁止の法改正から8カ月経った時点で，その改正の「内容まで知っている」のは20.2％，養育者であっても20.3％と，内容まで含んだ認知度が低いことが明らかとなった。「内容まで知っている」と回答した人の体罰容認割合は低い。全体として，調査回答者の40.2％が「体罰は場合によっては必要」と回答をしている。ただし，必ずしも法律の認知度が高い人の体罰容認度が低いわけではなく，強い容認とまったく容認しないという2つの回答への偏りがみられていた。また，過去6カ月の間に体罰を行使した人が33.5%という結果となっている。2022年には，民法等の一部を改正する法律が成立し，「懲戒権」に関する規定が削除されたが，法改正後すぐに実態がともなってくるわけではなく，日本で長年続いてきた体罰容認の価値観の変換には，子どもの権利やその擁護に関する周知と意識の醸成の積み重ねを徹底していく必要がある。

社会的養護の分野では，子どもに関連するすべての決定で子どもの最善の利益が考慮されているわけではないことから，子どもにとって最もよいことの実現についての改善が求められている。また，自分に関わるあらゆる事柄について自由に子ども自身が意見を述べ，その意見が尊重されるといった，子どもの意見の尊重に関することについても改善が求められている。村井（2018 : 133）は第3回勧告の中でも，「権利行使の主体者とされる子ども自身に条約の内容が周知されていないこと」を，最も重要な指摘であると位置づけ，その根本にあるものは「子どもの意見表明権について十分な理解が得られていないことや，これを認められないという意見が根強くあることにある」と述べている。これは現在においてもさほど変わってはおらず，全国の児童相談所における児童虐待相談対応件数は今も，右肩上がりで増え続けている。家庭で暮らすことができない子どもについては「新しい社会的養育ビジョン」の速やかな実現，代替的養育での子どもの虐待防止と加害者の訴追，里親への支援や研修，監視なども含めた複数の改善が必要とされている。

根強く根深い問題をはらんだ日本の子ども観，養育観から転換して，子どもの権利擁護への取り組みを勧告されることによって進めざるを得ない状況が続いていることは，日本の子どもの権利擁護についての自浄作用や改善に対する意識，意欲，能力などが欠けていると言わざるを得ない。しかし，国連子どもの権利委員会という外部の力を借りてではあるが，子どもの権利擁護を進めるよい原動力となっているとも考えられる。自国の取り組みや自浄作用が進まないならば，勧告され改善をしなければならない状況は歓迎すべきである。

（3）社会的養護における権利擁護についての研究の現状と課題

1）権利擁護に関する研究の現状

社会的養護における権利擁護についての先行研究を，CiNii Articles および CiNii Books で検索した（検索日：2021年11月18日）。CiNii Articles では，「権利」というワードに「社会的養護（87：以下，（　）内の数字は，検索の結果ヒットした数である）」「児童養護施設（123）」「自立援助ホーム（0）」「里親（35）」「ファミリーホーム（11）」を，「社会的養護」というワードに「当事者（123）」を，さらに子どもの望みや声を聴く大きな転機として，「進路」というワードに「社会的養護（7）」「児童養護施設（33）」「自立援助ホーム（0）」「里親（4）」「ファミリーホーム（0）」を，「就学支援」というワードに「社会的養護（1）」「児童養護施設（2）」「自立援助ホーム（0）」「里親（0）」「ファミリーホーム（0）」を組み合わせ検索した。

また，CiNii Books でも上記と同様に，「権利」というワードに「社会的養護（6）」「児童養護施設（15）」「自立援助ホーム（1）」「里親（8）」「ファミリーホーム（2）」を，「社会的養護」というワードに「当事者（5）」を，「進路」というワードに「社会的養護（0）」「児童養護施設（3）」「自立援助ホーム（0）」「里親（1）」「ファミリーホーム（0）」を組み合わせて検索した。「就学支援」については該当する文献はなかった。

この結果，CiNii Articles では計426件，CiNii Books では計41件の，合計467件がヒットした。このうち，重複46を削除した。次に，以下の3つの要件すべてを満たすものを抽出したところ，表4-1の3件となった。

①　児童の権利に関する条約に日本が批准した1994年以降の文献であること。

表4-1　子どもの語りから権利保障について分析・考察した研究

No.	著者名	年	タイトル
1	伊部恭子	2015	社会的養護における支援課題としての権利擁護と社会関係の形成 —社会的養護経験者の生活史聞き取りから—
2	長瀬正子 ・谷口由希子	2019	社会的養護の当事者の「声」 —施設等退所後に困難な状況にある当事者に焦点をあてて—
3	平松喜代江 ・堅田明義	2020	児童養護施設退所者の大学進学実現を可能にする支援について

出所：抽出結果から筆者作成（発行順）。

② 社会的養護を体験した子どもの権利の保障に関する文献であること。

③ 社会的養護を体験した子どもの語りから，その権利の保障について分析・考察された文献であること。

2）権利擁護に関する研究の課題

現に社会的養護のもとで生活している，あるいは過去にそうであった子どもを対象にした手記やインタビューを元にした記録，児童の権利に関する条約への批准とその後の権利擁護の流れやあり方について論じた研究，子どもへの質問紙による調査研究などは多くある。しかしながら，これを「権利の保障」という視点から分析・考察した研究となると，上記のように極めて少ない。

社会的養護を必要とする子どもの権利は，支援者をはじめすべての大人で守らねばならない。香坂（2020：47）の指摘するように，子どもの中には，「『自分の人生に自分がいない』と感じることが何度も」あるという状況にある。生活の主体，権利の主体としての存在が自認できる状況の確保が必要である。

年齢や能力，性格や障がい，家庭環境からの影響など，様々な要因で権利の主体としての力を発揮することができないとされてしまいがちな子どももいる。しかし，措置解除後に困難な状況にある者に焦点を当てた長瀬・谷口（2019：55）において，「意見表明・参加の権利は，子どもと大人の関係性を基盤にする。そして，子どもをただ保護される存在におかず，力ある存在，『声』を発することのできる存在に位置づける。子どもの『意見』を言葉による表現に留めない視点も重要である。“VOICE”，すなわち『声』と捉え，泣くこと，絵を描くこと，踊ること等大人や環境に働きかけるすべての表現ととらえる視点が求められる」と述べられているように，子どもの発する思い，願いなどは言語によるものばかりではない。一人ひとりの子どもの非言語的なメッセージなども含めて活用する必要性，「問題行動」と括ってしまうのではなく，子どもが葛藤，拒否，遠慮などによって，様々な声なき声を上げていることなど，一人ひとりの子どもには権利の主体としての力があると捉え，尊重する視点は重要である。

生活史に関するインタビューを通して，社会的養護における支援課題を権利擁護の視点から考察している伊部（2015：13）による「社会的養護のケアを離れた後の生活状況や，家族関係・社会関係では，様々な困難・課題等を生じ，相談先や拠り所がないなかで，より深刻さを増したり，危機に陥ったりする場合もある。本人が支援を求めることができるか否かは，措置されていた施設等の支援者との関係性，インフォーマルな社会資源等において，信頼できる人と場（居場所）があるかどうか，また，本人にとって役に立つ情報とその収集や活用の力，利用可能な社会制度及び社会資源の有無と利用のしやすさ等による」との記述からは，子どもの語りを通して考察された支援課題には，本人たちから教わることのできる具体的なアイディアがあることがわかる。

児童養護施設を措置解除され，大学等へ進学した子どもへの面接調査を通して，大学等への進学の実現を可能とする支援について考察した，平松・堅田（2020：24）による「中学校期においては，進路希望の有無にあわせて，『情報説明型支援』を与えることに効果がみられた。そして，高等学校期においては，進路希望の有無に関係なく，進路希望実現のために，具体的な職業や大学に関する情報を教示する『情報教示型支援』を行うことが進路希望実現に必要不可欠な支援であることが示された」という記述においても，子ども自身の語りを分析・考察したからこその具体的方向性が示されている。

浅田（2018:45）が「施設で暮らす子どもを特別な配慮を必要とするが，力ある存在としてとらえることが重要である。そこで，直接接するおとなが，子どもの抱える絶望に配慮しながら，その力を信じ，子どもの主体性に応答する関係性を応答的な関係と定義する」と述べているように，応答的な関係はすでに社会的養護施設等での支援において実践が積み重ねられており，その理論的考察が必要となっている。権利の主体はあくまでも子ども自身である。子どもの権利を保障する実践をさらに進めていくために，今必要とされることは，子どものもつ力を認め，子どもから教わること，日々生活支援を行っている支援者の積み重ねから教わるということである。

先行研究においては，社会的養護における子どもの権利を考える際，「子どもの受動的権利」や，意見表明権や参加権を中心とする「子どもの能動的権利」を論じている文献は多くみられた。しかし，「子どもが守る他者の権利」について触れられているものは見当たらず，子どもが権利を守られ，自分の権利を守る存在であるとともに，他者の権利を守る存在でもあるということへの意識，また，その力が子どもにあるということへの認識は少ないことも，今後の当分野における研究の課題である。

2　権利を守る力について語ってくれた子どもたち

（1）研究の背景・目的

社会的養護を必要とする子どもの権利に関しては，児童の権利に関する条約の批准以降は特に，子どもの権利の概念や制度・政策の流れ，支援における権利擁護や権利侵害への対応，権利ノートや生い立ち整理のあり方など，様々な先行研究がみられるが，子どもの語りによって，支援を通して子どもに伝わっていく権利について検証をする研究は多くはない。

支援における権利擁護の実態について多く語られているのは，長谷川（2008；2012；2016），高橋ほか（2015），日本ファミリーホーム協議会（2010；2011；2015；2022），山縣ほか（2015年5月-），田中（2021）などによって行われた子どもを対象としたインタビュー，子ども自身が語る講演の記録や子どもによる手記などである。これらの中には，社会的養護における生活や，学校，友人，地域，家庭との関わりなどにおいて，子どもがどのように守られ，育まれたのかについて豊かに語られているものが多くある。

自治体による措置解除された子ども等への調査でも，子どもの権利擁護に特化した調査ではないものの，関連する調査項目が含まれており，岡山市（杜の家 2014），京都市（2017），名古屋市子ども青少年局子育て支援部子ども福祉課（2017；2022）などでは，子どもの語りも取り入れた調査が実施されている。

前述のように，子どもの語りによる先行研究は多くはないが，伊部（2015）による支援課題を権利擁護の視点から検証した研究，吉村（2015）による児童養護施設の生活環境についての研究，永野（2016）によるライフチャンスの保障について検証している研究などがみられる。その多くが措置解除後の子どもを対象としており，措置中の子どもの語りによる研究は，伊藤（2010）による措置されている子どもの語りを通して施設生活に焦点を当てた研究などごくわずかである。支援は，後になって子どもにその意図が伝わることも多い。このため，支援中，支援後の双方の子どもによる語りが重要である。

子どもの語りによる先行研究では，伊部（2018：50）が「社会的養護経験者が『力をもらった』り，『支えとなっている』経験には，本人と関わりのある“特定の人（個人）”の存在がある」と，人，特に支援者の存在が，子どもが守られた，支えられたという経験に不可欠であることを指摘している。一方で，吉村（2015）では，支援者や共に暮らす子どもからの不適切な関わりも語られ，子どもが守られていない状況も見える。このように，子どもの語りを通した先行研究によると，支援での権利擁護の実際は様々であり，社会的養護の支援における権利侵害の予防や早期発見・早期対応，そして権利擁護のあり方に関する実践的研究は，子どもにとって急務であるといえる。その際，権利の主体である子どもの思いや捉え方を，大人が推測で論じることは適切ではない。子どもは自身で語ることができる一人の人である。支援における権利擁護の実態を子どもがどう考え，権利をどう伝えられるのが適切なのかについて，子どもの語りからより一層の検証を続け，子どもから学ぶ必要がある。

本研究は，以上のような問題意識に基づき，支援を通して社会的養護を必要とする子どもが権利を守る力を体得していくプロセスを，子どもの語りから明らかにすることを目的としている。

（２）研究の意義

本研究の意義は，子どもが権利を守る力を体得していくプロセスを，子ども自身の語りから考察しようとしているところにある。社会的養護が必要にもかかわらず，公的支援につながらなかった子どもも含めて，研究の対象としていることにも意義がある。

（３）研究方法

１）調査対象

筆者は，本研究に先立ち，2021年に名古屋市内の社会的養護施設等の支援者を対象としたアンケート調査およびインタビュー調査を行っている（第５章）。この調査結果をもとに，本研究におけるインタビュー調査は，施設，事業，支援団体で子どもに意図的に権利を伝えている支援者による支援を受けた，10代後半から20代前半の年齢の11名の子どもを対象として実施したものである（表4-2）。

養育者の死亡により措置された１名以外すべてに，被虐待体験があった。障害者手帳をもっている子どもが２名，生活保護を受給している子どもが３

表4-2　インタビュー対象者

No.	現支援施設・事業・団体	性　別	年齢層	障害者手帳	被虐待経験	生活保護受給	外国ルーツ	体験した社会的養護
1	児童養護施設	女　性	20代	なし	あり	なし	なし	1か所
2	児童養護施設	女　性	10代	なし	あり	なし	あり	1か所
3	自立援助ホーム	男　性	20代	なし	あり	なし	あり	複数か所
4	自立援助ホーム	女　性	20代	あり	なし	なし	なし	複数か所
5	自立援助ホーム	男　性	20代	なし	あり	あり	なし	複数か所
6	就労支援事業	女　性	20代	あり	あり	あり	なし	1か所
7	就労支援事業	その他	20代	なし	あり	あり	あり	複数か所
8	就労支援事業	男　性	20代	なし	あり	なし	なし	複数か所
9	支援団体	女　性	20代	なし	あり	なし	なし	なし
10	支援団体	女　性	10代	なし	あり	なし	なし	なし
11	支援団体	女　性	10代	なし	あり	なし	なし	なし

出所：インタビュー調査結果より筆者作成。

名，外国にルーツのある子どもが3名である。また，支援団体による支援を受けている3名以外は社会的養護の公的サービスを受けた経験があるが，そのうち，複数か所の社会的養護を経験した子どもが5名であった。

2）調査方法

調査方法は，子ども自身の語りを重視するため，自由度の高い半構造化インタビューとした。一人当たりの所要時間は1時間半から2時間である。主なインタビューの内容は，①回答者について，②過去と現在の権利について，③権利という言葉について，④今困っていることについて，⑤今支えになっているものについて，⑥これからの夢について，の6点である（参考資料「第4章　社会的養護を必要とする子どもに対するインタビュー調査――インタビューガイド」参照）。

3）調査期間

調査期間は，2021年9月から2022年3月である。

（4）倫理的配慮

本研究を実施するにあたり，日本社会福祉学会研究倫理指針を厳守し，愛知淑徳大学福祉貢献学部倫理委員会により倫理審査の承認（受付番号21-4）を受けて実施した。協力者へは，事前にインタビューの目的や内容，秘密保持，調査協力への意思の尊重などについてまとめた文書を渡している。インタビュー当日にも改めて，これらについての説明を一人ひとりの子どもの理解度に合わせて行った上で，同意書を作成し，協力者・調査者双方で管理することとした。

インタビューは，協力者から承諾を得た上で録音し，個人情報保護のため，調査者が逐語録を作成した。データや保存媒体も厳重に管理している。結果の公表についても，協力者が特定されないよう十分な配慮を行っている。

（5）分析方法

調査データの分析は，M-GTA（修正版グラウンデッド・セオリー・アプローチ）を用いた。M-GTA を用いた理由は，分析手法が明確に示されており，研究対象がプロセス的特性をもっていること，研究結果が現実に問題となっている現象の解決や改善に向けて実践的に活用されることが期待されること，インタビューデータを念頭においた研究法であることが，本研究に合致しているためである。

分析テーマは「社会的養護を必要とする子どもの語りによる子どもが権利を守る力を体得していくプロセス」，分析焦点者は「社会的養護を必要とする子ども」とした。

分析ワークシートを立ち上げるに先立ち，各インタビューの逐語録（総文字数20万5,695文字）を実施後すぐに作成し，それぞれの逐語録を熟読しながら各協力者の理論的メモノートを作成した。設定した分析テーマと分析焦点者に関連しているバリエーション（具体例）を，逐語録から分析ワークシートに記入し，分析焦点者にとっての意味を意識しながら，定義と概念名を作成した。同時に，アイディアや疑問，検討した内容などは，理論的メモとして記入していった。生成された概念については，他のバリエーションがないかを確認し，類似例を追記し，概念として成立するか検討した。対極例となる可能性のある概念についても検討をしていった。生成された概念同士の関係の検討，データに対して適切であるかの検討を続けていき，カテゴリーの生成や結果図の検討も始め，概念がそれ以上生成されないことを確認し，理論的飽和とした。カテゴリー同士の関係性の全体像を表現する結果図を作成し，ストーリーラインを記述した。なお，本研究の一連のプロセスは，子ども家庭福祉を専門とする研究者より指導を受けながら進めた。

3　子どもが権利を守る力を体得していくプロセス
——子どもたちへのインタビュー調査結果から

（1）分析結果

分析の結果，表4-3に示す30の概念，およびそこから９つのカテゴリーが生成された。結果図は図4-1の通りである。

（2）カテゴリーのうごき

カテゴリーを中心としたストーリーラインは，以下の通りである。なお，カテゴリーは【　】，概念は［　］，定義は《　》，“　”は具体例を示している。

社会的養護を必要とする子どもの多くは，権利侵害を受けた体験があり，それは【子どもには防ぎようがない】。こういった子どもの権利を【侵害するのも「人」，守り育むのも「人」】である。守るだけではなく，子どもが【自分で挑戦してみよう！】とする体験を積み重ねる支援が行われている。支援者がいなくても，【決めるのは自分】だと捉え，自分で選び，自分を守ることができるようになるためである。

しかし，【権利侵害は社会的養護と無縁ではない】場合もある。子どもが

表4-3　概念名・定義名

カテゴリー	概念 No. および概念名		定義　（右欄は具体例数）	
子どもには防ぎようがない	1	守られる場ではない家庭	守られなければならない家庭で，子どもが虐待や不適切な関わりを受け恐怖や寂しさなどを感じること	11
	3	これが普通	不適切な養育環境を子どもがなんとも思っていないこと	4
	5	必要なのはわかってる	子ども自身が支援の必要性を理解していること	7
	13	つきまとう家庭の体験	家庭での体験が，子どものちのちにまで影響を与え続けること	15
侵害するのも「人」，守り育むのも「人」	19	支援があってはじめて	子どもが支援ではじめて体験したり気づいたりすること	9
	21	育て直し・育ち直し	子どもが支援のなかで安心・安全を感じ，育みのしきりなおしの機会をもつこと	38
	7	あらわれる助っ人	子どもの状況を知って支えようとしてくれる人がいること	17
	23	人とあることで	子どもが支援のなかで，人との関わりから思うこと・学ぶこと	22
自分で挑戦してみよう！	15	力の源	子どもが支援から離れたあと，生きていくための力となること	15
	6	自分で選んでみよう	子どもが支援において何かを自分で選んだり，自分を守ったりしようとすること	30
決めるのは自分	8	自分が選ぶ	子どもが支援から離れたあと，自分の考えで何かを選択したり，自分を守ったりすること	22
	18	お力を拝借！	子どもが自分で適切な他者に SOS を求められること	25
	14	家族との距離感	今，子どもが感じ，つくっている家族との距離感のこと	20
権利侵害は社会的養護と無縁ではない	4	何が起こっているの？	子どもがよく理解できないままに支援につなげられること	5
	2	自分史がわからない	子どもが自分の生い立ちを想像や推測でつなぎ合わせようとすること	8
	20	支援なのに⁉	子どもが支援のなかで，嫌な思いや体験をするなど，守られていないと感じたこと	27
守り守られることが叶わないときも	17	自覚している苦手	子どもが苦手なことや手助けを必要とすることを自覚していること	7
	27	自分じゃ自分を守れない	子どもが自分を守ることができない体験をすること	22
	9	守られない自分	子どもが支援から離れたあと，守ってもらうことができない体験をすること	10
	16	困ったな・心配だな	子どもが支援から離れたあと，困ったな・心配だなと感じること	9
他者と歩み始める子ども	10	実感する「してくれた」	子どもが自分のために誰かが何かをしてくれたことを実感していること	32
	11	湧き上がる感謝	子どもが誰かに自ら感謝の気持ちを抱いていること	17
	12	人に想いを馳せる	子どもが他者を想うこと，思いやること，思いやって踏みとどまること	23
	22	そういうことだったんだ⁉	子どもが支援から離れたあと，振り返って支援の意味や意図を理解すること	5
	24	ここがなかったら	子どもが，支援がなかったらどうなっていたかと考えること	4
	30	家庭ってこんな感じ？	子どもが支援において感じる家庭像のこと	5
自分の未来を歩みだす子ども	28	抱いている夢・願い	子どもが抱いている夢・願いのこと	14
	25	今は夢・願いはないけれど	夢や願いがないと言いつつも，子どもがそれを思うこと	7
チャレンジは何度でも	29	チャレンジする機会	子どもが失敗したこと，あとになってやりたいと思ったことにチャレンジする機会を提供されること	8
	26	「権利」って？	子どもが権利について考えていること	16

出所：表4-2と同じ。

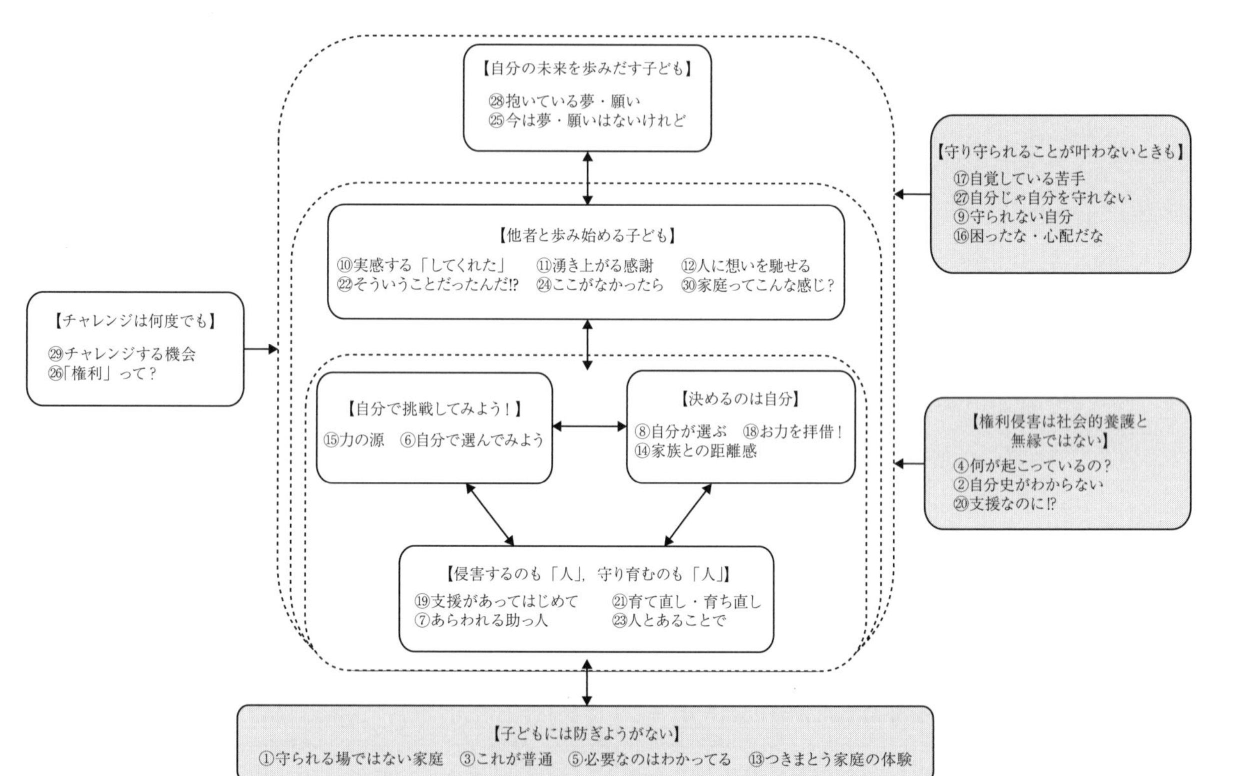

図4-1　子どもが権利を守る力を体得していくプロセス

出所：表4-2と同じ。

自分で選び，自分を守ろうにも，【守り守られることが叶わないときも】多くある。

権利は，すべての人にあるものである。このため，子どもは，他者の権利も守る存在となる必要がある。子どもは他者と守り合いながら，【他者と歩み始める子ども】として育まれていく。さらに，自分の夢や願いをもち【自分の未来を歩みだす子ども】として人生をつくっていく。

このプロセスは，段階的に進んではいくが，後戻りをしたり，並行して進んだりすることもある。子どもは，うまくいかない状況があっても，行ったり来たりしながら【チャレンジは何度でも】できるよう支えられることが重要である。

（3）各カテゴリーを構成している概念の関係

生成されたカテゴリーを構成している概念の関係は，以下のようになっている。なお，インタビュー対象者の各会話の末尾に記されている番号は，「発言者番号–その発言者の会話の通し番号」である。

1）【子どもには防ぎようがない】

このカテゴリーは，《子どもには選ぶことも防ぐこともできないこと》を構成する概念から成り立っている。子どもは，①[守られる場ではない家庭]から支援につながることが多い（以下，○内の数字は表4–3に示した概念No.を指す)。子どもにとっては，③［これが普通］であるが，社会的養護を⑤［必要なのはわかってる］というニーズの必要性の認識につながる機会に出会うこともある。しかし，受けてきた権利侵害は，⑬［つきまとう家庭の体験］として影響し続けることもある。

生まれてくる家庭は，子どもが選ぶことはできず，守られる場でないことが多くある。これを①［守られる場ではない家庭］と概念化し，《守られなければならない家庭で，子どもが虐待や不適切な関わりを受け恐怖や寂しさなどを感じること》と定義した。具体的発言は以下の通りである。

“自分が小学3年生の頃にちょっと，性的暴行を受けまして”（5-22）
“（きょうだいのなかで）自分だけが殴られてた。…（中略）…一番ひどかったのは母親なんすけど，父さんの方が義理のお父さんで”（6-64～66）

子どもにとって，自分の家庭での体験が「普通」である。これは，子どもが権利侵害に気づかないまま生活し続ける恐れがあることを意味する。これを③［これが普通］と概念化し，《不適切な養育環境を子どもがなんとも思っていないこと》と定義した。具体的発言は以下の通りである。

“普通に父が母に物投げたり，言い争いしたりしてるんですけど，自分もお姉ちゃんもその横で本読んでゆっくりしてるみたいな環境だった”（8-10）
“そもそも子どもに手をあげたらダメだっていうこと，知らなくて。施設とか児相に入るまで”（11-55）

支援を望むか否かは別として，その必要性を子どもが理解できる機会に恵まれることもある。これを⑤［必要なのはわかってる］と概念化し，《子ども自身が支援の必要性を理解していること》と定義した。具体的発言は以下の通りである。

“ここ20歳までなんですけど，20歳過ぎてどうしよっかってなって，（支援者と話し合って）ステップハウスにいって”（1-31）
“父親が呂律まわらんくなって，入院するはめになって…（中略）…役所の人がさすがに高校生だけで生活は無理だってなって，私は連れていかれた”（2-67）

家庭から離れた後も，家庭についての葛藤，人への恐怖感や不信感，心身の不調などの影響が続く場合が少なくはない。これを⑬［つきまとう家庭の体験］と概念化し，《家庭での体験が，子どものそのちのちにまで影響を与え続けること》と定義した。具体的発言は以下の通りである。

“そのとき（高等学校に在学しているはずの年齢の時）は，家族っていうものを見るとほんとに。うらやましいなあって。特にお父さんがいるってなると，めちゃめちゃいいなって。お父さん，ダメな人だったんで”（1-39～41）

“自分が，されて嫌だったし，…（中略）…なんかその時の感情が苦しいっていう苦しさも，今まだわかるくらい覚えている”（11-329）

2）【侵害するのも「人」，守り育むのも「人」】

このカテゴリーは，《守り育む人からの支援の積み重ね》を構成する概念からなりたっている。支援において子どもは，⑲［支援があってはじめて］の体験をすることが少なくはなく，㉑［育て直し・育ち直し］のための支援の積み重ねが行われる。その中で，子どもを支えようと⑦［あらわれる助っ人］と出会う場合もある。様々な㉓［人とあることで］子どもは育まれていく。

孤独ではない，気にかけてもらえるといったことすら，なかったという子どもが少なくない。支援における初めての体験は，受けてきた権利侵害に気付くきっかけとなる。これを⑲［支援があってはじめて］と概念化し，《子どもが支援ではじめて体験したり気づいたりすること》と定義した。具体的発言は以下の通りである。

“「生活が楽しいなあ」って思えるようになりましたね，ここ入って”（1-221）
“（自分のために動いてくれる人は）初だった。めちゃくちゃ初だった”（4-176）

支援は，子どもが受けた権利侵害からの影響や，子どもの将来をも見据えて行われる必要がある。これを㉑［育て直し・育ち直し］と概念化し，《子どもが支援の中で安心・安全を感じ，育みのしきりなおしの機会をもつこと》と定義した。具体的発言は以下の通りである。

“ゆっくり決めていいんだよって感じで，だからそういうふうにサポートしてくれて，あ，なんだろ，これだったらいけるかもって”（4-176）
“自分の担当がいろいろ話を聞いてくれたり，週1で担当と話すっていう機会があるので，…（中略）…立ち直れたっていうのもあるかなって”（5-252～254）

子どもを支える人として，支援者のほか，学校の先生や友人，きょうだいや親戚などもあげられていた。これを⑦［あらわれる助っ人］と概念化し，《子どもの状況を知って支えようとしてくれる人がいること》と定義した。具体的発言は以下の通りである。

“児相の担当の人とか，○○ホームのすごい良くしてくれた人たちに，（自分は支援の対象外なのに）いろいろ探し回ってもらって”（3-42）
“中学2年生になったときに，この団体に会って。…（中略）…たまたま駅の西口のところ通ったら，声をかけてもらって”（9-48）

孤独だった，気にかけてもらえるといったことすらなかった，人との関わりはあってもそれがよい関係ではなかったなどの状況にあった子どもは，支援の中で，人との多くの肯定的関わりを体験し学んでいく。これを㉓［人とあることで］と概念化し，《子どもが支援のなかで，人との関わりから思うこと・学ぶこと》と定義した。具体的発言は以下の通りである。

“幼児さんの面倒を見てって先生に頼られて，が一番のきっかけかもしれない。嬉しかった”（5-354～356）
“家にいる時間があるなら，ここでしゃべって笑い合ってた方が，気が楽なので。…（中略）…（ここの人は）友だち？　だけど，学べる場所でもあるのかなって”（10-170～180）

3）【自分で挑戦してみよう！】

このカテゴリーは，《子どもが自分で選び，自分を守る練習を重ねること》を構成する概念から成り立っている。子どもは，支援を離れたあとの⑮［力の源］となるものを身に付け，⑥［自分で選んでみよう］と選ぶ練習をする体験を重ねている。

子どもが生きていくための力として，支援者や他児との関わり，人間関係の構築，お金，学習などが語られていた。これを⑮［力の源］と概念化し，《子どもが支援から離れたあと，生きていくための力となること》と定義した。具体的発言は以下の通りである。

> “文章を読む力がついたのってすごい。ほんとになんか，言葉を理解するって，こんなに大事なことなんだなって”（3-200）
> “（高等学校卒業時の貯金は）200（万円）くらいありました。バイトだけじゃないですけど。子ども手当とか”（7-456～458）

力を蓄えながら，子どもは自分で選び自分を守る挑戦を重ねていた。限られた選択肢しかない中での選択や，SNS や友人の口コミによる選択など，よい結果につながらなかったものもあるが，そこからのしきりなおしも練習である。これを⑥［自分で選んでみよう］と概念化し，《子どもが支援において何かを自分で選んだり，自分を守ったりしようとすること》と定義した。具体的発言は以下の通りである。

> “中学校を卒業するときに，兄貴は東京行くってなって，（一人では）どうしようもないんで，もう，高校行かずに就職って道を考えて”（1-24）
> “飲食店で，それでいいやってなって，就職したんですけど，なんか，このままじゃ良くないなって思って，手に職ほしいなって思って，今の学校に行きました”（7-468）

4）【決めるのは自分】

このカテゴリーは，《支援での体験をもとにして，自分が選び，自分を守り続けること》を構成する概念から成り立っている。支援を離れたあとも子どもは，⑧［自分が選ぶ］ことを繰り返し，うまくいかない場合は適切な人から⑱［お力を拝借！］し，⑭［家族との距離感］も，自分で整理し，調整しようとしている。

子どもは支援を離れた後も，自分に良くない影響のある人やことから離れる選択をしたり，お金の使い方，仕事の仕方などを工夫して選択したり，再チャレンジすることを選んだりしている。これを⑧［自分が選ぶ］と概念化し，《子どもが支援から離れたあと，自分の考えで何かを選択したり，自分を守ったりすること》と定義した。具体的発言は以下の通りである。

“そんとき，生活保護で，無低（無料低額宿泊所）にいたときに，○○さん（支援者）に，「今この仕事あるんだけどどう？」みたいの言われて。…（中略）…肉体的にもそんなに厳しくないし，精神的に追い込まれることはないだろうって思って（決めた）”（6-268）
“当初からんでた，飲み屋とか，飲みに行ってた友だちとか，もうまわりにつるんでた先輩とか，（子どもと配偶者のために）全員切って”（11-263〜265）

支援を離れた後，子どもは自らSOSを出す体験もしていた。その先は，社会的養護の支援者や仲間，低所得者や障がい者分野の支援者，弁護士，友人，児童相談所，結婚相手や交際相手などである。これを⑱［お力を拝借！］と概念化し，《子どもが自分で適切な他者にSOSを求められること》と定義した。具体的発言は以下の通りである。

“（障がいがあるきょうだいは）今は施設の人が守ってくれてるなら，そっちに守ってもらった方がいいかなって思いますね。…（中略）…さびしいとは思いますけど。あの子のためでもある”（1-394〜398）
“（ひどい扱いを受けていたところから早朝に逃げ出して）元，ここ（施設）にいた子の家に，そいつに，「助けて」って言ったら，「今すぐおいで!!」って言われて，始発でその子の家に行って，そのとき○○さん（支援者）に，その子が言ったんだよね，事情を。そしたら（支援者が）すぐ迎えに来てくれて”（11-232）

自分の家庭との関係性についても，子どもは考えて整理しようとしていた。これを⑭［家族との距離感］と概念化し，《今，子どもが感じ，つくっている家族との距離感のこと》と定義した。具体的発言は以下の通りである。

“（母親の交際相手を）「お父さんって呼びなさい」とはならないんですけど，たぶん，呼んでほしい。呼ばないですけど”（9-100〜104）
“（母親への思いは）ないです。まったく。そのへんの街歩いている人と同じ感じ”（11-49）

5）【権利侵害は社会的養護と無縁ではない】

このカテゴリーは，《支援においても容易に起きうる権利侵害》を構成する概念から成り立っている。子どもは④［何が起こっているの？］と，訳がわからないまま支援につながることも少なくない。その後も②［自分史がわからない］という状況に置かれ続ける子どももいる。支援で守られるとは限らず，⑳［支援なのに⁉］と感じるような，権利侵害につながる危険もはらんでいる。

子どもは，理由を理解できないままに支援につなげられることがある。これを④［何が起こっているの？］と概念化し，《子どもがよく理解できないままに支援につなげられること》と定義した。具体的発言は以下の通りである。

> “ほんとは「明日（児童相談所に）行くよ」って言われて，「でも学校があるし」って言ったら，「じゃあ学校の先生に伝えとくから，明後日はもう児相に来い」って言われて。たまたまちょうど明日が終業式の前日だったんよ。だから2年生の夏休みの終業式は行けなかった”（2-104）
> “小学校6年生のときにここ（児童養護施設）に来ました。（理由は）ちょっと不明です。…（中略）…（今も）わからない”（7-14～22）

生い立ちが全体的に，あるいは部分的にわからない子どもが少なくない。支援者が生い立ちの情報をもっていない場合もあった。これを②［自分史がわからない］と概念化し，《子どもが自分の生い立ちを想像や推測でつなぎ合わせようとすること》と定義した。具体的発言は以下の通りである。

> “（施設の先生には）聞いたことありますよ，たぶん，自分。そしたら，覚えてないですけど，とりあえず，「（情報は）何もないです」って。会ってないし，ぜんぜん情報もないし”（7-132）
> “両方とも（父母）の話がぜんぜん違うので，本当の理由はわからないんですけど”（10-34）

社会的養護の支援に加え，子どもの通う学校など，社会的養護以外の専門職のいる場での権利侵害についての語りもあった。これを⑳[支援なのに⁉]と概念化し，《子どもが支援のなかで，嫌な思いや体験をするなど，守られていないと感じたこと》と定義した。具体的発言は以下の通りである。

“僕，1か月に1回（児童相談所に）行ってたんです。…（中略）…親に虐待されたことよりも，その方（何度言っても状況が変わらなかったこと）がめっちゃ嫌でした。（支援のなかで権利侵害があった状況を耐えたのは）4年くらいですね”（3-156）
“（学校の）先生が母に，「こういうこと（虐待）を○○さん（子どもの名前）が言ってましたけどどうですか？」って。…（中略）…言っちゃったんです。いやあ，それ以来，先生を信用できなくなりましたね”（8-96～100）

6）【守り守られることが叶わないときも】

このカテゴリーは，《失敗やうまくいかないことがあって当たり前であること》を構成する概念から成り立っている。子どもは支援の中で，⑰［自覚している苦手］に気づくことがある。自分を守ろうにも㉗［自分じゃ自分を守れない］状況もある。支援を離れた後にも⑨［守られない自分］を実感し，⑯［困ったな・心配だな］という気持ちを抱くことも少なくない。

子どもの中には，苦手なことを自覚できている子どももいた。これを⑰[自覚している苦手］と概念化し，《子どもが苦手なことや手助けを必要とすることを自覚していること》と定義した。具体的発言は以下の通りである。

“僕が，あんまちょっと，浪費癖が激しい。…（中略）…欲しいって思ったら，すぐ欲しいってなっちゃう（笑）”（1-274）
“人を信用しないタイプだから，どうしても。だから，うん，なんかあんま深く入れないというか，深く話もできないし，相談もできないし，一人でため込んじゃって病んじゃって，みたいな”（10-16）

支援があっても，子どものまわりには，多くのうまくいかないことや危険がある。これを㉗［自分じゃ自分を守れない］と概念化し，《子どもが自分を守ることができない体験をすること》と定義した。具体的発言は以下の通りである。

“（心と体を休めている間，スマホを）ずっと使ってたんで。やることなかったんで。請求来てたのが，30万（円）くらい”（6-399～403）
“家もないし，あと遊びたいし，髪の毛とか染めたいしなので，友だちに紹介してもらったのがその仕事で，1日5万は保証したるって言われて，「そんなん絶対ウソじゃん」って思って，で，行ったら，ほんとにそんとき初めて行ったら，7万4千円もらえたんですよ。1日で。…（中略）…そっから遊んじゃうわけですよ（笑）”（11-216）

支援を離れた後，人間関係，仕事や住居，障がいなどにより，子どもが守られない体験をすることも多い。これを⑨［守られない自分］と概念化し，《子どもが支援から離れた後，守ってもらうことができない体験をすること》と定義した。具体的発言は以下の通りである。

“「辞める」って言っても，辞めさせてくれなくて。…（中略）…自分で（退職届を）書いて出したんだけど，「それはもっとけ」って言われて。「辞めたいっていう気持ちは伝わったよ」と言われた。「受け取れよ！」って思った”（2-278～300）
“売り上げ達成できてないから（自分があたられるターゲットだった）。…（中略）…そんなたいして（部品の状態が）悪くないのに買わせてたりとかもけっこうあったので…。…（中略）…嫌になって，精神的に追い込まれてた”（6-212～238）

パワハラや心身の不調，金銭トラブルや過去につながった悪い人間関係，交際や結婚における心配など，子どもは多種多様な困りごとを体験する。これを⑯［困ったな・心配だな］と概念化し，《子どもが支援から離れたあと，困ったな・心配だなと感じること》と定義した。具体的発言は以下の通りである。

“どんなときでもそうだけど，友だちでもそうだったし，もう今の人（交際相手）でもそうだけど，施設のことが言えないんですよ”（4-268）
“（自分がどこにいるのかがバレたら）まあ殺しに来るんじゃないかなとか，○○（子どもの名前）を殺さなくても，周りを痛めつけた方が，精神的に来るじゃないですか。…（中略）…怖いですね。今でも”（11-351）

7）【他者と歩み始める子ども】

このカテゴリーは，《子どもに他者への思いが芽生えたり，他者の権利を守って生活したりすること》を構成する概念から成り立っている。支援を通して子どもが，⑩［実感する「してくれた」］という体験をしたことで，⑪［湧き上がる感謝］の気持ちを抱き，自分がしてもらったように，⑫［人に想いを馳せる］ことができるようになることがある。支援中には反発を感じることもあるが，㉒［そういうことだったんだ⁉］と振り返って支援の意図に気づくこともある。㉔［ここがなかったら］と想像したり，支援での人間関係や生活を，㉚［家庭ってこんな感じ？］と振り返ったりすることもある。

支援において育て直し・育ち直しの機会をもつことで，子どもには，人が自分のためにしてくれたという実感が生まれてくる。これを⑩［実感する「してくれた」］と概念化し，《子どもが自分のために誰かが何かをしてくれたことを実感していること》と定義した。具体的発言は以下の通りである。

“やさしくしてもらったし，…（中略）…相談にもすごく乗ってくれましたし，…（中略）…生活手続きとかもいろいろやってもらえて”（3-212）
“（支援者が遠方にある自立援助ホームに迎えに）来てくれた。「○○（支援者），なんでおるん？」って。「なんで～⁉（喜）」ってね（笑）”（11-355～357）

人が自分のためにしてくれたことは，子どもに感動をもたらす。子どもはこれを「感謝」「おかげ」「ありがたい」「恵まれている」といった言葉で表現していた。支援者をロール・モデルや親のように感じていた子どももいた。これを⑪［湧き上がる感謝］と概念化し，《子どもが誰かに自ら感謝の気持ちを抱いていること》と定義した。具体的発言は以下の通りである。

“（人と関わるのは）楽しい。ドーンと思いましたね（笑）。しゃべるのが楽しいって。ほんとに感謝してます”（1-240）
“僕は「大学行きたいっすね～」って感じなのに。逆に，「ええ～っ！」ってなるくらいすごいやってくれて，ほんとにそのおかげでなんとか行けて，感謝しかないっすね（笑）”（3-218）

人への感謝の気持ちから，子どもの心には「人を想う」気持ちも芽生えていた。その想いは，大切な人に迷惑をかけたくない，その人の気持ちに応えたい，人を大切にしたい，人の役に立ちたいという想いにつながっていた。見ず知らずの人を思いやっている子どももいた。一方で，想いを馳せるからこそ，困らせたり迷惑をかけないよう自分が我慢をしたり，言えなくなってしまったりする子どももいた。これを⑫［人に想いを馳せる］と概念化し，《子どもが他者を想うこと，思いやること，思いやって踏みとどまること》と定義した。具体的発言は以下の通りである。

“（自転車が）でかいんで，すんごいみんな怖がるんですよ。走ってると。だから，あんまりスピード出さないようにしてる”（1-155）
“私はその，自分のように同じ境遇で悩んでいる子とかがいたら，そういう子たちを助けたいっていうか”（9-228）

子どもが支援の中で，反発を感じることは多い。しかし，後になって振り返り，支援の意図を理解することも少なくない。これを㉒［そういうことだったんだ⁉］と概念化し，《子どもが支援から離れたあと，振り返って支援の意味や意図を理解すること》と定義した。具体的発言は以下の通りである。

“今こうやって一人暮らしして考えると，○○さん（支援者）が言うことは全部正しかったって。お金関係。僕は一番そこが注意されていたし，あとはやっぱり，部屋の掃除とか。そういう意味だったんだって”（1-319～323）
“自分のとこ（学校）は厳しい噂があって。ほんとに厳しくて。もう，先生が鬼のよう（笑）。…（中略）…でもその分，臨床出たら，ほかの学校の子よりは

困らないって言われてました。こわかったけど，卒業してみれば，まあ良かったのかなあって”（7-505～521）

子どもが振り返って，支援がなかったらどうだったかという語りもみられた。これを㉔［ここがなかったら］と概念化し，《子どもが，支援がなかったらどうなっていたかと考えること》と定義した。具体的発言は以下の通りである。

“ここに住んでなかったらたぶん，普通にたぶん，今はない（今は存在していない）と思って。普通にうん，その，自傷行為とかしてたかもって”（1-361）
“みんないなかったら大学なんて行けてなかったし，今頃何やってたんだろうって感じですね”（3-214）

子どもは自分の求める家庭像についても考えている。支援者を現実の存在として実感し，機能する家庭はこういうものではないかと想像している語りがみられた。これを㉚［家庭ってこんな感じ？］と概念化し，《子どもが支援において感じる家庭像のこと》と定義した。具体的発言は以下の通りである。

“むちゃむちゃ好き。安心できる。ただほんとに大好きな人（笑）。…（中略）…本当に（支援者のことは）おじいちゃんみたいな感じがするのね”（2-356～360）
“○○さん（支援者）は，パパみたい（笑）”（7-667）

8）【自分の未来を歩みだす子ども】

このカテゴリーは，《子どもが自分の体験をもとに，自分の将来を見据えようとしながら生きること》を構成する概念から成り立っている。㉘［抱いている夢・願い］がある子どももいれば，夢はないと語る子ども，ないと言いつつも㉕［今は夢・願いはないけれど］と，小さな願いを抱きながら自分の未来へと歩みだしている子どももいる。

支援を通して，自分のこれからを考えている語りもあった。これを㉘［抱いている夢・願い］と概念化し，《子どもが抱いている夢・願いのこと》と定義した。具体的発言は以下の通りである。

> “今より安定した生活？　と心のゆとりと，車をもつこと。…（中略）…あと，ステキな家（笑）”（5-398）
> “年上の方と関わる仕事？　がしたいなって思ってる”（9-312）

夢はないと言い切る子どももいる一方で，夢や願いはないと言いながらも，「小さい夢ならある」「強いて言うならある」といった語りもみられた。これを㉕［今は夢・願いはないけれど］と概念化し，《夢や願いがないと言いつつも，子どもがそれを思うこと》と定義した。具体的発言は以下の通りである。

> “夢はないですね。今。なんか，うん，そうだねえ。なんか，自分が稼いだお金で，なんかいろんなところに旅行しに行くのが好きなんですよ”（4-324）
> “夢はないです。でも，小さい夢，あります”（5-396）

9）【チャレンジは何度でも】

このカテゴリーは，《何度もチャレンジをするなかで，子どもが権利を感じ考えていくこと》を構成する概念から成り立っている。子どもは，うまくいかないことがあっても，㉙［チャレンジする機会］によって人生をしきりなおしている。支援者との多くの体験の中で子どもは，㉖［「権利」って？］と，権利意識やそれを子どもに伝える際についての考えをもつに至る場合もある。

反抗，退職，中途退学，心身の不調など，うまくいかないことや失敗，決断の変更などの際，チャレンジの機会があることは重要である。これを㉙［チャレンジする機会］と概念化し，《子どもが失敗したこと，あとになってやりたいと思ったことにチャレンジする機会を提供されること》と定義した。具体的発言は以下の通りである。

“(頑張ったのは）仕事っすね。仕事は何回失敗しても，ここはサポートしてくれて”（1-335）
“自分が仕事嫌になって，精神的にも追い込まれてたんで，まあまあ，ちょっと（数か月），休むために生活してて。で，そっからは今の仕事に就いて，今に至るみたいな”（6-238～354）

権利意識をもち，大切にしているという語りがあった一方で，権利について伝えられていない，覚えていないという語りもあった。権利の伝え方については，大人が考える狙いが外れていることも指摘されている。これを㉖[「権利」って？］と概念化し，《子どもが権利について考えていること》と定義した。具体的発言は以下の通りである。

“(権利は）○○さん（支援者）が教えてくれた。…（中略）…（ちゃんと個別に自分の権利があると知ったのは）初めてだったかもしれないです”（4-306～312）
“大人たちが考えた子どもらしさって言うんでしょうか。カラフルにはしてあるんだけど，なんか，言ってることが，「大人が子どもを助けるよ」みたいな，すごい上から目線。「困ってるなら電話しておいで。電話してこなければ助けないよ」みたいな”（8-354～358）

4　子どもが権利を守る力を体得していくプロセスの課題

（1）分析結果による課題

本調査結果は，子どもが権利を守る力を体得していくプロセスについて，いくつかの課題を明らかにしている。ここでは，本研究で明らかになった課題について，４つに絞って検討する。

1）権利侵害は場を問わず起きうるという意識と権利侵害の予防の必要性

調査結果からは，権利侵害は場を問わず起きうることが明らかであった。子どもがSOSを発信しても，専門職によって聞き入れられなかったという実態も語られている。それは「家で虐待されるより辛かった」と語られていた。支援者の不適切な言動について語った子どももいる。労働環境や子どもとの関わりの難しさなどにより，権利侵害が起きやすいからこそ，それを徹底的に予防する体制づくりが必要である。

家庭はもちろん，学校やインターネットなどでも，権利侵害は起きうるものだという意識をもつことも重要である。支援者の目の届きにくい学校や，SNSを通したいじめ，子どもを利用しようとする存在とのつながりなどが語られてもいた。子どもの権利侵害は場を問わず起きうるという意識を改めてもつことが重要である。

2）個別性の尊重の必要性

権利を守る力を体得していくプロセスは，段階的ではあるが，身に付けたかと思うと戻ったり，後に支援を振り返ることで理解に進んだりと，行ったり来たりし，タイムラグもありながら進んでいく。一人ひとりの子ども自身の力，生い立ち，出会い，体験の量や質などによって，どの程度まで体得していくかも異なる。このため，子どもが権利を守る力を体得していくプロセスには個別性があり，一律の内容・方法で年限を決めて体得「させる」ものではないという意識をもつことが重要である。

また，子どもは，権利について伝えられたと感じる体験が少ないことも明らかであった。大人の考える子どもの権利の伝え方は，子ども側から見ると的外れだったり，圧力を感じるものだったりもした。一方で，一人ひとりの子どもに応じて伝えられる機会は，伝えられたという実感につながっていた。子どもへの権利の伝え方にも個別性があり，子どもがどう捉えているかを，子ども自身から教わる実践と研究が必要なことも明らかとなった。

3）「人」と「環境」がもつ力の活用の必要性

子どもの語りからは，権利侵害を行うのも「人」であるが，そこからのしきりなおしを支えることができるのも「人」に他ならないということが明らかであった。

本研究では，子どもを支える「人」のみではなく，「人」が子どものためにつくる「環境」も重要であることが明らかとなった。子どもの信頼する人を中心とした，子どものために連携してつくった環境が，子どもには必要である。

このため，子どもに権利が根づく支援と，支援環境をつくることのできる「人」をいかに育て守るかは重要な課題である。

4）子どもへのチャレンジの機会と選択肢の保障の必要性

子どもが権利を守る力を体得していくには，チャレンジする機会の保障が重要である。現在の支援において，失敗，決断の撤回，選択肢がない場合などによる再チャレンジの機会は限られている。しかし，調査結果からは，子どもの再チャレンジによるしきりなおしや，複数回のチャレンジの意義の大きさは明らかであった。

地域には，子どもの人生を支えられる様々な支え手がいる。社会的養護のみで抱え込むのではなく，地域と一体となって子どもに必要な支援を提供できる支え手とともに，支援を組み立てる体制が必要である。

（2）本研究の実践への応用可能性と限界・課題

本研究は，子どもが権利を守る力を体得していくプロセスを明らかにすることで，日頃の支援において支援の意図が即時に伝わらないことによる無力感や消耗感を抱きがちな支援者が，子ども本人の語りによって支援の意義を明確に認識し，子どもに権利をどう伝えていくかを検討し続けていく足掛かりの一つになると考えている。また，子どもが地域で生活する一員として，他者の権利をも守りうる存在であることを可視化することは，社会的養護に馴染みのない地域住民も含め，今後，社会全体における社会的養護への関心や理解を促すための一助になりうるとも考えている。

本研究では，支援団体等を含めることで，社会的養護の生活支援を必要としながらも施設等につながらなかった子どもも調査対象とすることはできた。

しかし，現時点では，権利について意図的に伝えていない支援者による支援を受けた子どもの声を十分に反映できているとはいえない。今後，こういった子どもの語りも含め，さらに検証しつづけていく必要がある。社会的養護を必要とする子どもの支援団体等には様々な種類があるため，今後はさらに，支援団体の幅を広げて子どもへの調査を行う必要もある。また，本研究の調査では，性風俗や若年者の搾取などを体験している子どもが複数いたことからも，社会的養護を必要としながら支援につながらなかった子どもが，少なからず地域に潜在していることが推察される。こういった子どものニーズをいかに発掘し，必要な支援を届けられるかについても研究していくことが必要である。本研究では，生活保護の受給や，軽度の障がいのある子どもからも協力を得ることができた。複数のニーズを抱える子どもについての検証を継続していくことも課題である。

付　記

本章の調査は，愛知淑徳大学2021年度特定課題研究助成（課題番号21TT20）を受け実施した。

第5章　子どもが権利を守る力を体得するための支援
――「意図的」な積み重ねが伝わる関わり

本章では，前章までの研究を踏まえ，支援者が子どもに権利を守る力を育んでいく支援のプロセスに焦点を当てて，社会的養護を必要とする子どもに関わる支援者へのアンケート調査結果およびインタビュー調査結果から検証していく。

1　社会的養護を必要とする子どもを守る支援の現状と課題
――支援者へのアンケート調査結果から

（1）研究の背景と目的・意義

1）研究の背景・目的

社会的養護を必要とする子どもを支える支援は，措置前に守られていなかった権利への対応も含め，受動的・能動的権利が保障され，さらに自分や他者の権利を守る力を付けていくための支援である。どのように一人ひとりの将来におよぶ支援が行われているのかを明らかにすることは，支援の質や権利擁護の有無が，養育の場や養育形態によってはかられがちな現在，非常に重要である。

こういった問題意識から，本節では，社会的養護に関わる支援者・養育者（以下，「支援者」と表記）へのアンケート調査を通して，社会的養護を必要とする子どもの権利を守り，子どもに権利を守る力を育んでいく支援の現状と課題を明らかにすることを目的とする。

2）研究の意義と先行研究との関係性

本研究では，名古屋市内にある児童養護施設と自立援助ホーム（以下，社会的養護を必要とする子どもに生活支援を通した支援を行うこれらを，「施設」と表記）や中学校卒業後の年齢で措置解除された子どもを養育したことのある里親家庭とファミリーホーム（以下，「里親」と表記。なお，施設と里親家庭の両方を指す場合は，「施設等」と表記する），社会的養護を必要とする子どもへの支援をする事業・団体等（以下，「支援団体等」と表記：社会的養護を必要としながらも，社会的養護につながらない子どもへの支援をする支援団体を含む）を対象としたアンケート調査を実施した。

名古屋市子ども青少年局子育て支援部子ども福祉課（2019）において，「施設入所中から退所後のアフターケアまで，一貫した支援を行う自立支援担当職員を平成28年度より児童養護施設に配置」と記載されているように，名古屋市では近年，児童養護施設および自立援助ホームへの自立支援担当職員の配置が積極的に進められてきた。本研究では，開設後年数の浅い自立援助ホーム１ホームを除き，すべての施設に自立支援担当職員が配置され，関係機関，事業などとともに協議する機会を定期的にもっているという，一定の条件のそろった施設での支援の現状と課題を明らかにすることができるという意義がある。また，支援団体等への調査によって，調査や支援の届きにくい層である，ニーズを抱えながらも社会的養護につながることができなかった子どもへ焦点を当てられることも，この調査の意義であると考えられる。

名古屋市という一つの地方自治体内の調査ではあるが，先行研究および調査においては，ほぼすべての施設に自立支援担当職員が配置され，試行錯誤の中，連携を模索しながら支援を展開している過程にある自治体の施設への調査というものは見られない。また，社会的養護が必要にもかかわらず，つながることができなかった子どもへの支援を実際に行っている支援者の支援の現状や課題についての研究は，社会的養護にある・あった子どもやその支援者に対する研究のように，積極的には行われていない。社会的養護を必要とすると判断する根拠や，判断する人同士の共通認識の確立の難しさ，支援につながらない子どもの個人情報へのアクセスの難しさ，生活困窮や障がいや心身の疾患などといった多くのニーズとの重複も，積極的な調査研究を難しくする原因であろう。本研究では，これらの視点も含めて，今後の社会的養護を必要とする子どもへの支援を考察していく必要があると考えている。

３）研究方法

厚生労働省子ども家庭福祉局家庭福祉課（2022）によると，本研究で対象としている施設等の全国における設置数は，表5-1の通りである。

表5-1　本研究で対象とする施設等の全国での設置数

施　　設	児童養護施設	612か所
	自立援助ホーム	193か所
里　　親	登録里親数	13,485世帯
	委託里親数	4,609世帯
ファミリーホーム		417か所

出所：厚生労働省子ども家庭福祉局家庭福祉課（2022）。

この中で，本研究では，郵送による名古屋市内の施設等と支援団体等（児童養護施設13施設，自立援助ホーム3ホーム，過去5年間のうちで中学卒業後の年齢の委託児童を養育した経験のある名古屋市内の里親26家庭とファミリーホーム1ホーム，名古屋市内の社会的養護ニーズに関わりうる支援団体等31団体）を対象としたアンケート調査を実施した（参考資料「第5章　児童養護施設・自立援助ホームの支援者の方々へのアンケート調査項目」参照）。調査期間は2021年4～5月である。回収率は，児童養護施設12施設（92.3%），自立援助ホーム3ホーム（100%），里親7家庭（26.9%），ファミリーホーム0ホーム（0%），支援団体等は13団体（41.9%）であった。

なお，支援団体等には，就労支援事業や社会的養育ステップハウス事業といった事業や，子どもへの路上の声かけ活動をする団体，食料・生活用品等を届ける活動をする団体，電話等による権利擁護活動をする団体，社会的養護施設等の自立支援への協力を社会貢献活動の一環としている企業，社会福祉協議会，障がい・生活困窮分野の福祉や法律等に関する相談支援機関などが含まれている。

4）倫理的配慮

倫理的配慮については，本研究を実施するにあたり，日本社会福祉学会研究倫理指針を厳守し，愛知淑徳大学福祉貢献学部倫理委員会により倫理審査の承認（受付番号21-4）を受けて実施した。データにはパスワードをかけ，保存媒体と回答用紙は施錠の上収納するなど，安全な保管に留意した。結果の公表についても，回答者が特定されないよう十分な配慮を行っている。

5）回 答 者

回答者の属性は，表5-2の通りである。

表5-2　回答者の属性

<table>
<tr><td colspan="2" rowspan="2"></td><td colspan="2">施設等</td><td colspan="2">里　親</td><td colspan="2">支援団体等</td><td>回答者の立場</td></tr>
<tr><td>度数</td><td>%</td><td>度数</td><td>%</td><td>度数</td><td>%</td><td rowspan="22">1. 施設等
自立支援担当職員（未配置の１施設は子どもを支援している職員）
2. 里親
養育里親６名（85.7%）
親族里親１名（14.3%）
3. 支援団体等
当事者以外の正規職員３名（23.1%）
その他，当事者の非正規職員，当事者以外の非正規職員，理事，代表，ボランティア，弁護士，公務員，協力会社やお店の店長・社員など</td></tr>
<tr><td rowspan="2">性　　別</td><td>女　性</td><td>8</td><td>53.3</td><td>5</td><td>71.4</td><td>9</td><td>69.2</td></tr>
<tr><td>男　性</td><td>7</td><td>46.7</td><td>2</td><td>28.6</td><td>4</td><td>30.8</td></tr>
<tr><td rowspan="6">年齢層</td><td>20代</td><td>5</td><td>33.3</td><td>0</td><td>0.0</td><td>1</td><td>7.7</td></tr>
<tr><td>30代</td><td>6</td><td>40.0</td><td>0</td><td>0.0</td><td>3</td><td>23.1</td></tr>
<tr><td>40代</td><td>3</td><td>20.0</td><td>1</td><td>14.3</td><td>3</td><td>23.1</td></tr>
<tr><td>50代</td><td>1</td><td>6.7</td><td>1</td><td>14.3</td><td>3</td><td>23.1</td></tr>
<tr><td>60代</td><td>0</td><td>0.0</td><td>2</td><td>28.6</td><td>3</td><td>23.1</td></tr>
<tr><td>70代以上</td><td>0</td><td>0.0</td><td>3</td><td>42.9</td><td>0</td><td>0.0</td></tr>
<tr><td rowspan="7">社会的養護関連の支援・養育の経験年数</td><td>１～３年</td><td>1</td><td>6.3</td><td>0</td><td>0.0</td><td>2</td><td>15.4</td></tr>
<tr><td>４～６年</td><td>2</td><td>12.5</td><td>1</td><td>14.3</td><td>1</td><td>7.7</td></tr>
<tr><td>７～９年</td><td>4</td><td>25.0</td><td>1</td><td>14.3</td><td>0</td><td>0.0</td></tr>
<tr><td>10～14年</td><td>4</td><td>25.0</td><td>1</td><td>14.3</td><td>2</td><td>15.4</td></tr>
<tr><td>15～19年</td><td>0</td><td>0.0</td><td>3</td><td>42.9</td><td>4</td><td>30.8</td></tr>
<tr><td>20～24年</td><td>4</td><td>25.0</td><td>1</td><td>14.3</td><td>2</td><td>15.4</td></tr>
<tr><td>25～29年</td><td>0</td><td>0.0</td><td>0</td><td>0.0</td><td>2</td><td>15.4</td></tr>
<tr><td rowspan="6">社会的養護関連の保有資格・免許（複数回答）</td><td>社会福祉士</td><td>3</td><td>20.0</td><td>0</td><td>0.0</td><td>5</td><td>38.5</td></tr>
<tr><td>精神保健福祉士</td><td>1</td><td>6.7</td><td>0</td><td>0.0</td><td>1</td><td>7.7</td></tr>
<tr><td>児童指導員</td><td>9</td><td>60.0</td><td>0</td><td>0.0</td><td>4</td><td>30.8</td></tr>
<tr><td>保育士</td><td>5</td><td>33.3</td><td>0</td><td>0.0</td><td>1</td><td>7.7</td></tr>
<tr><td>社会福祉主事</td><td>5</td><td>33.3</td><td>0</td><td>0.0</td><td>4</td><td>30.8</td></tr>
<tr><td>教　員</td><td>1</td><td>6.7</td><td>1</td><td>14.3</td><td>5</td><td>38.5</td></tr>
</table>

出所：アンケート調査結果より筆者作成。

（２）アンケート調査分析結果
――社会的養護を必要とする子どもを守る支援の現状

アンケート調査結果から，社会的養護を必要とする子どもを守る支援の現状について，８つの点から整理する。

1）施設の自立支援担当職員

① 自立支援担当職員の配置

前述の通り，名古屋市では，開設後年数の浅い自立援助ホーム1ホーム以外に，自立支援担当職員が配置され，関係機関や事業などと連携して支援にあたる体制が整備されてきている。最も早い施設で2015年度から配置されており，自立支援担当職員としての勤務年数の最長は6年，最短は本調査を実施した2021年度からであった。

雇用形態については，「常勤・兼任としての配置」が8施設（57.1%），「常勤・専従だが自立支援業務以外も担当」していたのが6施設（42.9%）であった。自立支援担当職員に生活支援の応援業務を中心として，親対応，ボランティア対応，事務仕事などが期待されていることは明らかであった。「その他」としては，統括主任補の兼務，学校や児童相談所などへの対外的対応，学習支援，調理などもあげられていた。

自立支援担当職員として配置された理由については（複数回答），「子どもの養育年数」が最も多く12施設（85.7%），次いで，「高齢児の養育年数」と「退所児について把握しているから」が，各8施設（57.1%）であった。「社会資源との連携が上手だから」との理由も3施設（21.4%）あがっている。社会的養護の子どもや高齢児への支援力，措置解除された子どもについての深い理解があるという点が，多くの施設で配置の理由となっている。

② 自立支援担当職員の配置による施設内の変化

配置による良い変化としては，3点が明らかとなった。1点目は，施設全体に自立支援の必要性についての共通認識ができたということである。このことにより，支援への客観的視点をもつようになったという回答もあった。2点目は，子どもを担当している支援者の負担の軽減である。生活を支援する支援者が抱え込まずに，組織としての分担・連携による支援の展開ができるようになったことで，時間的にも精神的にも，また金銭的にも負担が減ったとの回答もある。子どもの将来を開いていく学力向上のための支援や，自立生活体験の取り組みを，早期からできるようになったという意見もみられた。３点目は，アフターケアの充実である。自立支援担当職員が配置されたことによって，支援の回数や内容の明確化が進み，支援の状況の透明性が向上したり，支援メニューや活用する社会資源，情報が増えたり，緊急時対応がしやすくなったりしたなどの変化があげられていた。

一方で，施設内でうまくいかない点も3点が明らかとなった。１点目は，施設内連携の難しさである。業務分担や連携がうまくいくようになった施設がある反面，特に配置後間もない施設では，その役割を全体に周知し理解してもらうことの難しさや，生活支援を担当している支援者との支援に関する温度差，業務が自立支援担当者任せになることなどがあげられていた。２点目は，子どもによるアフターケアの難しさである。子どもが異性であったり，子どもとの関係が不調あるいは浅かったりする場合など，困難を感じ，生活支援を担当している支援者や，子どもと同性の支援者に依頼せざるを得ないという難しさがあがっていた。３点目は，未成年の子どもへの支援，金銭的支援，時間的余裕のない進路支援，同時に始まる自活と進学・就職への支援など，子どもへの支援の不足があげられていた。

③　自立支援担当職員の配置による施設外との連携の変化

施設外との連携でうまくいくようになった点も，３点が明らかとなった。１点目は，窓口の明確化・一本化により，情報の収集，共有，周知など，連携が円滑になったことである。２点目は，アフターケアの充実である。施設内のみではなく，施設間での連携や情報共有，関係機関や事業などを含めた定期的な会議の開催などが可能となったこと，連携によって互いに社会資源の情報を共有できるようになったことがあがっていた。その結果，連携先や支援メニューが増え，支援を行いやすくなったと回答されていた。３点目は，自立支援担当職員に施設外の支援者との人脈ができることによって，子どもや生活支援を担当している支援者が相談しやすくなったという点があげられている。

一方で，施設外との連携でうまくいかない点も3点が明らかとなった。1点目は，知識・経験の不足である。配置後間もない施設では，これらの不足により，連携に時間がかかってしまう，連携のあり方を模索中であるという回答があった。2点目は，前述の施設内変化としてあげられていた自立支援担当職員の業務の兼務である。兼務する業務があるからこそ，対応を後回しにせざるを得ない状況があげられていた。3点目は，社会的養護への認知度が低いことである。住宅の賃貸やスマートフォンの契約などにおいて，認知の有無による対応の差が大きいといった問題があがっていた。

2）自立の要件および支援

①　自立の要件

家庭からの支援を望むことができない子どもが多数存在する社会的養護において，自立は子どもの年齢や就学状況などで強いられるのが現状である。一人ひとりの子どもの状況に合わせた自立の時期の保障は，現在のところまだできていない。

家庭等からの支援を望むことができるか否かは子どもによって異なるが，社会的養護を必要とする子どもの自立と，必要としていない子どもの自立について尋ねたところ，施設のうち5施設（33.3%），里親1家庭（14.3%），支援団体等6団体（46.2%）が，「同じである」と回答している。

自立の要件と考えることについては，表5-3の通り4点が明らかとなった。1点目は，社会人としての自活が重視されていることである。基本的生活習慣や生活技術を身に付けること，自分で心身の健康を維持できることなど，高い割合を占めているものの中でも，働いて自分の稼ぎで生活できることは，すべての施設で自立の要件と考えられており，この要件が上位3つに入るとの回答も7割を超えていた。支援団体等において自活が自立の要件ではないと回答したのは，障がい者福祉や法律の分野で支援を行っている団体であり，目指す自立像自体が異なっていることも，その理由であると考えられる。2点目は，権利を実際に守ることができる力が重視されていることである。特

表5-3　自立の要件と考えること（複数回答）

	施設等						里親						支援団体等					
	上位３つ		あり		なし		上位３つ		あり		なし		上位３つ		あり		なし	
	度数	%	度数	%	度数	%	度数	%	度数	%	度数	%	度数	%	度数	%	度数	%
働いて自分の稼ぎで生活できる	11	73.3	4	26.7	0	0.0	5	71.4	2	28.6	0	0.0	5	38.5	6	46.2	2	15.4
生活技術を身につけている	1	6.7	12	80.0	2	13.3	2	28.6	4	57.1	1	14.3	1	7.7	10	76.9	2	15.4
基本的生活習慣が身についている	4	26.7	10	66.7	1	6.7	2	28.6	4	57.1	1	14.3	2	15.4	7	53.8	3	23.1
自分で健康（体）を維持できる	2	13.3	10	66.7	3	20.0	0	0.0	4	57.1	3	42.9	3	23.1	8	61.5	2	15.4
自分で健康（心）を維持できる	5	33.3	8	53.3	2	13.3	2	28.6	1	14.3	4	57.1	2	15.4	10	76.9	1	7.7
年金に加入している	0	0.0	10	66.7	5	33.3	0	0.0	4	57.1	3	42.9	0	0.0	3	23.1	10	76.9
健康保険に加入している	1	6.7	11	73.3	3	20.0	0	0.0	5	71.4	2	28.6	0	0.0	4	30.8	9	69.2
孤独に耐えられる	1	6.7	2	13.3	12	80.0	0	0.0	4	57.1	3	42.9	0	0.0	3	23.1	10	76.9
人に頼らない	0	0.0	0	0.0	15	100.0	0	0.0	3	42.9	4	57.1	0	0.0	1	7.7	12	92.3
自分の権利を守ることができる	0	0.0	12	80.0	3	20.0	0	0.0	5	71.4	2	28.6	1	7.7	5	38.5	7	53.8
人の権利を守ることができる	1	6.7	10	66.7	4	26.7	0	0.0	3	42.9	4	57.1	1	7.7	5	38.5	7	53.8
権利意識をもっている	0	0.0	4	26.7	11	73.3	0	0.0	1	14.3	6	85.7	2	15.4	4	30.8	7	53.8
自分の存在を認められる	1	6.7	11	73.3	3	20.0	0	0.0	3	42.9	4	57.1	3	23.1	4	30.8	6	46.2
人間関係をつくることができる	9	60.0	5	33.3	1	6.7	0	0.0	3	42.9	4	57.1	5	38.5	5	38.5	3	23.1
理不尽なことは拒否できる	0	0.0	8	53.3	7	46.7	1	14.3	2	28.6	4	57.1	1	7.7	5	38.5	7	53.8
生きがいをもつ	2	13.3	9	60.0	4	26.7	1	14.3	3	42.9	3	42.9	1	7.7	8	61.5	4	30.8
結婚する	0	0.0	1	6.7	14	93.3	0	0.0	2	28.6	5	71.4	0	0.0	1	7.7	12	92.3
自分の子どもをもつ	0	0.0	1	6.7	14	93.3	0	0.0	1	14.3	6	85.7	0	0.0	1	7.7	12	92.3
自分の親との適切な関係を維持できる	0	0.0	4	26.7	11	73.3	1	14.3	1	14.3	5	71.4	0	0.0	3	23.1	10	76.9
措置解除される	0	0.0	3	20.0	12	80.0	0	0.0	0	0.0	7	100.0	0	0.0	1	7.7	12	92.3
成人年齢に達する	0	0.0	1	6.7	14	93.3	0	0.0	1	14.3	6	85.7	0	0.0	1	7.7	12	92.3
その他	2	13.3	0	0.0	13	86.7	0	0.0	0	0.0	7	100.0	2	15.4	0	0.0	11	84.6

出所：表5-2と同じ。

に施設においてその傾向は顕著であり，自分の存在を認められること，自分の権利を守ること，そして人の権利を守ることができることは重要視されている。3点目は，本人が生きていて楽しい，やりたいことがあるといった，生きがいを見つけることが比較的重視されていることである。4点目は，結婚や子どもをもつことといったライフイベントや，措置解除や成人年齢になることといった区切りについては，自立の要件として重視されていないことである。

こういった自立の要件は，施設では15施設(100%)，里親のうち3家庭(42.9%)，支援団体等のうち7団体（53.8%）で，共に支援を行う支援者間で共有されている。

② 自立を目指した支援の開始時期

施設では，「措置時」からの開始が最も多く8施設（53.3%），次いで「中学生から」が3施設（20.0%），「小学生から」が2施設（13.3%）など，自立に向けての支援には，数年単位という長い期間かかるものとして捉えられていた。一方，里親では，「措置時」や「小学生から」「中学生から」との回答が各1家庭の計3家庭（42.9%），「高校生から」や「ケースバイケース」といった回答も各2家庭（28.6%）あった。支援団体等では，ある一定の年齢層での回答もあれば，「妊娠が発覚もしくは親になる可能性のある若者が困窮した時点」というように，支援内容が多岐にわたるため，開始の時期だと判断する根拠も異なっているが，施設等，支援団体等のすべてにおいて，比較的早期から自立を目指した支援が開始されている。

3）施設等における措置解除後の支援

① 措置解除後の支援における連携・情報共有

施設では，すべての施設内で連携して取り組まれていた。法人外の社会的養護関連の施設・機関・団体・人等との連携も8施設（53.3%）あり，3施設（20.0%）では社会的養護関連以外との連携があると回答しているなど，連携先が広がっていた。里親では，「それぞれの養育者に任されている」との回答が5家庭（71.4%），「家庭やホームで取り組んでいる」との回答が4家庭（57.1%）であった。

措置解除後の支援の共有については，共有していない施設はなく，共有事項を14施設（93.3%）が記録で残し，11施設（73.3%）施設長に報告し，10施設（66.7%）が日々の引継ぎで報告し，9施設（60.0%）が施設の会議で報告するなど，組織的な報連相の体制が取られている。一方，里親では，「特に何もしていない（記憶する）」のが3家庭（42.9%），「記録やメモとして残す」のが2家庭（28.6%）であった。

② 措置解除後の支援に必要な時間・お金・もの

支援が業務時間内で行われているか否かについて，施設では，「すべて業務時間内」だったのが3施設（20.0%）であったのに対し，12施設（80.0%）が「業務時間で対応できない場合のみ業務時間外」と答えている。また，支援団体等では，5団体（38.5%）が「ときどき時間外対応」を，1団体（7.7%）が「しょっちゅう時間外対応」をしており，「決まった支援提供日時内」で支援をしているのは2団体（15.4%）であった。

施設で，措置解除後の支援のために用意されている資金について尋ねたところ，「支援用の基金がある」「支援資金の予算化がある」のが各4施設（26.7%），「寄付でまかなっている」のが1施設（6.7%）と，経費があるとの回答もあるが，7施設（46.7%）が「支援者の私費」と回答している。基金や寄付，予算があると回答した9施設に，経費として認められる使途を尋ねたところ，7施設（77.8%）が「交通費」，5施設（55.6%）が「子どもと支援者の外食費」，2施設（22.2%）が「措置解除後の支援の実施代」と答えていた。「交通費」と「子どもと支援者の外食費」の両方が認められているのは4施設（44.4%）のみであり，「誕生日プレゼント代」や「食材などの支援物資代」などが認められているケースはほとんどない。措置解除後の支援が求められているにもかかわらず，実際は，施設でも里親家庭でも，支援者等の持ち出しとなっているケースが相当あることがわかる。

措置解除後の支援専用に用意されているものとしては，施設では「居場所」と「SNS アカウント」が各 6 施設（40.0%）で最も多く，「携帯電話やスマートフォン」が 5 施設（33.3%），「病気や家がないときの宿泊スペース」が 4 施設（26.7%），「お盆やお正月の宿泊スペース」が 3 施設（20.0%）などとなっていた。里親では，「携帯電話やスマートフォン」が 4 家庭（57.1%），「SNS アカウント」が 3 家庭（42.9%），「居場所」「お盆やお正月の宿泊スペース」「病気や家がないときの宿泊スペース」が各 2 家庭（28.6%）であった。

4）支援団体等での支援

10団体（76.9%）が，「社会的養護を必要とすると考えられるにもかかわらず，支援につながらなかった子どもへの支援も行っている」と回答しており，うち 6 団体（46.2%）が「すべての子ども」が対象と回答していた。

支援の対象年齢（複数回答）は，その団体によって異なっており，最も多い年齢層は，「高校生」の10団体（76.9%）である。「対象を限定していない」との回答も 2 団体（15.4%）あるが，「その他」は，支援の最少年齢が小学校低学年，最高年齢が30歳以上との回答が各 4 団体（30.8%）となっている。

支援対象の居住地域として多いのは，「同じ自治体内」が 9 団体（69.2%）であった。団体によっては，「日本全国」「国外も含む」など対象範囲が広くなっている。支援につながった経路が，「元措置先や行政窓口等からの紹介」であることも多いが，「子ども同士の口コミ」が 6 団体（46.2%），「SNS やホームページ」が 5 団体（38.5%）と，地域を容易に越える状況となっていることから，広域に子どもに応じた支援につなぐ役割が求められる時代になっていることがわかる。

支援内容（複数回答）としては，「生活と就労に関する支援」が各 8 団体（61.5%）と最も多かった。その他，「食料提供」が 7 団体（53.8%），「進路に関する支援」「金銭的支援」「講演会・勉強会・講習会などの実施」が各 5 団体（38.5%），「学習に関する支援」「免許・資格取得のための支援」「居場所事業」「ホームレス・生活困窮に関する支援」が各 4 団体（30.8%）であった。

身だしなみ等の講習会，金銭的支援，電話相談，法的支援など，特化した支援を行っている支援団体等以外は，7～13種類の支援メニューを用意していた。

5）子どもへの支援のあり方

①　子どもへの支援の継続期間

施設では，8施設（53.3%）が「期限はない」，4施設（26.7%）は「子どもが求める間はずっと」，1施設（6.7%）が「措置解除後4年以上」と回答していた。里親も5家庭（71.4%）が「期限はない」，1家庭（14.3%）は「子どもが求める間はずっと」と回答している。施設等では，長期的な見通しをもって支援を行っていることがわかる。支援団体等では，支援対象，内容により期間は異なっていた。

②　子どもと共有していること

表5-4の通り，施設の上位3つについては，12施設（80.0%）が「いつでも連絡してきて良いこと」，8施設（53.3%）が「困ったらSOSを出すこと」，7施設（46.7%）が「困ったら連絡してきて良いこと」を共有していると回答していた。里親でも，上位3つで最も高い割合を占めているのは，3家庭（42.9%）の「いつでも連絡してきて良いこと」という回答である。

こういった子どもと共有しているルールや約束ごとの共有方法（複数回答）としては，施設のうち14施設（93.3%），里親のうち3家庭（42.9%）が子どもに「口頭」で伝えていた。一方で，「書面」で確認している施設も3施設（20.0%）あった。ルールや約束ごとについて，「子どもと話し合って決めている」のは施設で8施設（53.3%），里親で4家庭（57.1%）と高い割合を占めている。「一人ひとりの子どもと話し合って決めている」といった，子どもの意見を尊重した取り組み，子どもとともに歩む措置解除後の支援を意識した取り組みが，それぞれ半数を超えてあった。支援団体等では，5団体（38.5%）が「口頭」，4団体（30.8%）が「書面」による確認であり，「一人ひとりの子どもと話し合って決めている」との団体も3団体（23.1%）あった。

表5-4　共有しているルール・約束ごと（複数回答）

	施設等						里親						支援団体等							
	上位３つ		あり		なし		上位３つ		あり		なし		上位３つ		あり		なし		NA	
	度数	%	度数	%	度数	%	度数	%	度数	%	度数	%	度数	%	度数	%	度数	%	度数	%
いつでも連絡してきて良いこと	12	80.0	3	20.0	0	0.0	3	42.9	3	42.9	1	14.3	0	0.0	3	23.1	6	46.2	4	30.8
困ったら連絡してきて良いこと	7	46.7	7	46.7	1	6.7	1	14.3	3	42.9	3	42.9	0	0.0	1	7.7	7	53.8	5	38.5
支援のための連絡方法	2	13.3	6	40.0	7	46.7	0	0.0	1	14.3	6	85.7	0	0.0	0	0.0	4	30.8	9	69.2
連絡して良い時間帯	0	0.0	0	0.0	15	100.0	0	0.0	1	14.3	6	85.7	0	0.0	0	0.0	4	30.8	9	69.2
支援できる内容	1	6.7	3	20.0	11	73.3	0	0.0	1	14.3	6	85.7	0	0.0	2	15.4	5	38.5	6	46.2
互いの秘密は守る	0	0.0	4	26.7	11	73.3	0	0.0	0	0.0	7	100.0	0	0.0	2	15.4	4	30.8	7	53.8
関係者に秘密を話すときは本人の許可を得る	0	0.0	6	40.0	9	60.0	1	14.3	0	0.0	6	85.7	0	0.0	2	15.4	7	53.8	4	30.8
うそはつかない	0	0.0	6	40.0	9	60.0	1	14.3	3	42.9	3	42.9	0	0.0	0	0.0	3	23.1	10	76.9
失敗してもいい	3	20.0	7	46.7	5	33.3	0	0.0	2	28.6	5	71.4	0	0.0	3	23.1	4	30.8	6	46.2
話したくなければ話さなくていい	3	20.0	6	40.0	6	40.0	0	0.0	2	28.6	5	71.4	0	0.0	3	23.1	5	38.5	5	38.5
飲酒して来るのは禁止	0	0.0	4	26.7	11	73.3	0	0.0	0	0.0	7	100.0	0	0.0	0	0.0	3	23.1	10	76.9
支援の場での飲酒禁止	0	0.0	2	13.3	13	86.7	0	0.0	0	0.0	7	100.0	0	0.0	0	0.0	5	38.5	8	61.5
支援の場での喫煙禁止	0	0.0	2	13.3	13	86.7	0	0.0	0	0.0	7	100.0	0	0.0	0	0.0	5	38.5	8	61.5
子どもや若者同士のお金の貸し借り禁止	0	0.0	6	40.0	9	60.0	1	14.3	2	28.6	4	57.1	0	0.0	0	0.0	4	30.8	9	69.2
子どもや若者同士のものの売り買い禁止	0	0.0	3	20.0	12	80.0	0	0.0	0	0.0	7	100.0	0	0.0	0	0.0	3	23.1	10	76.9
困ったらSOSを出す	8	53.3	5	33.3	2	13.3	1	14.3	5	71.4	1	14.3	0	0.0	3	23.1	3	23.1	7	53.8
特にルールや約束ごとはない	0	0.0	0	0.0	15	100.0	0	0.0	2	28.6	5	71.4	0	0.0	1	7.7	2	15.4	10	76.9
その他	0	0.0	2	13.3	13	86.7	0	0.0	0	0.0	7	100.0	0	0.0	2	15.4	1	7.7	10	76.9

出所：表5-2と同じ。

施設，里親，支援団体等のどれも，「他児への支援を見て分かっているので共有の必要がない」といった回答はなく，一人ひとりの子どもに伝えることの重要性は，共通して大切にされていることが明らかであった。

③　施設等と社会資源との連携

施設には，措置中・措置解除後ともに，各種相談機関や社会福祉協議会，支援団体，子どもの学校や就職先，医師，弁護士などによる支援のほか，地域の一般企業や住民等による協力など，多くの関係機関，施設，団体，人々との連携がある。特に，児童相談所，就労支援事業所は措置中から11施設（73.3%）が連携しており，措置解除後の就労支援事業所との連携は14施設（93.3%）が行っている。このほか，障害者基幹相談センターが措置中８施設（53.3%），措置解除後５施設（33.3%），病院が措置中７施設（46.7%），措置解除後３施設（20.0%），市の社会福祉協議会が措置中４施設（26.7%），措置解除後７施設（46.7%），学校が措置中７施設（46.7%），措置解除後２施設（13.3%），弁護士が措置中４施設（26.7%），措置解除後５施設（33.3%）など，多くの連携が行われている。一方，里親の連携先は，児童相談所と就労支援事業所が２家庭（28.6%）のほかは，支援団体，学校，子どもが以前措置されていた施設が各１家庭（14.3%）あがっているのみであった。

６）支援と子どもの権利

①　措置中の支援と子どもの権利

措置解除後に向けた日々の生活支援に，子どもの意見によるものがあるか否かについては，施設では13施設（86.7%），里親では３家庭（42.9%）が「ある」と答えていた。その内容は，施設等では自立後の生活シミュレーションや，早期から始める自立生活訓練，購買等での昼食の購入，調理体験の導入，中高生の個人用の布団・居室の鍵・テレビ・行事の導入，通信機器や通信環境の整備，スマートフォンやアルバイトに関するルールの変更，支援者に使ってほしくない言葉や行動など，多岐にわたっている。子どもの声に耳を傾けられるよう，定期的な個別ヒアリング，選択肢の提示，権利に関する取り組み，日常生活における自己決定の機会づくりといった支援を積み重ねていた。里親では，登校したくない，退学したいといった声を尊重したこと，たくさん食べさせる毎日を保障する中で過去の体験を長い時間が経ってから子ども自身が話すようになったことなどがあげられていた。児童相談所から送られた権利ノートを共に読んだり，日々テレビや新聞などを通して共に考えたり，相談できる人を提示した上で，困ったことや腑に落ちないことなどがある時は相談するよう促したりするといったはたらきかけも続けられていた。

② 措置解除後の支援と子どもの権利

子どもの意見によって取り入れた措置解除後の支援について，施設では9施設（60.0%），里親では5家庭（71.4%），団体等では7団体（53.8%）が「ある」と答えていた。取り入れられた意見として，施設からは，SNSでつながる，一緒にご飯を食べに行くといったつながりに関する支援，食料支援，保護者との関係についての支援，金銭管理，就労支援，公的手続きや通院への同行支援など，多岐にわたっていた。里親では，一緒に食品など買い物をした時の支払いを誰がするかや，自立するまでの里親宅での生活の継続などがあげられている。支援団体等からは，何かを決める時に意見を聴くことで，権利の主体であることや権利を行使できることを子どもが意識できるようにする取り組みや，決まったメニューはなく常に子どもの声を聴きながらサポートすること，就労支援，深夜のオンラインカフェの開設，子どもの「やりたい！」を実現させ活動環境を提供できるよう，一緒にアウトリーチ型の声掛け活動をすることなどがあがっていた。

7）社会的養護と地域

① 社会的養護ニーズの普遍性

社会的養護を必要とする子どもの声からは，地域で生きる上での特別視や偏見等がよく聞かれるが[(1)]，社会的養護を必要とするに至る問題・課題は，一般家庭で起こりえない・関係のないものであるか否かについて尋ねたところ，結果は表5-5の通りであった。施設の6割が各種虐待を，里親の6割弱が子

表5-5　社会的養護に特有だと思う問題

【家庭・養育者の抱える問題】	施設		里親		支援団体等	
	度数	%	度数	%	度数	%
貧困	3	20.0	2	28.6	2	15.4
借金	2	13.3	2	28.6	1	7.7
失業	1	6.7	0	0.0	1	7.7
死亡	2	13.3	2	28.6	1	7.7
離婚	2	13.3	2	28.6	1	7.7
未婚	2	13.3	1	14.3	0	0.0
行方不明	3	20.0	1	14.3	1	7.7
身体的な病気	1	6.7	2	28.6	1	7.7
精神的な病気	3	20.0	2	28.6	2	15.4
育児ノイローゼ	1	6.7	0	0.0	1	7.7
産後うつ	0	0.0	0	0.0	1	7.7
障がい	2	13.3	1	14.3	1	7.7
DV	3	20.0	2	28.6	2	15.4
アルコール依存	2	13.3	1	14.3	1	7.7
薬物依存	2	13.3	2	28.6	3	23.1
ギャンブル依存	3	20.0	1	14.3	1	7.7
ネット依存	0	0.0	0	0.0	1	7.7
養育能力不足	5	33.3	3	42.9	1	7.7
育児協力不足	2	13.3	1	14.3	0	0.0
友人・知人の不足	3	20.0	0	0.0	2	15.4
相談できる人・場所の不足	6	40.0	3	42.9	2	15.4
育児情報の不足	6	40.0	0	0.0	0	0.0
育児支援の不足	4	26.7	1	14.3	3	23.1
外国籍によるサポート不足	5	33.3	2	28.6	2	15.4
その他	2	13.3	1	14.3	0	0.0
【関わりの問題】	施設		里親		支援団体等	
	度数	%	度数	%	度数	%
身体的虐待	9	60.0	2	28.6	4	30.8
心理的虐待	9	60.0	3	42.9	2	15.4
ネグレクト	9	60.0	2	28.6	1	7.7
性的虐待	9	60.0	2	28.6	3	23.1
体罰	6	40.0	2	28.6	1	7.7
その他	2	13.3	2	28.6	0	0.0
【育てにくさなどから派生する問題】	施設		里親		支援団体等	
	度数	%	度数	%	度数	%
子どもの身体障がい	0	0.0	1	14.3	0	0.0
子どもの精神障がい	4	26.7	2	28.6	1	7.7
子どもの発達障がい	6	40.0	4	57.1	2	15.4
子どもの知的障がい	3	20.0	4	57.1	1	7.7
子どもの病気	0	0.0	1	14.3	0	0.0
子どもの非行傾向	4	26.7	2	28.6	2	15.4
養育者の言うことをきかない	5	33.3	2	28.6	2	15.4
家に寄り付かない	4	26.7	1	14.3	1	7.7
自傷行為	1	6.7	1	14.3	2	15.4
その他	1	6.7	0	0.0	0	0.0

出所：表5-2と同じ。

どもの発達障がいや知的障害がいを，社会的養護特有の問題であると回答していた。里親は40％強が養育者の養育能力不足や相談できる人・場所の不足，心理的虐待が特有であるとも回答している。これらのほかには，特に大きな割合を占めているものはなかった。

② 偏見や特別視

社会的養護を必要とする子どもへの偏見や特別視を感じることがあるかと尋ねたところ，施設では，3施設（20.0％）が「よくある」，10施設（66.7％）が「ときどきある」と答えていた。内容としては，「施設の子」だからこその苦情や過度な考慮，理解不足からくる偏ったイメージなどがあがっている。里親では，2家庭（28.6％）が「ときどきある」と答えており，医療機関の受診券について周知されていなかったり，他国籍の子どもが奇異な目で見られたりすることがあがっている。支援団体等では，1団体（7.7％）が「よくある」，5団体（38.5％）が「ときどきある」と答えており，子どもの入居が断られる，仕事の定着や人間関係が円滑にいかない時に「施設の子は難しい」といった発言がある，報道や著名人の発言により偏ったイメージをもたれる，行政の理解不足，地域からニーズを考慮せず押し付けられる寄付などがあがっていた。

③ 地域との関わり

子どもを守るためには，特別視や偏見を減ずる取り組みも重要である。このため，地域への支援者等からの働きかけについて，特に意識しているもの上位3つも含めて尋ねたところ，表5-6の通りであった。

施設等では，特に学校への取り組みや学校を通した地域への取り組みを大切に積み重ね，地域の人や活動への取り組みも重視されている。子育てや家庭への支援に関する専門知識や技術をもった支援者集団であるため，施設の中には，時間的・人員的に余裕のない中でも，地域の子どもを中心としたはたらきかけをしているところもあった。支援団体等については，それぞれの特性により，地域へのはたらきかけは様々である。

表5-6　地域へのはたらきかけ（複数回答）

	施設等						里親						支援団体等					
	上位３つ		あり		なし		上位３つ		あり		なし		上位３つ		あり		なし	
	度数	%	度数	%	度数	%	度数	%	度数	%	度数	%	度数	%	度数	%	度数	%
日頃から学校の先生方と話をするようにしている	7	46.7	6	40.0	2	13.3	0	0.0	6	85.7	1	14.3	0	0.0	1	8.3	11	91.7
学校行事に協力する	5	33.3	3	20.0	7	46.7	2	28.6	3	42.9	2	28.6	0	0.0	0	0.0	12	100.0
学校の先生との交流会をしている	2	13.3	2	13.3	11	73.3	0	0.0	2	28.6	5	71.4	0	0.0	0	0.0	12	100.0
地域の会活動に参加している	6	40.0	5	33.3	4	26.7	2	28.6	3	42.9	2	28.6	0	0.0	2	16.7	10	83.3
登校班の付き添いを引き受けている	0	0.0	6	40.0	9	60.0	0	0.0	1	14.3	6	85.7	0	0.0	0	0.0	12	100.0
通学時の交通安全の係を引き受けている	1	6.7	2	13.3	12	80.0	0	0.0	3	42.9	4	57.1	0	0.0	0	0.0	12	100.0
PTA の役員など保護者の係を引き受けている	0	0.0	5	33.3	10	66.7	3	42.9	2	28.6	2	28.6	0	0.0	0	0.0	12	100.0
地域の掃除や草刈りなど美化活動に参加している	1	6.7	9	60.0	5	33.3	0	0.0	3	42.9	4	57.1	0	0.0	0	0.0	12	100.0
地域のお祭りに協力している	2	13.3	5	33.3	8	53.3	0	0.0	3	42.9	4	57.1	0	0.0	1	8.3	11	91.7
地域の人へのあいさつを徹底している	4	26.7	6	40.0	5	33.3	1	14.3	3	42.9	3	42.9	1	8.3	3	25.0	8	66.7
地域の人との井戸端会議を大切にしている	0	0.0	0	0.0	15	100.0	1	14.3	1	14.3	5	71.4	0	0.0	1	8.3	11	91.7
地域の高齢者の見守りをしている	0	0.0	0	0.0	15	100.0	0	0.0	3	42.9	4	57.1	0	0.0	0	0.0	11	100.0
地域の子ども全般の見守りをしている	0	0.0	3	20.0	12	80.0	0	0.0	2	28.6	5	71.4	0	0.0	0	0.0	11	100.0
地域の人の子育て相談にのっている	2	13.3	2	13.3	11	73.3	0	0.0	1	14.3	6	85.7	0	0.0	0	0.0	11	100.0
地域の人の家庭に関する相談にのっている	0	0.0	1	6.7	14	93.3	0	0.0	2	28.6	5	71.4	1	8.3	1	8.3	10	83.3
地域の心配な子どもの相談にのっている	0	0.0	2	13.3	13	86.7	1	14.3	1	14.3	5	71.4	1	8.3	1	8.3	10	83.3
地域の心配な子どもの見守りをしている	0	0.0	0	0.0	15	100.0	0	0.0	1	14.3	6	85.7	0	0.0	1	8.3	11	91.7
地域の人を必要な社会資源につないでいる	0	0.0	3	20.0	12	80.0	0	0.0	1	14.3	6	85.7	1	8.3	0	0.0	11	91.7
地域の人を施設やホームにお招きしている	1	6.7	4	26.7	10	66.7	0	0.0	1	14.3	6	85.7	0	0.0	0	0.0	12	100.0
地域の子どもが遊びに来られるようにしている	2	13.3	2	13.3	11	73.3	0	0.0	2	28.6	5	71.4	0	0.0	1	8.3	11	91.7
地域の人が子どもを連れて遊びに来られるようにしている	0	0.0	4	26.7	11	73.3	0	0.0	2	28.6	5	71.4	0	0.0	1	8.3	11	91.7
特に地域への支援や取り組みはしていない	2	13.3	0	0.0	13	86.7	0	0.0	0	0.0	7	100.0	0	0.0	4	33.3	8	66.7
その他	0	0.0	4	26.7	11	73.3	0	0.0	1	14.3	6	85.7	0	0.0	1	8.3	11	91.7

出所：表5-2と同じ。

逆に，地域からの働きかけとして，特に実感しているもの上位３つも含めて尋ねたところ，表5-7の通りとなった。地域からのはたらきかけについては，施設では特に，日頃から大切に積み重ねている地域への取り組みなどから，挨拶やおしゃべり，成長の見守りや食材等をもってきてくれるなど，地域の人も施設等を支えていることがわかる。支援団体等については，それぞれの特性により，地域からのはたらきかけは様々である。

8）支援者自身へのサポート

施設で特に上位３つとして挙げられていたのが，「勤務先の仲間」の11名（73.3%）であり，合計では15名（100%）であった。「勤務先上司」が上位３つであるとの回答は７名（46.7%）であり，合計では14名（93.3%）である。また，「勤務先以外の先輩にあたる支援者」がサポートしてくれるとの回答が計10名（66.7%），「支援者仲間」が計11名（73.3%）と，同じ職に就く先輩や仲間の支えは非常に大きなものとなっていることがわかる。一方で，里親はサポートを得ているとは言い難い状況であり，豊富な養育経験によりサポート必要としていないのか，単にこれまでサポートを得る機会がなかった・欲しくとも得られなかったのかについては，精査する必要があろう。支援団体等については，それぞれの特性によって異なっているが，同じ支援職にある人々のほか，児童相談所や子どもが措置されていた施設の支援者などもあげられており，子どもを知る他機関との連携により支えられることもあがっていた。

（３）アンケート調査結果の考察

支援者等へのアンケート調査結果を通して，いくつかの点が明らかとなった。ここでは，本研究で明らかとなったことについて，５点に絞って考察する。

１）社会的養護ニーズの普遍性

支援者は社会的養護に至るニーズの多くを，普遍性のあるものと捉えてい

表5-7　地域からのはたらきかけ（複数回答）

	施設等						里親						支援団体等					
	上位３つ		あり		なし		上位３つ		あり		なし		上位３つ		あり		なし	
	度数	%	度数	%	度数	%	度数	%	度数	%	度数	%	度数	%	度数	%	度数	%
子どもの事情に応じた配慮を学校がしてくれる	9	60.0	5	33.3	1	6.7	3	42.9	0	0.0	4	57.1	0	0.0	1	8.3	11	91.7
学校が何かと連絡をくれる	8	53.3	5	33.3	2	13.3	1	14.3	1	14.3	5	71.4	0	0.0	1	8.3	11	91.7
正しい理解を学校が地域に促してくれる	0	0.0	4	26.7	11	73.3	0	0.0	0	0.0	7	100.0	0	0.0	0	0.0	12	100.0
地域の人が社会的養護を理解しようとしてくれる	3	20.0	4	26.7	8	53.3	0	0.0	2	28.6	5	71.4	0	0.0	0	0.0	12	100.0
地域の人が子どもにあいさつをしてくれる	1	6.7	11	73.3	3	20.0	2	28.6	3	42.9	2	28.6	0	0.0	0	0.0	12	100.0
地域の人が子どもとおしゃべりをしてくれる	0	0.0	8	53.3	7	46.7	1	14.3	4	57.1	2	28.6	0	0.0	0	0.0	12	100.0
地域の人が子どもの成長を一緒に見守ってくれる	2	13.3	7	46.7	6	40.0	1	14.3	4	57.1	2	28.6	0	0.0	0	0.0	12	100.0
地域の人が子どもが迷惑をかけても理解してくれる	1	6.7	7	46.7	7	46.7	1	14.3	1	14.3	5	71.4	0	0.0	1	8.3	11	91.7
地域の人が食材や日用品などをもってきてくれる	0	0.0	8	53.3	7	46.7	1	4.3	0	0.0	6	85.7	0	0.0	0	0.0	12	100.0
地域の人が設備の修理や子どもとの遊びに訪れてくれる	0	0.0	3	20.0	12	80.0	0	0.0	1	14.3	6	85.7	0	0.0	0	0.0	12	100.0
地域の人が生活支援を手伝ってくれる	1	6.7	3	20.0	10	66.7	0	0.0	0	0.0	7	100.0	0	0.0	0	0.0	12	100.0
地域の人が招待に応じてくれる	3	20.0	7	46.7	5	33.3	0	0.0	1	14.3	6	85.7	0	0.0	0	0.0	12	100.0
地域のお店や会社が物品を寄付してくれる	2	13.3	7	46.7	6	40.0	0	0.0	0	0.0	7	100.0	0	0.0	1	8.3	11	91.7
地域のお店や会社が設備の修理や子どもとの遊びなどに訪れてくれる	0	0.0	2	13.3	13	86.7	0	0.0	0	0.0	7	100.0	0	0.0	0	0.0	12	100.0
特に地域からの支援を実感することはない	0	0.0	3	20.0	12	80.0	0	0.0	0	0.0	7	100.0	0	0.0	6	50.0	6	50.0
その他	2	13.3	0	0.0	13	86.7	0	0.0	1	14.3	6	85.7	0	0.0	1	8.3	11	91.7

出所：表5-2と同じ。

た。社会的養護を必要とする問題の多くは，程度の差や，支援に結びつくか否かの差はあるが，どの家庭でも起きうる問題でもあるにもかかわらず，子どもに対する，地域の特別視や偏見を感じている回答者は多かった。しかし，子どもの権利擁護では，社会的養護だけではなく，地域で子どもが守られていること，社会的養護と関係のない人々から一人の人として認められることの重みは，子ども自身からも語られることである[(2)]。児童の権利に関する条約の批准以降，様々なニーズをもつ子どもへの権利擁護が検討され，実現されるようになった。社会的養護についても差別なく，同じ地域に住む住民として，認め合い，守り合う意識と関係性を，地域の中に醸成し根づかせていく時期に来ている。

2）権利や生きがいを含むものとしての自立の要件

自立の要件として支援者は，社会人としての自活，権利を守ることのできる力，生きがいをもつことなどを重視しており，措置解除や成人年齢に達したことといった区切りや，結婚や子を授かるといったライフイベントなどは重視していない。また，支援者は現実にある限界を意識して支援を行うとともに，限界を超えた支援を目指しており，自立イコール自分で何でもできることとは決して捉えておらず，自立は一人ひとりの子どもによって異なるものであり，その子どもに応じてつくるものであるという思いをもっている。しかし，実際問題として，措置中・措置解除後に提供できる支援には限界があり，支援を拒否，遠慮する子どももいる。必ずしも求められる時に求められる支援を続けられる状況が保障されているともいえない。措置による支援を続けられるうちに，できる限り子どもに伝えておかねばならない・伝えておきたいという現実と，その現実に対する支援者の危機感があるからこそ，自立の要件として，自分で自活できるようにとの思いが強く反映されていることをうかがうことができる。

一方で，現実にある限界を超えて，生きがいをもつことといった，人間としての豊かさともいえることも，自立の要件と考えられていた。一人で孤独に耐え，人に頼らないといったことは，自立の要件としてさほど重要であるとは考えられていない。支援者によるアフターケアはその役割の一つであり，その重要性・必要性は共通認識として支援者の中にある。支援の量や質に違いはあるものの，措置解除後の居場所やSNSアカウントの用意など，子どものSOSを察知し，SOSを発信しやすくする準備をしていることからも，その子どもに応じたペースで自立をしていくこと，それを支える用意もしようとしていることがわかる。

また，特に施設では，子どもが自分や他者の権利を守ることができるようになることを，自立の要件として考える傾向が強い。専門職として子どもの過去から未来までをトータルに捉え，その中での権利擁護の必要性・重要性を理解しているからこそ，現在の自分の権利に加え，友人や交際相手，同僚や上司，自分の子どもなど，他者をも守ることのできる力を育んでいくことも重視していることがわかる。子どもに，限られた現実の中で，自立の質的な部分も望む支援者の思いがわかる。

社会的養護を必要とするか否かを問わず，自立は皆に共通する課題であり，そのあり方や時期などは，一人ひとりの子どもに特有のものである。自立はすべての子どもの共通課題だと，地域社会全体で実感することができる状況，社会的養護にあるからといって不利にならない状況もつくっていかねばならない。現実的には，社会的養護を必要とするからこそ不利なこともあるが，逆に様々なサポートを知り，選び，受けられるなど，社会的養護にあることを有利にしていく体制を意図的に整えていくことが必要である。

3）自立支援担当職員の配置の有効性

名古屋市の自立支援担当職員の業務や連携などは，試行錯誤の最中であり，配置後間もない施設で，その役割や業務の明確化や，施設外との連携の構築などについての初期の困難を抱えているところはあるものの，全体としては，配置後の施設間・支援者間の支援における連携力，アフターケアの充実は顕著であった。施設内，施設間，他分野等との連携により，明確な役割分担，情報共有，連携，支援の量的・質的向上へとつながることは，社会的養護を必要とする子どもの将来を左右するほどの影響力をもっている。

4）長期的見通しをもった支援

支援者は措置中・措置解除後の支援を，長期的な見通しをもって行うものだと考えている。生活スキルだけを伝える支援ならば，措置解除前の数週間から数カ月あれば最低限のことは身に付く。しかし，子どもの過去から将来におよぶ支援には，多くの時間と支援の積み重ねが必要なことは，共通の認識となっていると考えられる。こういった子どもに，権利や生きる楽しみに至るまでを伝えようとする支援となると，そこには家事技術の伝達に留まらない支援の展開が必要となる。

措置解除後の支援についても，実際に子どもを養育してきた支援者だからこそ，措置解除後の長期的な支援が必須であると捉えていることが明らかであった。子どもにも，「いつでも連絡をしてきてよい」と伝えている支援者が大部分を占めている。また，半数以上の施設で，措置解除後の支援に際し，「失敗してもいい」「話したくなければ話さなくてもいい」と伝えることも大切にされており，子どもの気持ちや頑張りを認める姿勢が取られていた。一人ひとりの子どもに応じた支援と支え手の選択肢を増やすため，施設においては措置中だけではなく措置解除後も，多くの支援団体等との連携も行われていた。その支援では，措置中から措置解除後に至るまで，子どもの意見による支援づくりが大切にされているということも明らかであった。

5）連携ニーズの精査

実際に連携したことのある社会資源の量は，施設と里親では大きな差があった。施設では施設内外と連携し，組織的に支援が行われていた。個人で抱え込むことなく，組織的取り組みと位置づけられていること，そして施設外との連携もできてきていることなどは，自立支援担当職員がほぼすべての施設において配置され，効果的に機能するよう支援を積み重ねているからこその結果であるともいえる。一方で，里親では，支援がそれぞれの家庭に任されていた。連携のニーズ自体がないのであれば，一般家庭における養育との共通性という利点はあるが，ニーズがあっても連携できない，サポートが得られないといった状況であれば，子どもの権利を守る支援の量および質の不足，養育者の心理的負担感につながりかねない問題である。今後の里親養育における連携の必要性については精査する必要がある。

（4）アンケート調査結果で明らかになった課題

また，上記のアンケート調査結果は，いくつかの今後の課題を明らかにしている。本研究で明らかになった課題について，４点に絞って考察する。

1）実態に見合った自立の要件の必要性

前述の通り，年限のある支援であるからこそ，働いて自分の稼ぎで生活できることが求められがちではあるが，社会的養護にあるか否かを問わず，子どもの自立は困難なものである。一律の「自立の要件」ではなく，一人ひとりの子どもが自立に向けて，必要な時に，適切な人や場に助けを求め，失敗しても共に考え助言を求める力を身に付けるという，「一人ひとりが自立を目指すための要件」を重視することが必要である。また，どのような働き方でもよいわけではない。過酷な仕事を心身の健康を削ってまで続ける，どうしようもない状況になり行き着く先が性風俗など「ブラック」な勤務を強いられる会社しかないといった場合，それは自立といえるだろうか。経済的に苦しいからと好きでもない人と同棲・結婚する生き方も，自立といえるだろうか。一時的に仕事を失っても，生活保護などを有効活用することによって，またがんばろうという気持ちをもつことができること，そうなるよう支えられたり，支えてほしいと SOS を出したりすることができる状態も，自立とはいえないだろうか。人として，権利を尊重され，権利意識をもつこと，自分の権利を守るための行動を起こすことができることが，自立を目指すための要件となる必要がある。

2）自立支援担当職員の条件の改善と充実の必要性

前述の通り，その配置と連携による，役割や業務の明確化，支援の継続性や組織化による支援の量的・質的向上，拡充は顕著であった。しかし，実際には他の業務を兼務していること，1人体制であるため異性や関係構築の難しい場合の支援が困難になることなど，問題点も明らかである。自立支援担当職員の必置化，専従化，両性配置による複数化などが急がれる。

3）支援者を守る体制づくりの必要性

措置中の支援においても，その支援は予測の困難さ，複数の子どもの重複するニーズの混在，支援者の交代など，社会的養護における支援の特性から，支援者の心身への負担は大きなものとなっている。加えて，措置解除後の支援も求められている現在，その支援が時間的，経済的にも支援者に負担を強いている現実がある。支援者も一人の労働者，一人の人間として，その権利を守られる必要がある。現在の社会的養護を必要とする子どものニーズの深さや，必要とされる支援の専門性の広さ・深さに見合う環境の保障が急がれており，支援者の利他的行動に依存する福祉は是正していく必要がある。なお支援団体では，その支援対象として「児童養護施設職員」4団体（30.8%），「里親」2団体（15.4%），「自立援助ホーム職員」と「ファミリーホーム養育者」各1団体（7.7%）があがっていた。こういった支援者を守るつながりのあり方を模索していくことも求められる。

4）子どもの声を反映していく必要性

本研究のアンケートの対象は支援者であった。しかし，支援を受けているのは子ども自身である。第1章で述べた通り，厚生労働省（2021a）以前にも，多くの自治体や団体による調査が実施され（表1-9），子ども自身への調査もなされている。ただ，アンケート調査は，配布することができ，回答することができる力のある子どもの意見に限られるものでもある。このため，今後は，子どもの意見をインタビュー調査によって聴取していくこと，子どもの範囲についても，社会的養護が必要にもかかわらず公的支援につながらなかった子ども，また，社会的養護にあったが支援を拒否している・遠慮している・支援がほしいが提供されない子どもの声も合わせて捉えていくことが課題である。

2　支援を通して子どもに権利を守る力を育んでいくプロセス——支援者へのインタビュー調査結果から

（1）研究目的および方法

1）研究の背景・目的

社会的養護では，支援者は子どもの過去から将来を見通した自立を目指した支援を行っている。その支援の目的は，生活スキルを身に付け，経済的に自立できることだけではない。権利侵害を受けた過去のある子どもが多いことから，子どもが守られる経験を重ね，自分の気持ちや意見を言ったり，聴いてもらったり，何かを自ら選択したりする機会を，支援者が意図的につくることによって，自分を守り，支えが必要な時には適切な人や場に頼る力を身に付けることを目的としている。加えて，子どもに他者の権利を尊重する力を育んでいく支援もなされている。

現在，社会的養護における権利に関する先行研究には，1994年の児童の権利に関する条約の批准による子どもの権利の概念や，条約批准前後の歴史的変遷，条約批准後の2009年の社会的養護施設等における体罰の禁止，2017年の改正児童福祉法などによる，子どもの権利に関する事柄についての歴史的変遷や権利擁護の取り組みに関するものが多く見られる。国連子どもの権利委員会による社会的養護への指摘や，社会的養護施設の小規模化・地域化・多機能化に伴う権利擁護のあり方についての考察，海外の子どもの権利擁護実践との比較考察などもある。これらの研究は，子どもの権利への意識が醸成されにくかった日本において，子どもの権利の概念，子どもの権利擁護のあり方などについて，子どもの福祉に関わる支援者へ共通認識をもたらそうとしてきた。未だ，子どもの権利への意識が，全国民に十分に行き渡っているとは言い難く，支援において子どもの権利が確実に守られているとも言い切ることはできないものの，この意義は大きく，現在の社会的養護においても，日々，子どもの権利を守るための実践の探求が続けられている。

現在，その探求の代表格となるものは，実践報告である。支援者が子どもの権利を守る，子どもに権利を守る力を育んでいくために，意図的に行っている支援の多くは，例えば，全国社会福祉協議会（2020b-2021ab）の『季刊児童養護』における特集「子どもの参加する権利」や，全国社会福祉協議会（2020a）における特集「子どもの権利をいかに守るか——社会的養護のこれから」のように，社会福祉関連の雑誌での特集や，雑誌や文献内で紹介される実践報告としてまとめられていることが多い。これらは，支援者が意図して行っている日々の支援について共有できるという大きな利点がある。

しかし，社会的養護において，子ども自身が措置中に，自分が権利を守られていること，権利を守るための練習の機会を提供されていることに気づくことができるとは限らない。支援を離れたあと，自分で生活し，支援を振り返る中で，支援によって自分の権利が守られていたこと，自分が支援によって権利を守る力を育まれていたことに気づき，実感することも多い。このことは，子どもの葛藤や暴言暴力などを目の当たりにする場面の多い支援者にとっては，自分が意図して行っている支援が伝わらないことへの無力感や消耗感など，負の感情につながることも少なくはない。社会的養護分野においても，支援者の抱える感情や支援者のバーンアウトに関する研究がなされてきたが，例えば趙（2014）が共感満足と共感疲労の観点から指摘しているように，これは子どもとの関わり方に影響してくる問題でもある。この負の感情を抱く部分について，その要因となっているものが何か，子どもに支援の意図がどのように伝わっていくのか，支援者が今行っている支援には支援全体においてどのような意味があるのかといったことは，実践報告では見えにくいものである。このため，社会的養護ではこれらについて客観的に考察し，実際の支援に応用可能な研究が必要であると考えられる。

実際の支援で応用可能な研究としては，藤間（2016）による施設の家庭化から検討された個別性の保障についての研究，才村ほか（2016）による社会的養護施設等で暮らす子どもへのライフストーリーワークに関する研究，栄留（2020）による日本で試行的に実施した施設訪問アドボカシーによる研究などがあげられるものの，その数は多いとは言えない。しかし，みずほ情報総研（2017：142）による報告書でも指摘されているように，支援者が孤立しやすく，閉鎖的になってしまう可能性をもつ施設の小規模化の途上にある今だからこそ，子どもの権利を守る支援者が，支援に携わる自分のことも守ることができるよう，行っている支援の意義の明確化をすることが重要である。

本研究は，以上のような問題意識に基づき，支援者が意図的に行う支援を通して，子どもに権利を守る力を育んでいくプロセスに焦点を当てて考察していくことを目的としている。

２）研究の意義

本研究の意義は，支援者による語りによって，支援を通して子どもに権利を守る力を育んでいくプロセスについて考察しようとしているところにある。また，社会的養護を必要としていながら公的支援につながらなかった子どもなど，地域に潜在している社会的養護ニーズの発掘を含めた支援を行う支援者も調査対象としているところに意義がある。

３）研究方法

①　調査対象

前節で実施した，名古屋市内の社会的養護施設等支援者を対象としたアンケート調査結果（名古屋市子ども青少年局子育て支援部子ども福祉課 2022）に基づき，a. 子どもを守る，b. 子どもの気持ちを丁寧に聴き取る，c. 子どもが主体的に何かを選ぶ機会をつくる，d. うまくいかなくともしきりなおす機会をつくる，e. 人からしてもらったことへの気づきや感謝の気持ちを育む，f. 他者を思いやる気持ちを育むなど，子どもに自分や他者の権利を守る力を育んでいくための支援を，日々意図的に行っている計５名の支援者を対象として実施した。各支援者の所属は，児童養護施設，自立援助ホーム，就労支援事業所，社会的養育ステップハウス事業，NPO 法人である。

② 調査方法

調査方法は，支援における独自の工夫について語ってもらうため，自由度の高い半構造化インタビューとした。一人当たりの所要時間は1時間半から2時間である。主なインタビュー内容は，a. 所属先の支援について，b. 子どもの生い立ち・現在の自分の状況の理解について，c. 支援で子どもに伝える権利について，d. 社会的養護を必要とする子どもへの支援の課題について，e. 社会的養護を必要とする子どもへの支援をより良くしていくために取り組みたいことについて，の5点である（参考資料「第5章 社会的養護を必要とする子どもへの支援者に対するインタビュー調査――インタビューガイド」参照）。

③ 調査期間

調査期間は，2021年9月から10月である。

4）倫理的配慮

本研究は，日本社会福祉学会研究倫理指針を厳守し，愛知淑徳大学福祉貢献学部倫理委員会により倫理審査の承認（受付番号21-4）を受けて実施した。協力者へは，事前に調査の目的や内容，秘密保持などについてまとめた文書を郵送している。調査当日に改めて，それらの説明を行った上で，同意書を作成し，協力者と調査者が管理することとした。

インタビューは，協力者から承諾を得た上で録音した。音声データは，個人情報保護のため，調査者が逐語録を作成している。すべてのデータにはパスワードをかけ，保存媒体も厳重に管理した。結果の公表についても，協力者が特定されないよう十分な配慮を行っている。

5）分析方法

調査データの分析には，修正版グラウンデッド・セオリー・アプローチ（M-GTA）を用いた。M-GTA を用いた理由は，分析手法が明確に示されており，研究対象がプロセス的特性をもっていること，研究結果が現実に問題となっている現象の解決や改善に向けて実践的に活用されることが期待されること，インタビューデータを念頭においた研究法であることが，本研究に合致しているためである。

分析テーマは「社会的養護ニーズに関わる支援者の支援を通して子どもに権利を守る力を育んでいくプロセス」とし，分析焦点者を「社会的養護ニーズに関わる支援者」とした。

分析ワークシートを立ち上げる前に，インタビューの逐語録（総文字数12万3,118文字）をインタビュー後すぐに作成し，それぞれの逐語録を熟読しながら各協力者の理論的メモノートを作成した。逐語録から，設定した分析テーマと分析焦点者に関連しているバリエーション（具体例）を分析ワークシートに記入し，分析焦点者にとっての意味を意識しながら，定義と概念名を作成し，アイディアや疑問，検討した内容などは，理論的メモ欄に記入していった。生成された概念については，他のバリエーションがないかを確認し，類似例を追記し，概念として成立するか検討した。また，対極例となる可能性がある概念についても検討をしていった。概念を生成しながら，生成された概念同士の関係についての検討も行い，カテゴリーの生成も始めた。カテゴリー同士の関係性の全体像を表現する結果図を作成し，ストーリーラインを記述した。なお，本研究の一連のプロセスは，子ども家庭福祉を専門とする研究者より指導を受けながら進めた。

（2）インタビュー調査分析結果

1）分析結果

分析の結果，表5-8に示す23の概念，およびそこから８つのカテゴリーが生成された。結果図は図5-1の通りである。

概念名のうち，「地域の力は偉大（概念 No. 2）」と「ネックになる地域（概念 No. 23）」の「地域」には，地域の人々（近隣のほか，学校の保護者や町内会・

表5-8　概念名・定義一覧

カテゴリー	No.	概念名	定義（右欄は具体例数）	
たやすく権利侵害される子ども	19	だから支援が必要	支援者が子どもに支援が必要だと考えていること	18
	21	守ることができない自分	支援者が，子どもが自分を守ることができていないと感じること	7
	3	ここがなかったら	支援者が子どもに支援がなかったらと考えていること	6
子どもが主役	4	支援時間・期間に定めなし	支援者が一人ひとりの子どもに必要な支援の時間・期間で支援をしていること	5
	8	支援を合わせる	支援者が一人ひとりの子どもに合わせた支援を提供していること	14
守られる体験の積み重ね	1	「人」としての尊重・信頼	支援者が子どもを被支援者ではなくひとりの人として認め，信頼すること	6
	6	守られる練習	支援者が日々の支援で，子どもが守られる体験を意図的に積み重ねていること	36
	20	意識して伝え続ける権利	支援者が子どもに意図的に権利を伝えようとし続けていること	8
	14	しきりなおしの機会	支援者が子どもに人生のしきりなおしの機会を提供すること	5
選ぶ・守る体験	16	守る練習	支援者が，子どもが自他を守ることができる体験を意図的に積み重ねていること	20
	9	自分で選ぶ・自分を守る	支援者が，子どもが権利の行使をしている，自分を守っていると考えていること	11
染み込んでくる権利	10	子どもは変わる	支援者の支援によって子どもが変わっていくこと	10
	22	他者を思いやること	支援者が，子どもが他者を思いやる，他者の権利を守ることについて考えていること	8
権利擁護を阻むもの	5	あいまいな生い立ち	支援者が子どもの生い立ちの整理について考えていること	11
	13	支援の難しさ	支援者が子どもへの支援において難しさを感じていること	20
	18	連携を組むに難あり	支援者が支援において連携を組むことの難しさや社会資源とのミスマッチを感じていること	13
	23	ネックになる地域	支援の場の立地条件・地域の資源や理解の不足や偏見による介入が支援の妨げになること	10
地域全体がワンチーム	7	連携を組んで支えよう	支援者が支援において連携の良さを生かしていること	21
	2	地域の力は偉大	支援の場の立地条件や地域の理解・協力が，支援の量や質を高めること	11
広がっていく権利擁護	17	支援で発見！	支援者が支援している中で，子どもについて何か発見すること	4
	11	支援者だって嬉しい・楽しい	支援者が子どもへの支援でプラスの感情をもつこと	5
	12	ありがたいという気持ち	支援者自身が支援においてありがたさを感じること	8
	15	できたらいいな	支援者が今後，できたらいいなと思っていること	18

出所：インタビュー調査結果より筆者作成。

子供会含む)，ボランティア，学生，企業などが含まれる。また，概念 No. 7, No. 18の「連携」の相手は，福祉・教育・就労等の支援者などを指している。

2）カテゴリーのうごき

ストーリーラインは，以下の通りである。カテゴリーを【　】，概念を［　］,

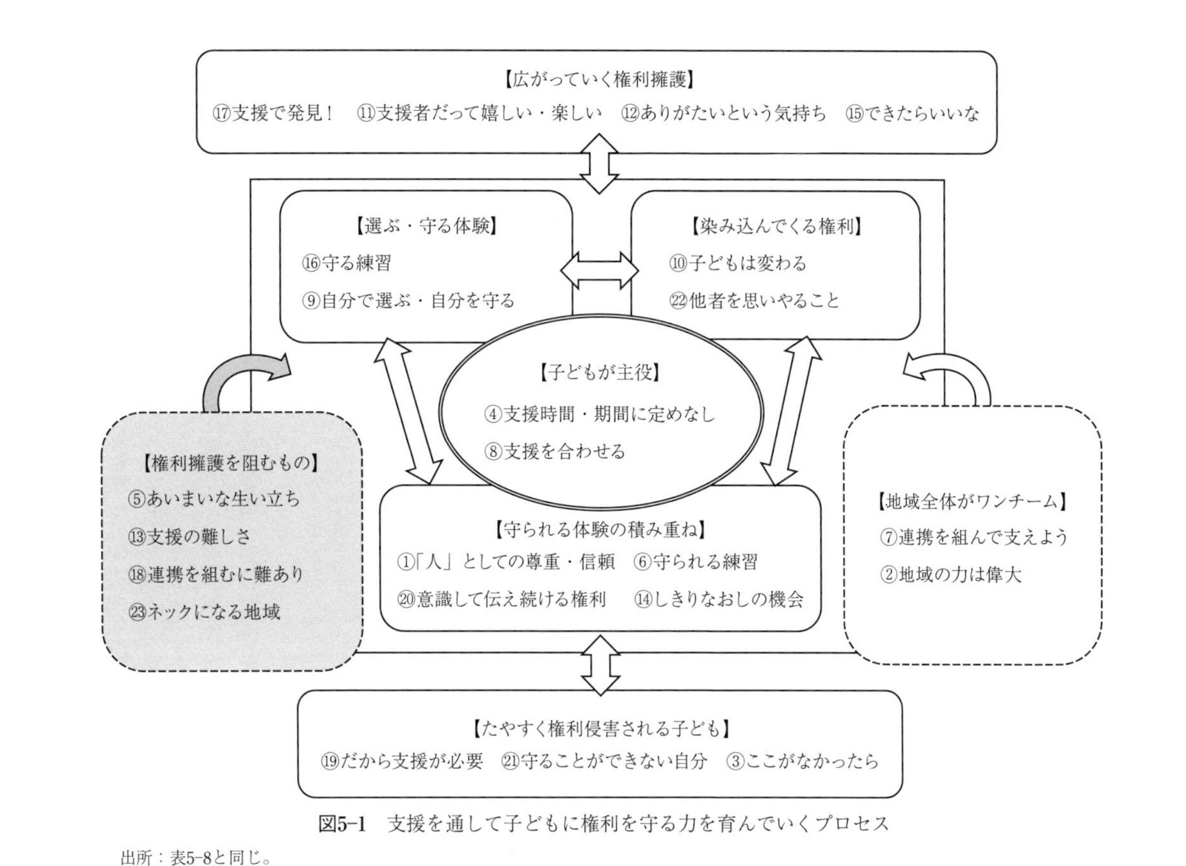

図5-1　支援を通して子どもに権利を守る力を育んでいくプロセス

出所：表5-8と同じ。

定義を《　》，具体例を“　”内に示している。

社会的養護を必要とする子どもの多くは【たやすく権利侵害される子ども】である。何らかの権利侵害を家庭等において受けた体験があり，その権利は支援中でも侵害される可能性がある。支え手がないと，権利侵害に対処することは困難であることも多い。

日々の支援は，【子どもが主役】であるという意識を核にして行われる。守られる体験の乏しかった子どもが【守られる体験の積み重ね】を体験することで，子どもは自分の思いを伝え，選び，適切な人にSOSを出すなど，自他を守るために必要な【選ぶ・守る体験】を重ねることができる。この体験を通して，子どもに【染み込んでくる権利】，つまり，子どもに権利意識が内面化され，自ら他者を思いやる気持ちや言動があらわれてくる。これらは段階的ではあるものの，並行したり行ったり来たりしたりしながら体得されていく。

【権利擁護を阻むもの】によって支援の展開が困難となる場合もあるが，支援を【地域全体がワンチーム】で行うことで，子どもへの権利の育みが目指されている。

子どもが体験した権利擁護および権利を守る体験は，一人ひとりの子どもにとどまらず，【広がっていく権利擁護】の輪をつくる元ともなる。他者を思いやり，他者の権利を守ろうとする子どもの思いや行為が，支援者や社会的養護を必要とする後輩・仲間などへもつながっていくという広がりをみせる。

3）各カテゴリーを構成している概念の関係

生成された各カテゴリーを構成している概念の関係は，以下のようになっている。なお，インタビュー対象者の各会話の末尾に記されている番号は，「発言者番号－その発言者の会話の通し番号」である。

【たやすく権利侵害される子ども】

このカテゴリーは，《社会的養護を必要とする子どもの権利侵害のされやすさ》を構成する概念から成り立っている。子どもの多くは，支援を受ける状況に至る前に，何らかの権利侵害を受けており，⑲［だから支援が必要］な状況にあった（以下，○内の数字は表5-8に示した概念 No. を指す）。子どもが一人で権利侵害に気づき，立ち向かうのは困難であり，㉑［守ることができない自分］の状況にある。子どもに③［ここがなかったら］，その権利は侵害され続けることとなる。

権利侵害は，気づきにくいもの，口止めをされるもの，SOS を発しにくいものである場合が多い。家庭だけではなく，社会的養護などにおいても起きる場合がある。支援が必要にもかかわらず，支援につながらない場合もある。これを⑲［だから支援が必要］と概念化し，《支援者が子どもに支援が必要だと考えていること》と定義した。具体的発言は以下の通りである。

> “最近ちょっと多いかなと感じているのが，児童養護施設での関係不調。施設とうまくいかなくなって，高校もやめてしまって，ちょっと置いておけないっていう子が”（1-70）
> “急にここに来て。女の子2人で。…（中略）…家を追い出されて行くとこないけど，区役所行っても，あちらこちらへ行っても，そんなすぐ対応できないってことだったので，こっちへ来た”（2-44）

権利侵害を受け続けてきた子どもが，自分だけで自分を守ることは困難である。これを㉑［守ることができない自分］と概念化し，《支援者が，子どもが自分を守ることができていないと感じること》と定義した。具体的発言は以下の通りである。

> “生存権を親が保障してくれてるっていうのはたぶん理解していて，…（中略）…やっぱり一方で，それ以外の権利が侵害されていても仕方ないと思ってるんですよね”（3-195）
> “（自分を）守れない。大事にしないからね。そう，誘惑に負けて，女の子だったら，性風俗に行っちゃったりとか”（2-301）

子どもには，支援者以外に支え手がいない場合も少なくない。社会的養護は子どもにとって，最後の砦としての役割・機能をもっている。これを③[ここがなかったら］と概念化し，《支援者が子どもに支援がなかったらと考えていること》と定義した。具体的発言は以下の通りである。

“ほんとに，（高等学校中途退学の子どもにとってはここが最後の）受け入れ先になっているところは，だいぶあるかなと最近思います”（1-102）
“（ここが）なくなったら（子どもには）もう，学校しかなくなっちゃうわけなんですね”（3-52）

【子どもが主役】

このカテゴリーは，《社会的養護を必要とする子どもに応じて，支援を合わせること》からなる。実際問題として，社会的養護の支援期間には支援や子どもの状況によって限りがあるが，支援の場を離れた後については，④[支援時間・期間に定めなし］と，支援者が厳密に年限を定めていないことが少なくない。既存の支援に子どもを当てはめるのではなく，⑧［支援を合わせる］よう，工夫もなされている。

支援の時間や期間は，本来一律に決められるものではない。子どものニーズに応じて柔軟な対応が必要だからである。これを④［支援時間・期間に定めなし］として概念化し，《支援者が一人ひとりの子どもに必要な支援の時間・期間で支援をしていること》と定義した。具体的発言は以下の通りである。

“2～3日前にもあったけど，（漫画喫茶で財布を取られて出られず）夜の4時くらいにメールがあって。「○○さん，今日ヒマ？」って（笑）。…（中略）…必要があれば夜でも朝でも対応はしますけど（笑）”（2-187）
“高校を卒業して出た子以外にも，中退した子もそうですし，中学校の途中で家庭引き取りになった子も，何かあったらすぐ連絡ちょうだいねっていう話はしてるんです。…（中略）…ここまで自転車で夜中に来た子（家庭復帰した子ども）もいて”（5-303）

支援内容も，支援者側がそれぞれの子どもに応じてつくりあげたり，既存の支援を修正したりという工夫が重ねられている。これを⑧［支援を合わせる］として概念化し，《支援者が一人ひとりの子どもに合わせた支援を提供していること》と定義した。具体的発言は以下の通りである。

“（支援は）なんでもあり。なんでもあり！（笑）”（2-86）
“そう（ご近所の人が子どもに不適切に介入しないように）していってあげないとね。でないと，結局利用したい子がいたって，利用できないもんね”（4-72）

【守られる体験の積み重ね】

このカテゴリーは，《社会的養護を必要とする子どもが日々の支援の中で，守られる体験を積み重ねること》からなる。その前提として，支援者は子ども自身に対し，①［「人」としての尊重・信頼］をしている。子どもが⑥［守られる練習］を意図的に積み重ね，⑳［意識して伝え続ける権利］の実践をしている。子どもは順風満帆に巣立っていくばかりではない。このような場合，⑭［しきりなおしの機会］において，守られていると感じることのできる体験を重ねている。

支援者は子ども自身の力を認め，信じる姿勢で支援を行っている。これを①［「人」としての尊重・信頼］として概念化し，《支援者が子どもを被支援者ではなくひとりの人として認め，信頼すること》と定義した。具体的発言は以下の通りである。

“（措置解除された子どもから，措置中の子どもへの話の中で）ときどき，「ああそうか！」（支援者側が気づかされる）っていうのがある”（2-57）
“準備をする子はその何時間か前に事務所の鍵を開けて，しかもその鍵をもってるのも中高生メンバー（笑）”（3-48）

守られる体験が乏しく，権利侵害のある養育環境を普通であると認識していることが多い子どもが，守られていると実感することができる体験を積み重ねることができるよう，支援者は生活の中の些細に見える事柄も，支援として意図的に活用している。これを⑥［守られる練習］として概念化し，《支援者が日々の支援で，子どもが守られる体験を意図的に積み重ねていること》と定義した。具体的発言は以下の通りである。

> “そういう経験（一緒に何かをする，お願いされるといった経験など）を増やすのも大事かなって思っていて。自分が役に立つであったりとか，何かをして達成感を得るであったりとか…。基本的に自己肯定感低い子ばっかりなので”（1-182）
> “必ずやっぱりひとりずつに時間とって声かけようって。…（中略）…本当に日常の時間を大事にしている”（5-250）

守られることが，子どもにとって普通のこと・必要なことであるということは，一人ひとりの子どもに理解できる形で，意識的に伝えなければならない。これは，権利侵害を受けた時に，間違っていることだと明確に理解するために必要なことである。これを⑳［意識して伝え続ける権利］として概念化し，《支援者が子どもに意図的に権利を伝えようとし続けていること》と定義した。具体的発言は以下の通りである。

> “これ（子どもが生活していくために必要なことを具体的に書かれている，支援者の作成した冊子）は本人に渡すので，これ開きながら，…（中略）…その意味も説明しながら”（2-251）
> “みんな集めて「権利ってこういうものだ」よって，本渡して，「あなたは守られます」とか，そういった杓子定規な話をしたところで，本人たちもわからないですし，その現場に，場面に出くわすからこそ学ぶことだと，僕は思っているので”（5-155）

支援の中で，子どもが将来を考え，選択することができればよいが，支援から離れるまでにそれが叶うとは限らない。よくわからないままに選択をした，選択肢自体が与えられなかった，考えて選んだつもりが実際は想像と異なっていたなど，子どもが選んだ・選ばざるを得なかったことが，うまくいかない場合もある。しかし，人生にはうまくいかないことや失敗はつきものである。そういった機会にこそ，子どもの人生に伴走し，一人ひとりの状況に合わせて人生をしきりなおす支援が求められる。これを⑭［しきりなおしの機会］として概念化し，《支援者が子どもに人生のしきりなおしの機会を提供すること》と定義した。具体的発言は以下の通りである。

“ここ（自立援助ホーム）だと集団生活になってしまうのと，やっぱり基本的には20歳までというところがあるので，（ステップハウスは）20歳以上の子たちの居場所であったり（だからステップハウスに移動してやり直すことができるようにした）”（1-148）
“（仕事がうまくいかずに辞めた子どもへの支援としては）あちら（ハローワーク）は，手続きがしっかりしているでしょう？　行って，見て，自分で意思表示しないといけないでしょう？「行きたい」って。…（中略）…そういうのを体験させなければいけないので，なるべくハローワークに直接連れて行って”（2-135）

【選ぶ・守る体験】

このカテゴリーは，《社会的養護を必要とする子どもが，自分で選び，自分を守る体験をすること》で構成されている。子どもが支援で守られ，権利を伝えられ，しきりなおすことができるといった体験を重ねることを通して，権利を行使することができる力を育んでいる。自分や他者を⑯［守る練習］を支援の中で繰り返し，⑨［自分で選ぶ・自分を守る］ことができるよう導いている。

守られた体験が乏しい子どもは，意図的に守られ，自他を守る体験を重ねていく必要がある。それには支援者をはじめとする多くの人々の支えや協力，子どもが主体的に取り組むことができる環境が必要である。子どもが他者や他者のしてくれたことを意識できることも重要である。これを⑯［守る練習］として概念化し，《支援者が，子どもが自他を守ることができる体験を意図的に積み重ねていること》と定義した。具体的発言は以下の通りである。

“施設を出た子が社会貢献するために，積極的にこれから出る子どもたちのためにしゃべった方がいいよねということで，主体を変えたの。しゃべる人が主体。…（中略）…謝金もちゃんと，きちっと払う”（2-51）
“なんか困ったことがあったら，隣のおばあさんを背負って避難場所に行くんだよとか，声かけを子どもにしてるというか，できる関係なんだなって思って”（4-55）

自他を守る練習を重ねることを通して，子どもは自分自身で選び，自分を守る力を身に付けていく。これを⑨［自分で選ぶ・自分を守る］として概念化し，《支援者が，子どもが権利の行使をしている，自分を守っていると考えていること》と定義した。具体的発言は以下の通りである。

“施設経験の長い子は，自分が快適に暮らせるようにということだったりとか，自分のしたいことの主張を，比較的できる子が多いかなって思います。…（中略）…施設でも小さいことから子どもの意見を言えるようにしているという取り組みが，こういうところであらわれるんだって”（1-167）
“会話をしていって，日常生活が変わったり，人間関係が変わっていけば，本人で解決できる力がついてくるんですよね。…（中略）…（親とも）距離取れるようになるんですよね”（3-189）

【染み込んでくる権利】

このカテゴリーは，《社会的養護を必要とする子どもが守られ，自他を守る体験を積み重ねることを通して，権利が子ども自身の頭と心に根付き，自ら他者を思いやる気持ち，他者の権利を守る行いが生まれること》からなる。子どもが守られ，守る体験の積み重ねをする支援を通して，子どもが頭と心に染みこむように権利を理解できるようになると，⑩［子どもは変わる］。そして，自ら㉒［他者を思いやること］ができたり，他者の権利を守ったりすることができるようになることが目指されている。

日々の支援を通して子どもが変わっていく姿を，⑩［子どもは変わる］として概念化し，《支援者の支援によって子どもが変わっていくこと》と定義した。具体的発言は以下の通りである。

> “ほんとに何も決められなくて，人に聞くこともちょっと自信がない子がいたんですけど，…（中略）…最近大きい決断を自分でできたので，それは自分から言わなかったので，「あれどうなったの？」って聞いたら，「こうしてこうしてこうしたんだ」って。めっちゃ褒めてあげました！（笑）”（1-253）
> “「ありがとな。すごいよね，自分（のこと）だけじゃなくて」という，褒める声かけも当然しています。声をかけていくのは普通ではあるんですけど，褒められることによって，成果が出るんですよね”（5-270）

子どもには人としての権利がある。それは社会的養護ニーズの有無を問わず，すべての人に共通することである。このため，子どもが権利侵害を受けた過去を超えて，他者の権利をも尊重することができる大人となるよう，支援が続けられている。これを㉒［他者を思いやること］として概念化し，《支援者が，子どもが他者を思いやる，他者の権利を守ることについて考えていること》と定義した。具体的発言は以下の通りである。

> “他のメンバーとか僕ら大人が，どんな問題に向き合っているのか，何を課題としているのか，何に僕たちが苦しんでいるのかっていうのを，子どもたちは見ているので”（3-199）
> “みんなの（靴）もそろえるようになってくるんですね。ちっちゃい子の分も。それもすごい成果だと思います。机のことも，自分（の机）だけじゃなくて机全体を拭く子も出てくるんですね”（5-268）

【権利擁護を阻むもの】

このカテゴリーは，《社会的養護を必要とする子どもの権利擁護を目指す支援において，それを阻むもの》によって構成されている。子どもは，⑤［あいまいな生い立ち］しか知らないことが少なくはなく，様々な⑬［支援の難しさ］もある。支援は単独で行うものではなく，一人ひとりの子どもに応じた連携が重要であるが，支援者間であっても⑱［連携を組むに難あり］という状況が存在する。子どもを取り巻く地域自体が，㉓［ネックになる地域］であることもある。

支援者は，権利侵害を受けていたという事実を含めて，子どもに将来を見据えた支援を提供しようとしている。子どもが育ってきた環境とその影響を踏まえた支援と，子どもにも余裕をもって生い立ち理解を促すことが重要である。しかし，子どもの生い立ちについて，支援者もが正確な情報を得られない状況が少なからずある。これを⑤［あいまいな生い立ち］として概念化し，《支援者が子どもの生い立ちの整理について考えていること》と定義した。具体的発言は以下の通りである。

“本人自体がでしょ？　あんまり（生い立ちを）理解してないね”（2-210）
“（生い立ちについての情報は）まったくですね。分からないので。…（中略）…今の高校生，卒業していった高校生もなかなか（整理が）できずに終わってるのかなあって”（5-128）

支援では，様々な難しさを感じることも出てくる。これを⑬［支援の難しさ］として概念化し，《支援者が子どもへの支援において難しさを感じていること》と定義した。具体的発言は以下の通りである。

“やっぱりリアルな現実での関係性が築ける子どもが，ほんとに少ないと思っていて…（中略）…ネット上に関係を求めたりとか，軽〜いなんでもない言葉をかける人にフラフラついていっちゃったりとか，ネットと同じように「もういいや」って思ったらすぐ関係を切っちゃったりする子とか”（1-281）
“なるべくそれ（子どもの選択肢を狭めること）をしないけど，選択肢がたくさんあるわけじゃないので，もともと不本意かもしれないよね。子どもはね。18歳以下で一人暮らしを始めて，住むところも（仕事も）一緒に（探してほしいってなっても），ほどほどの（条件の）ところって，ない”（2-295）

支援の難しさがありながらも，一人ひとりのニーズに応じた支援を，連携してつくりあげなければならない。しかし，それはたやすいことではない。これを⑱［連携を組むに難あり］として概念化し，《支援者が支援において連携を組むことの難しさや社会資源とのミスマッチを感じていること》と定義した。具体的発言は以下の通りである。

“社会が守りなさいって言われている存在を，例えば，高校1年生で中退したら出ていきなさいって言うわけでしょ？　それは守るべき存在の施設があって，守られるべき子どもがいるのに，職場放棄になっちゃってるじゃん？…（中略）…僕たちはあんまり強く言えない立場。行政でもないし，権限もないし，だからそれいつも苦い思いをしますけどね”（2-264）
“（協議会があっても）形だけになってる。…（中略）…インフォーマルな団体への配慮がおそらくぜんぜんなくて，そこの人たちのことをたぶん尊重もしてないし，「なんで行政に歩み寄ってこないんだ」みたいな態度を取られてる雰囲気がすごくあったんで”（3-75）

社会的養護に関連する機関，施設，団体等であっても，連携を組むことが難しい状況があるが，それ以外でも同じことが起こる。これを㉓［ネックになる地域］として概念化し，《支援の場の立地条件・地域の資源や理解の不足や偏見による介入が支援の妨げになること》と定義した。具体的発言は以下の通りである。

“いびつ。社会との交わりがね。不自然。なんか正常な関係性じゃないなって思ったりするところはあるし，これはボランティア側も，それだけの責任があることなんだって意味をもってやってもらえたら。自己実現のためにとかじゃなくて”（2-346）
“「まだちょっと未熟だもんで，一緒にやらなきゃいけないから」って隣のおばさんに言うんですけれど，「でもやっぱり教えなきゃいけないんじゃないか」とか，いろいろこう，育児じゃないけどね，養育に対して，いろいろ介入されてくるとか”（4-33）

【地域全体がワンチーム】

このカテゴリーは，《社会的養護を必要とする子どもを支える，地域の様々な支え手》によって成り立っている。社会的養護に関係する多様な支え手で，⑦［連携を組んで支えよう］としている。子どもは，社会的養護の中で生涯を終えるのではなく，支援を受けている時から地域で生活する一員であり，地域を支える一員として育っていく存在でもある。子どもを支える②［地域の力は偉大］であり，地域との連携による支援の展開が求められる。

支援者は，所属先内の連携はもちろん，関係する施設，機関，事業，団体の支援者のほか，社会的養護の支援を過去に受けた子どもなどとも，連携して支援を提供しようとしている。これを⑦［連携を組んで支えよう］として概念化し，《支援者が支援において連携の良さを生かしていること》と定義した。具体的発言は以下の通りである。

"学校で（ここの支援を）紹介してくれるってほとんどなくって，保健室の先生がなぜか紹介してくれますね"（3-160）
"（行方不明の子は）施設の人（支援者）たちのことは，たぶんシャットアウトしていると思うので，卒園生であったりとかの情報もいただいたりして"（5-301）

支援は，立地条件に左右されることもある。また，子どもの担当者やその所属先で完結するのではなく，地域のインフォーマルな資源とも連携し合って行われる。これを②［地域の力は偉大］として概念化し，《支援の場の立地条件や地域の理解・協力が，支援の量や質を高めること》と定義した。具体的発言は以下の通りである。

"隣のおばあさんが80いくつなんですけどすごいお元気で，頭もしっかりしていらっしゃるし，良くしてくださるんですよ。良くっていうのは，いらんことをしない"（4-48）
"（地域とは子供会などと）ウィンウィンの関係を築きつつあるというふうに思ってます"（5-63）

【広がっていく権利擁護】

このカテゴリーは，《権利擁護は子どもから，社会的養護を必要とする後輩や支援者，地域の人々など多くの人に発展していくこと》によって構成されている。支援の過程で，支援者が予想していなかったことが⑰［支援で発見！］されることがある。また，支援者も⑪［支援者だって嬉しい・楽しい］

気持ちになることもある。支援者が支援において，⑫［ありがたいという気持ち］を抱いたり，社会的養護について今後，⑮［できたらいいな］という思いを抱いたりすることもあるなど，子どもに権利を守る力を身に付けるための実践は，現在支援している子どもにとどまらず，多くの人や，これからの実践に，よい波及効果を生み出しうる。

支援者は，子どもの長所や，関わりのコツをつかむ瞬間に恵まれることがある。これを⑰［支援で発見！］として概念化し，《支援者が支援している中で，子どもについて何か発見すること》と定義した。具体的発言は以下の通りである。

> “お願いをすると，新たな発見とかがあったりして，意外と手先が器用とか，盛り付けのセンスがいいとか。でもそれは本人には当たり前のことだったりするので，「それはすごいことだよ」っていう，本人の新しい面を第三者が認識させるっていう機会でもある”（1-188）
> “「一緒に食べよう」って，500円くらいのラーメンおごってあげると，懐くんですよ。懐くって言い方は正しくないけど。なんかことがスムーズにいくとか。食べることって，一緒に何かをすることって，幸せなことをするって大事なんだなあって”（4-104）

支援者は，子どもの反応から，プラスの感情を抱くこともある。これを⑪［支援者だって嬉しい・楽しい］として概念化し，《支援者が子どもへの支援でプラスの感情をもつこと》と定義した。具体的発言は以下の通りである。

> “自分自身もなんですかね。なんかこう話していると，やっぱり楽しいというか嬉しくなる瞬間があるので，自分も何か与えられているんだなあっていう感覚はあります”（3-216）
> “私がちょっと気をまわすことで，彼らは幸せになれるって，これはいいじゃんって。とってもいい仕事だなって思って”（4-329）

支援の中で，支援者は様々なことへのありがたいという気持ちを抱いている。これを⑫［ありがたいという気持ち］として概念化し，《支援者自身が支援においてありがたさを感じること》と定義した。具体的発言は以下の通りである。

> “○○先生のときはお金（に関する支援）ね，私のときは生活（に関する支援）ねっていう，そういうメリハリができていて，ありがたいです”（4-85）
> “地域の方が当然○○（施設名）の子っていうふうに関心をもっていただけるのが，一番子どもたちにとってありがたいなと思ってます”（5-61）

支援者は，子どもからの発見や，支援における感謝の気持ちなどを通して，今後の社会的養護への願いを抱いてもいる。これを⑮［できたらいいな］として概念化し，《支援者が今後，できたらいいなと思っていること》と定義した。具体的発言は以下の通りである。

> “卒寮生と今の入居児童とを，うまくつなげたいといいますか。…（中略）…，すごく頑張ってる卒寮生，たくさんいるので，そういう子たちのよい影響を受けてもらえたら嬉しいなって”（1-307）
> “小学生のうちからいろんなことを経験させたいので，予算をそこにまわしていただけないかな”（5-322）

（3）インタビュー調査結果の考察

インタビュー調査結果を通して明らかになったことは，以下の5点である。

1）子どもに権利を守る力を育んでいくプロセス

支援を通して，子どもに権利を守る力を育んでいくには，前述の図5-1のような一連のプロセスがある。このプロセスは，守られていなかった権利が，支援によって守られることから始まる。権利侵害が行われていることを理解できなかった，拒絶できなかったなどの状況にあった子どもが，まず守られる体験を重ねられるようにしている。守られる自分，守られる生活が当たり前なのだということを体験することを通して，子どもは自分が守られていること，子どもは守られなければならないのだということ，自分も守られて当然であり守られてよいのだということを感じていく。守られる環境の中で，子どもは自分の気持ちや意見を聴いてもらう体験，恐れずに言う体験，自分が何かを選ぶ体験をもつなど，自分の権利を守る練習を重ねられるよう支援される。こういった体験を通して，他者への感謝の気持ちや思いやりの気持ち，つまり，他者の権利も尊重する力をもつに至る子どももあらわれる。

このプロセスは，一方向に進んでいくとは限らず，多くは行ったり来たりしながら段階的に進んでいくものでもあった。子どもが，プロセス上をどの程度行ったり来たりを繰り返すか，どの程度まで権利を守る力を育んでいくことができるかには，個別性がある。このため，SNS を通していつでも SOS を発信できるようにするなど，時間や期間を問わない支援が，子どもが必要とする期間続けられていた。

2）支援者の意図的な支援

このプロセスにおいて，支援者の意図的な支援が，子どもに権利を守る力を育んでいる。支援者は子どもに権利を守る力を育んでいくため，子どもが守られる体験や権利について伝えられる体験と，子どもが自分を守るための練習の体験を意図的に積み重ねている。例えば，子どもが好きなお菓子や歯磨き粉など，日常生活の小さなことから選ぶ体験をすること，喧嘩の際に双方の言い分や気持ちが聴かれ，尊重されることなど，一見，子どもの生活の中の些細な事柄に見えることを，支援として意図的に活用し繰り返している。そして，子どもが自分を守るための練習の体験は，うまくいくことを目標とはしていない。うまくいかないことを，共にしきりなおすことによって修正できたり，対処できたりする体験を積み重ねることを大切にしている。これは，子どもが困った時，選択を間違えた時など，うまくいかない状況においても，SOS を出してよいのだと考えられるようにするため，そして，実際に，必要な時に，適切な人や場に SOS を出すことができる力を育んでいくためである。

権利を守る力が育まれていくプロセス上を，行ったり来たりすることを繰り返す子どもに，支援者はあえて自分の権利への気づきを促す言葉をかけ続けるとともに，自分の行動からも権利をいかに守るかについて示すようにしていた。その際，子どもが伝えられたことを消化する時間的余裕と，伴走者がいることが重要である。子どもを既存の支援にあてはめないことも重要であり，子ども自身が選ぶことができる選択肢を複数用意し，適切な選択肢がない場合は開拓していくことも，意図的に行われていた。

3）意図的に権利を伝える支援への意識

意図的に子どもに権利を伝える支援を重ねることが，子どもに自分の権利を守る力を育んでいくことにつながっているという実感を，支援者はもっている。支援を通して，子どもの心に他者への思いやりや，尊重の気持ちが生まれ，それによって他者を思いやる行動にもつながりうることも支援者は実感しており，その行動の瞬間を逃さずに評価することの有効性と，その重要性を認識しながら実践を続けていることも明らかであった。

4）プロセスの進行を促進するもの・阻むものの存在

支援を通して子どもに権利を守る力を育んでいくプロセスには，その進行を促進するものと阻むものの両方があることを，支援者は意識して支援を行っている。権利擁護のプロセスを阻むものとしては，支援自体の難しさのほか，あいまいな生い立ちの理解や，連携の難しさがあった。生い立ちの理解の重要性を感じながらも，支援者がそれを知る術がない状況にあることも珍しいことではなかった。子どもにとって重要な情報を，専門職が伝える術をもたないという状況は，子どもの権利を守っているとはいえない状況であり，支援に携わる支援者のことも守っているとはいえない。

支援者は，プロセスの進行を促進するため，所属する施設や事業内だけではなく，地域の様々な支え手との連携や，有効な支援や制度などを増やす努力を重ねてもいた。学校や子どものアルバイト先，職場，近隣に住む人々などを常に念頭に置き，あえて学校や地域の活動に積極的に参加するなど，社会的養護の普及に日頃から努めていた。学校，アルバイト先，地域住民など，支援者以外の人々による理解と支えは子どもに有効であり，子どもは生涯地域の一員として共に暮らしていく存在でもあるからである。また，連携において，例えば地域のボランティアによる子ども主体ではない支援についての疑問をもち，その修正を図ることなども意識的に行っていた。

このように，子どもに権利を守る力を育んでいくプロセスの進行を阻むものから子どもを守り，促進するものを増やす取り組みが積極的に行われている。

５）子どもに育まれた権利を守る力の波及

子どもに育まれた権利を守る力は，支援者や，現在社会的養護にある子ども，地域住民など，子どもを取り巻く多くの他者を守ることへ波及していく可能性がある。子ども自身の言動や，子どもへの支援を通して，支援を提供する側である支援者自身が支えられる体験も重ねていた。子どもは，支えられるだけの存在ではなく，他者を支える力を秘めた存在でもある。

（４）本研究の実践への応用可能性と限界・課題

本研究のインタビュー調査では，支援者が日々の生活支援の中で，子どもが権利を守る力を身に付けるために意図的な支援を展開していることを明らかにするとともに，支援によって子どもに権利を守る力を育んでいくプロセスと，権利を守る力が子どもに関わる人々へ波及していく可能性を見出したことに独自性があると考えられる。本研究は，支援者側からの検討であったため，支援者の支援における意図と，子どもの受け止めがどのように合致するのかについても精査していくことが必要である。また，本研究では，子どもに権利を守る力を育んでいくプロセスの可視化により，支援の効果は後になって明らかになる場合も少なくないことを含め，支援者の行う日々の支援の意義を明らかにすることで，今後の実践の展開に応用可能な理論をつくる足掛かりになると考えている。

しかし，支援者や支援の場によって，権利に関する意識，支援の意図などに格差が存在することも事実である。今後は，対象者をさらに広げて検討を続けることにより，支援者や支援の場による違いを含めた研究も必要である。

3　子どもに権利を守る力を育んでいく支援の課題

（1）分析結果による課題

支援者へのアンケート調査およびインタビュー調査による結果は，子どもに権利を守る力を育んでいく支援について，いくつかの課題を明らかにしている。ここでは，4つの課題に絞って考察する。

1）社会的養護を必要とする子どもの自立についての共通認識の必要性

支援者は，支援における様々な限界があるからこそ，自分で生活ができるようになることを急ぎがちになる。しかし，調査結果からは，自立にも自立支援にも，一人ひとりの子どもに応じた内容とペースがあること，措置中にできる支援には限界があっても措置解除後の期間を限らない支援につなげること，必要なときに，適切な人や場にSOSを出すことができる力を身に付けることが重要であるとの認識を，支援者がもっていることも明らかであった。措置中に伝えられる限り伝えることへの焦りもあるが，一人ひとりの子どもの力やペースに応じて子どもを守り，子どもが支えが必要な時に適切な人と場にSOSを出すことができることが自立を目指すための要件であるという共通認識を醸成していく必要がある。

2）一人ひとりの子どもに合わせる支援の必要性

既存の支援に子どもをあてはめるのではなく，支援を一人ひとりの子どもに合わせることが必要である。支援者は，支援において子どもの意見に耳を傾け，子ども自身の気づきを促す働きかけをするとともに，子どもが選ぶことができる選択肢を複数用意しようとしていた。必要とされる支援は，子どもによって異なるため，適切な支援がなければ開拓するなど，子どもに合わせた支援づくりの徹底が求められる。

３）日頃からの意図的支援の積み重ねの必要性

支援を通して子どもに権利を守る力を育んでいくには，一連のプロセスがあり，子どもがプロセス上を行ったり来たりしながらその力を身に付けていくには，日頃の意図的な支援の積み重ねがなくてはならないという共通意識が必要である。それを実感して支援を行っている支援者は，そのプロセスにおいて，子どもは自分だけではなく，他者の権利をも守る力を身に付けていく可能性があるという実感ももっていた。このプロセスを促進するために，地域の様々な支え手との連携や，有効な支援や制度を増やす努力も重ねていた。意図的な支援の積み重ねの必要性についての共通意識の醸成とともに，支援者間や地域内の社会資源等との互いの支援の理解によって，プロセスの進行を促進する支え手を日頃から意図的に増やしていく必要がある。

４）支援者を守る必要性

日頃の支援の効果を実感することよりも，支援の意図が伝わっているのかどうかと葛藤する方が多いのが，社会的養護を必要とする子どもへの支援である。このため，子どもに権利を守る力を育んでいくプロセスを可視化することによって，支援者が支援を振り返り，意図的な支援の意義を確認できるようにすることをはじめ，自立支援担当職員や生活支援を担当している支援者など，子どもを守る支援者も守る体制づくりをすることが必要である。

（2）本研究の実践への応用可能性と限界・課題

本研究では，施設等以外で子どもへの支援を行う支援者を含めた研究をすることができた。これにより，今後，同じ社会的養護ニーズのある子どもへの支援に携わる支援者の相互理解と連携につながりうると考えている。

しかし，こういった子どもへの支援を行う支援団体等には，本調査で対象に含めた就労支援事業，社会的養育ステップハウス事業，路上での声かけ活動によるアウトリーチを実施する団体などのほかにも様々なところがある。今後は生活困窮者や障がい者，搾取や暴力，犯罪等による被害者を支援する団体などの支援者へも，幅を広げて調査していくことが課題である。

付　記

本章の調査は，愛知淑徳大学2021年度特定課題研究助成（課題番号21TT20）を受け実施した。

注

(1) 山縣文治ほか（2015年5月-）『月刊福祉』「My Voice, My Life――社会的養護当事者の語り」における当事者インタビューでは，措置中・措置解除後の生活の中での特別視や偏見についての語りが度々出現する。

(2) 山縣文治ほか（2015年5月-）『月刊福祉』「My Voice, My Life――社会的養護当事者の語り」における当事者インタビューでは，地域で出会う人々との関わりのなかで子どもが守られることの重要性についての語りが度々出現する。

第６章　多職種連携と生活環境の変化を意識した取り組み
――支援する側の課題

本書は，一貫して子ども自身の語りを重視した。大人の推測によって子どもの思いを断じることは正確であるとは言えず，子ども自身の語りを尊重することこそが，子どもの権利に関する研究には不可欠であると考えたためである。

一方で，支援者の意図が，子どもによる支援の意図に対する気づきや，支援に対する望みと合致しているか否かを検証することも，子どもにとって最もよい支援をつくるために必要である。このため，本書では，子どもの権利を守り，子どもに権利を育んでいくプロセスについて，支援者という大人側の考えや意図も合わせて検討することで，子どもに権利を守る力を育んでいくために支援者が意図して行う支援と，それを受ける側である子どもによる権利を守る力の体得の，両側面から考察した。

子どもについては，措置中，措置解除後の生活が円滑に進んでいない子ども，また，障がいや学力などにより能力的に声を上げにくい子どもも含めた（第3章・第4章）。社会的養護の生活支援を必要としながらも施設等につながらなかった子ども，つまり声を拾うことすら困難な子どもの語りも含めている（第4章）。支援者についても同様に，これらの子どもを支援している支援者の語りを含めている（第5章）。

本章では，各章で明らかになったこと図6-1を踏まえ，研究全体の総括と限界，さらには今後の課題についてまとめることとする。

1　子どもと支援者の語りから分かったことは何か

（1）各章で明らかになったこと

支援を通して子どもに権利を守る力を育んでいく支援と，子どもによるその力の体得のために，日々，社会的養護では支援者による自立を目指した支援が積み重ねられている。

この力の育みと体得について論じるに先立って，第1章では，社会的養護

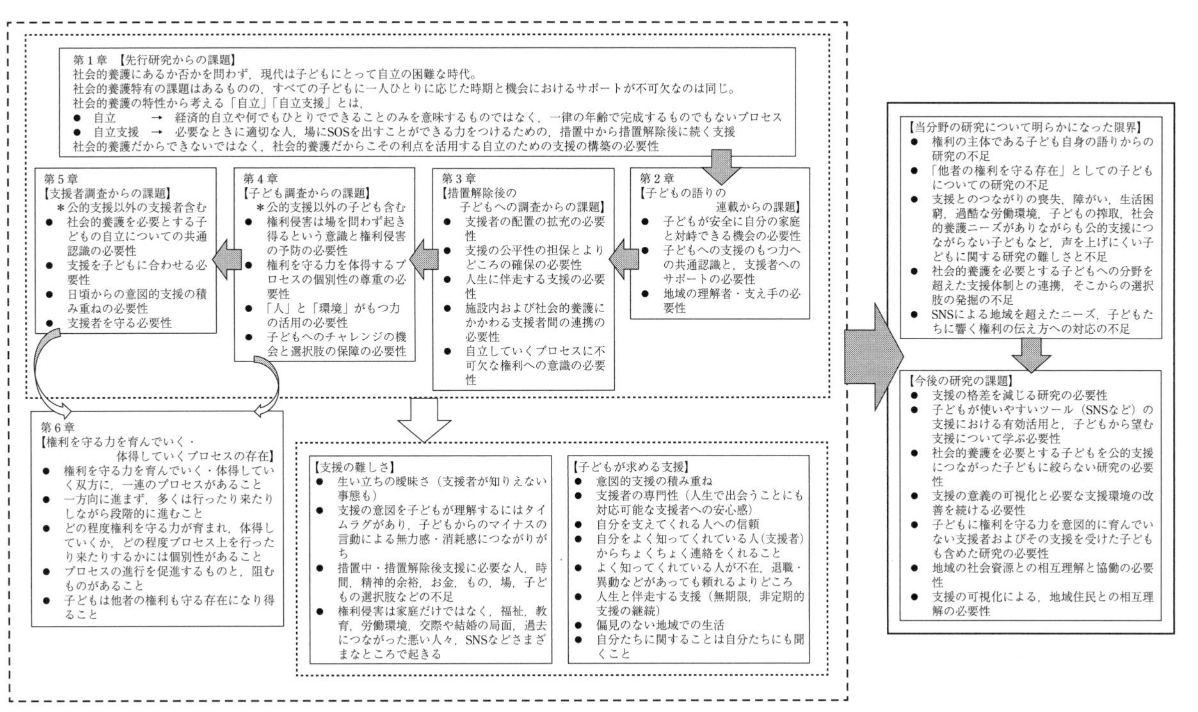

図6-1　本書で明らかになったこと

出所：筆者作成。

を必要とする子どもにとっての「自立」「自立支援」とは何かについて，先行研究を通して概観した。

社会的養護において「自立」は，その目標ともいえる重要なテーマとなっている。一方で「自立」は，社会的養護に限らずすべての人に共通する課題でもある。社会的養護の必要性の有無を問わず，現代の子どもにとって自立は，総じて困難なものとなっている上に，多様性があり簡単に獲得できるものではないことから，自立には，一人ひとりの子どもに応じた時期と期間，機会におけるサポートが不可欠であるという共通性もみられた。

社会的養護における自立については，①経済的自立のみを意味しないこと，②一定の年齢をもって完成するものではないこと，③自立はプロセスであること，の3点が明らかとなった。自立支援については，①主体は当事者である子ども自身であること，②支援者側は子どもの決断を待つ必要もあること，③自立支援は措置中の支援からすでに始まっているものであること，の3点が明らかとなった。このため，社会的養護における「自立」は，経済的自立や何でもひとりでできることのみを意味するものではなく，一定の年齢で完成するものでもないプロセスであること，また「自立支援」は，必要な時に，適切な人，場にSOSを出すことができるようにするための，措置中から措置解除後に続く支援であるといえる。また「自立」には，社会的養護だからこその特性はあるが，それを不利であると捉えるだけではなく，それが子どもにとって有益にはたらく支援の構築も必要である。

第2章では，実際に社会的養護の支援を受けた子どもによる自由な語りを通して，子どもの視点から見た社会的養護とその課題について概観した。全国社会福祉協議会（2015年5月-）『月刊福祉』に，「My Voice, My Life――社会的養護当事者の語り」として連載されている78名のインタビュー記事を，KH Coderで分析した。その結果，①「子ども側から向き合う過去」，②「守られなかった自分と子どもへのまなざし」，③「『行く』我が家とよそでの気づき」，④「子どもの語る権利擁護と権利侵害」の4つのサブグラフを見出した。分析を通して，①子どもが安全に過去や家庭と対峙できる機会の必要性，②子どもへの支援のもつ力への共通認識と支援者へのサポートの必要性，③地域の理解者・支え手の必要性，といった３つの課題が明らかとなった。

第３章では，第２章で概観した子どもの視点から見た社会的養護とその課題について，地域や対象を限定したアンケート調査結果による一次データからさらに考察を深めるとともに，インタビュー調査を通して，社会的養護施設等で支援を受けた子どもが自立していくプロセスについて検証した。アンケート調査の対象は，ここ数年で全児童養護施設と開設後年数の浅い１ホームを除いたすべての自立援助ホームに自立支援担当職員を配置するなど，措置中から措置解除後につながる支援に積極的に取り組んでいる名古屋市の社会的養護施設等から，調査実施前の５年間に措置解除された中学卒業年齢以上の235名の子どもである（家庭復帰した子どもは除く）。

アンケート調査を実施した上で，15名の子どもへのインタビュー調査を行い，修正版グラウンデッド・セオリー・アプローチ（M-GTA）により分析した。分析の結果，24の概念，およびそこから【人生の土台づくり】【戦う子ども】【踏み出す一歩】【自立に向かう生活づくり】【人と共に生きる子ども】【子どもの望むこれから】【応援団の存在】という７つのカテゴリーが生成された。この分析によって，社会的養護施設等から措置解除された子どもが自立していくプロセスが存在すること，および自立していくプロセスと「権利」は，切っても切ることのできない関係性にあることも明らかとなった。

アンケート調査とインタビュー調査による結果について，名古屋市の状況を踏まえて考察したところ，①支援者の配置を拡充する必要性，②支援の公平性の担保と拠り所の確保の必要性，③人生に伴走する支援の必要性，④施設内および社会的養護に関わる支援者間の連携の必要性，⑤自立していくプロセスに不可欠な権利への意識の必要性，といった５つの課題が明らかとなった。

第４章・第５章では，第３章までの考察を踏まえ，本書全体の目的である，支援を通して子どもに権利を守る力を育んでいくプロセスと，支援を通して子どもが権利を守る力を体得していくプロセスについて検証した。

第4章では，支援を通して子どもが権利を守る力を体得していくプロセスについて，子どもへのインタビュー調査結果の，M-GTAによる分析から検証した。第3章の課題の一つであった社会的養護の生活支援が必要であるにもかかわらず，何らかの理由で施設等につながらなかった子どもの語りも含めたインタビュー調査を実施した。

分析の結果，30の概念，およびそこから【子どもには防ぎようがない】【侵害するのも「人」，守り育むのも「人」】【自分で挑戦してみよう！】【決めるのは自分】【権利侵害は社会的養護と無縁ではない】【守り守られることが叶わないときも】【他者と歩み始める子ども】【自分の未来を歩みだす子ども】【チャレンジは何度でも】という9つのカテゴリーが生成された。この分析によって，支援を通して子どもが権利を守る力を体得していくプロセスの存在も明らかとなった。インタビュー調査を通して，①権利侵害は場を問わず起きうるという意識と権利侵害の予防の必要性，②権利を守る力を体得していくプロセスにおける個別性の尊重の必要性，③「人」と「環境」がもつ力の活用の必要性，④子どもへのチャレンジの機会と選択肢の保障の必要性，といった4つの課題が明らかとなった。

第5章では，社会的養護における子どもの権利の概念について先行研究から整理した上で，日々の支援を通して子どもに権利を守る力を育んでいくプロセスについて，支援者へのアンケート調査結果とインタビュー調査結果によって検証した。先行研究からは，社会的養護における子どもの権利を考える際，「子どもの受動的権利」や意見表明権や参加権を中心とする「子どもの能動的権利」を論じているものは多いものの，「子どもが守る他者の権利」について触れられているものは見当たらず，子どもが権利を守られ，自分の権利を守る存在であるとともに，他者の権利を守る存在でもあるということへの意識，また，その力が子どもに備わりうるということへの認識が不足していることが，当分野の研究および実践の課題であることが明らかとなった。アンケート調査結果から，意図的に子どもに権利を守る力を育んでいる支援者に対して実施したインタビュー調査の結果は，M-GTAによる分析を行ったところ，23の概念およびそこから【たやすく権利侵害される子ども】【子どもが主役】【守られる体験の積み重ね】【選ぶ・守る体験】【染み込んでくる権利】【権利擁護を阻むもの】【地域全体がワンチーム】【広がっていく権利擁護】という8つのカテゴリーが生成された。この分析により，支援者の支援を通して子どもに権利を守る力を育んでいくプロセスの存在が明らかとなった。アンケート調査とインタビュー調査では，第3章の課題の一つであった社会的養護の生活支援を必要としながらも施設等につながらなかった子どもへの支援も含めるため，社会的養護ニーズに関わる支援団体等の支援者も対象とした。これらの調査結果の分析を通して，①社会的養護を必要とする子どもの自立についての共通認識の必要性，②一人ひとりの子どもに合わせる支援の必要性，③日頃からの意図的支援の積み重ねの必要性，④支援者を守る必要性，といった4つの課題が明らかとなった。

（2）本書で行った研究全体の総括

本書で行ってきた子どもと支援者の双方への調査結果の分析を通して，支援者の支援の意図と，それに対する子どもの受け止めは共通していることが明らかとなった。支援者が意図して積み重ねている支援は，特に，子どもが自立していくプロセス，子どもに権利を育んでいくプロセス，子どもが権利を守る力を体得していくプロセスを促進する要となっていることが明らかであった。

調査結果からは，子どもへの権利侵害をするのも「人」であるが，そこからのしきりなおしができるのもまた「人」に他ならないということも明らかであった。だからこそ，特に支援者へのサポートは急務である。子どもへ支援の意図が伝わるのにはタイムラグがあることが少なくないため，支援者が自身の支援の意義を可視化し共有できること，また，支援者が人的，時間的，精神的余裕をもって支援にあたることができるよう，支援者の配置の拡充と，役割を遂行していくことができる業務範囲の明確化をしていくことが不可欠である。

学校や職場等を含めた地域における権利侵害とは逆に，地域における権利擁護，つまり，地域の支え手の存在の必要性も明らかであった。地域において，社会的養護は決して身近なものであるとは言えない。周知のための対策は不足しており，その多くは，支援者等による学校行事や地域行事を通した自らの地道な働きかけによるものといっても過言ではない。このため，多くの人々にとって，今もなお社会的養護は自分には関係のないことであり，社会的養護ニーズを抱える子どもや家庭に対する特別視や偏見にもつながっている。しかし，調査結果からは，子どもたちが自立していくプロセス，権利を守る力を育み，体得していくプロセスにおいて，地域からの支えは大きな要素ともなっていることも明らかであった。社会的養護を必要とする子どもも地域で生きる一員である。社会的養護を必要とする事情や支援について可視化することを通して，地域における社会的養護への正しい理解と，地域の一員として支え合っていくことのできる対等な関係づくりに資することのできる実践と研究が必要である。

一方で，子どもへの調査結果によってのみ指摘されたことが一つある。それは，子どもへの権利侵害は場を問わず起きるということである。社会的養護につながった後も，子どもは家庭との交流や社会的養護での生活，学校や職場，地域の人との関わりなどにおいて，権利侵害の体験を少なからずしていた。これらは，社会や社会的養護による子どもへの権利侵害につながりかねない問題であり，徹底的に予防する必要のある重要な指摘である。

本研究を通して，支援によって，①子どもが自立していくプロセス，本研究の目的である②子どもに権利を守る力を育んでいくプロセスと③子どもが権利を守る力を体得していくプロセスの，３つのプロセスの存在がとその特性が明らかとなった。

自立していくプロセスにおいては,「権利」が切っても切ることができない関係性にあることが明らかとなった。また，その支援のプロセスにおいては，子どもの人生そのものに伴走して続けられる必要性があることも明らかとなった。その際に必要なのは,「自分のことをよく知ってくれている人」による自分が気にかけてもらえていると実感することのできる支援である。そして支援についても，子どもがどの支援につながるかによって格差が生じるのではなく，支援の量や種類，質などにある程度の公平性を担保することが急務である。支援の質の確保については，支援の量や種類を増やし，既存の支援に「子どもを合わせる」のではなく，一人ひとりの子どもに応じて「支援を合わせる（準備する）」ことが重要であることが明らかとなった。「よく知ってくれている人」の不在や退職，異動などがあってもつながり続けることのできるよりどころを確保していく必要もある。そのためには，例えば社会的養護の各施設内の連携はもちろんであるが，様々な社会的養護および社会的養護に関係する分野の施設，機関，事業，活動団体などとの子どもを交えた連携の継続を図っておく必要がある。

子どもに権利を守る力を育み，子どもが権利を守る力を体得していくプロセスについては，権利を守る力の育み・体得の双方に一連のプロセスがあり，そのプロセスにおける支援者の意図と子どもの受け止めには共通した流れがあるということが明らかとなった。このプロセスは，一方向に進むわけではなく，多くは行ったり来たりしながら段階的に進む。権利侵害を受けた経験のある子どもにとって，守られてこなかった権利への対応や，支援によって権利を守られる体験，支援によって権利を守る体験は，１回の支援で実感することができるものではなく，その積み重ねによって実感につながるものである。このため，何度伝えても響かないこともあれば，身に付いたかと思うと逆戻りすることもある。このように，行ったり来たりしながら育まれ，体得していく中で，子どもに権利を守る力が芽生えてくることが明らかであった。

どの程度権利を守る力を育んでいくことができるか体得していくことができるか，どの程度プロセス上を行ったり来たりするかについては，個別性があるということも明らかとなった。子どもの受けた権利侵害の多さや深さによる影響，子ども自身の能力，出会った人，受けた支援などによって，権利を守る力が育まれ体得していく程度や時期は様々である。双方のプロセスには，その進行を促進するものと阻むものがあるということも明らかとなった。

これらの進行を促進するものとしては，支援者の意図的支援の積み重ね，支援の意図への子どもの気づき，支援者間の連携，地域の支え手の力などがあげられる。一方で，プロセスの進行を阻むものとしては，生い立ちの曖昧さ，支援・連携の難しさ，地域の理解不足などがあげられる。そして，子どもは他者の権利も守る存在になりうるということが明らかとなった。これは，本研究において最も重要なポイントである。子どもは，その年齢や受けてきた権利侵害によって，「守られる」存在としての立場を強調されがちであるが，他者を「守る」力も秘めており，一人ひとりの子どもの状況や支援環境にもよるが，「守る」力を体得しうる存在である。

2　子どもの権利擁護と権利を守る力の体得のための課題

本書での研究を通して，先行研究も含め社会的養護における子どもの権利についての研究には，5つの課題があることが明らかとなった。

第1は，権利の主体である子ども自身の語りからの研究の不足である。本研究の子どもの語りによる分析から，大人の考えは子どもにとっては的外れである可能性があることが明らかとなっている。

第2は，「他者の権利を守る存在」としての子どもについての研究の不足である。前述のように，子どもは自分が守られ，自分を守るだけの存在ではない。

第３は，支援とのつながりの喪失，障がい，生活困窮，過酷な労働環境，子どもの搾取，社会的養護ニーズがありながらも支援につながらなかった子どもなど，声を上げにくい子どもに関する研究の難しさと不足である。本研究では，こういった子どもの語りから検証することを重視したが，こういった子どもへアクセスすること自体が困難なことも多く，本研究ではその突破口を開くことはできたものの，まだ十分とは言えない。

第４は，社会的養護を必要とする子どもへの，分野を超えた支援体制との連携，そこからの選択肢の発掘の不足である。子どもは，社会的養護に関わる支援以外のニーズを重複してもっていることも少なくない。社会的養護で丸抱えするのではなく，社会的養護が核となって，子どもにとって最も適切な支援を提供することのできる地域の社会資源と連携を図っていく必要がある。その中には，公的支援に入っていない支援団体による支援も含まれる。

第５は，SNS による支援を取り巻く環境の変化への対応の不足である。現代は SNS により，地域を超えたニーズの把握ができるようになっている。こういったニーズへの対応のため，地域間の連携による広域の支援が求められている。また，SNS の使用が当たり前である世代の子どもには，従来通りの権利の伝え方だけでは響かないこともあるからである。

最後に，本書を通して，今後の筆者の社会的養護における子どもの権利擁護と権利を守る力の体得に関する研究の課題として考えられることが６つある。

第１は，支援の格差を減じていく研究の必要性である。本研究では，名古屋市という自立支援担当職員の配置や，自立支援担当職員と関係機関，事業等との定期的会議による連携体制づくりなどが積極的に行われている地域を対象として検証をした。しかし全国的には，こういった取り組みがこれからの課題である自治体も多い。また，名古屋市内のみではなく全国規模で見ても，社会的養護における格差は存在している。子どもがどの社会的養護につながるか否かによって，支援の内容や質が大きく変わるということは，社会的養護における子どもへの権利侵害となりうる。支援の量および質の公平性を確保するための研究を進めていくことが課題である。

第2は，SNSなど子どもが使いやすいツールの支援における有効活用と，子どもが望む支援について子ども自身から学ぶ必要性である。大人が考える良かれと思うことは，子どもにとってはわかりにくい，的外れなものになっている可能性がある。このため，子ども自身から聴き，子ども自身の意見から教わり学ぶことは，今後の研究においても必須と言える。

第3は，社会的養護を必要とする子どもを，公的支援につながった子どもに絞らない研究の必要性である。社会的養護につながったか否かで，必要な支援が受けられるかどうかが決まる現状は，支援につながらなかった子どもへの権利擁護となっていないからである。支援につながらなかった理由を明らかにすることによって，必要な支援につなげられる体制づくりに寄与していく必要がある。

第4は，支援者が支援の意義を確認することができるよう，支援の意義の可視化と必要な支援環境の改善の必要性である。支援者の日々の支援には，専門性が不可欠である。しかし，専門性をもって意図的に展開している支援の成果が見られるまでには，長い時間がかかることも多い。本研究では，支援者の行う支援が，子どもが権利を守る力を体得していくことにどのようにつながっていくのかを明らかにするため，子どもに権利を守る力を意図的に育んでいる支援者と，その支援を受けた子どもを対象とした。今後は，その力を意図的に育んでいない，意図的に育む環境にない支援者も含めて検証し，社会的養護全体に共通して必要とされる支援の意義を，あえて可視化し共有できるようすることが重要である。それによって，共通して意図的支援の展開が可能になる環境づくりに貢献していく必要がある。

第5は，地域の社会資源との相互理解と協働の必要性である。社会的養護を必要とする子どものニーズは，社会的養護内のみで解決できるものばかりではない。子どもは人生の中で，心身の不調，障がい，失職，生活困窮・DV（ドメスティック・バイオレンス），依存症，犯罪，搾取など，色々な困難に出会うことがある。こういった場合，子どもが必要な時に，適切な人と場を探して SOS を発信することは困難な場合も少なくないことが推察される。日頃から，社会的養護が地域の社会資源との相互理解と協働を意識して支援を行い，必要時に協働していく一助となる研究を進めていく必要がある。

第６は，支援の可視化による，地域住民との相互理解の促進の必要性である。地域住民の多くは，社会的養護は自分には関係の無いことだと捉えていたり，社会的養護についての理解不足から偏見をもっていたりすることが少なくない。それを社会的養護を必要とする子どもが感じながら生活することは，子どもに対する社会による権利侵害ともいえる。このため，社会的養護ニーズは誰もが抱える可能性のある身近なものであること，社会的養護でどういった支援が行われているのかということを可視化することで，わかりやすく提示することが急務である。また，子どもも他者の権利を守る力を体得しうる存在である。守られるばかりではく，子どもも地域住民の一人として，貢献する力をもっていることへの理解も促していく研究が必要である。

本書における研究の終了時期であった2022年に児童福祉法が改正され，社会的養護を必要とする子どもへの支援について大きな変化があった。措置解除された子ども等の実情を把握し，自立のために必要な支援をすることが都道府県の行わなければならない業務とされ，児童自立生活援助事業に関する子どもの年齢要件や教育機関への在学要件などが緩和された。また，措置解除された子どものみではなく，施設入所にはつながらなかったが一時保護された子ども等への支援も想定した社会的養護自立支援拠点事業で，措置解除された施設等とのつながりがなくなってしまった子どもや，地域に潜在している社会的養護を必要とする子どもなど，声を上げにくい子どもが必要な支援につながるようになることも期待される。さらに，児童相談所等が入所措置や一時保護等の際に，子ども自身の意見聴取等の措置を講じることにもなった。

これら児童福祉法の改正により，子どもの権利や生活支援につながらなかった子どもも含めた社会的養護の支援に関する取り組みが，一層進められることとなった。しかし，本研究で明らかになったように，社会的養護を必要とする子どもとのつながりの鍵となるのは，「自分のことをよく知ってくれている人」である。この信頼する人の方から「ちょくちょく声をかけてほしい」とも望む子どもに，常日頃から気にかけてもらうことができ，安心してSOSを出すことのできる時，人，場をいかに保障していくかが問われる。法改正が行われたという事実に留まらず，実際に一人ひとりの子どもに応じた支援を，必要な時に必要な期間継続することができるよう，また大人の意識によって，いとも簡単に蔑ろにされたり，踏みにじられたりする子どもの権利を支援において十分に尊重することができるよう，上記の課題とともに実効性をもった取り組みが展開されなければならない。

社会的養護問題の発生原因は，子どもに帰するものでは決してない。社会的養護に置かれたがゆえに，あるいは社会的養護ニーズがあるがゆえに，子どもが不利になることがあってはならない。そして，支援が必要にもかかわらず，つながることができないという事態はあってはならない。社会的養護に置かれたからこその利点を最大限に発揮することができる取り組みと，社会的養護を必要とする子どもが確実に支援につながることのできる体制，そして社会的養護を必要とする子どもが徹底して守られる体制，自分や他者の権利を守る力をつけるための支援が十分に保障される体制が不可欠である。

あとがき

本書は，筆者の関西大学大学院人間健康研究科博士後期課程における研究成果をまとめたものです。人間健康研究科教授の山縣文治先生には，とてもお忙しい日々を過ごされているにもかかわらず，主担当指導教員として常にあたたかく丁寧に，そしてユーモアあふれるご指導をくださったことに心より感謝申し上げます。研究者，教員，人生の先輩というすべてにおいて目標とする指導教員に出会い，ご指導いただくことができた幸せを大切に，今後も，サービスにたどりつくか否かを問わず，社会的養護を必要とする子どもが，自他の権利を守る力を体得していくための研究と教育に励んでいく所存です。また，同研究科教授の岡田忠克先生と同研究科教授の西川知享先生には，ご多忙のなか副担当指導教員として博士論文の完成に向けて，毎回重要なご指摘とあたたかなお支えをくださいましたことに心から感謝いたします。そして，今回の出版を快くご了承くださり，私の拙い原稿を読み込んで丁寧にご確認くださるとともに，読者の方々に少しでも私の思い・意図をお伝えすることができるようにと，親身に多くのご指摘・ご修正をくださった株式会社ミネルヴァ書房編集部の音田潔様にも心からの感謝の気持ちをお伝えしたいと存じます。音田潔様が編集してくださったからこそ，今回の出版が叶いました。

第2章では，『月刊福祉』の「My Voice, My Life——社会的養護当事者の語り」のインタビュー掲載記事の研究での使用をご快諾くださった山縣文治先生（関西大学），林浩康先生（日本女子大学），長瀬正子先生（佛教大学）に深く御礼申し上げます。また，この連載で，お話しくださる子どもたちをご紹介くださった支援者の方々，そしてインタビューで同じ社会的養護施設で暮らす子どもたちや，これから社会的養護を知る人々のためにと，真剣に時に泣きながらも歯をくいしばってご自身のこれまでをお話しくださった子どもたちに，心より感謝いたします。第3章では，名古屋市のアンケートとインタビューに答えてくださった子どもたち，共にインタビューを実施してくださった支援者の皆様，名古屋市のアンケートおよびインタビューの実施全般をお支えくださり，調査データを筆者の研究において使用する許可をくださった名古屋市子ども青少年局子育て支援部子ども福祉課の皆様に，心より感謝申し上げます。第4章・第5章では，インタビューにご協力くださった5名の支援者および11名の子どもたち，アンケートに答えてくださった支援者の皆様に，快くご協力くださったことに心から感謝いたします。特に，支援者の皆様には，インタビュー協力者の子どもたちのご紹介やご依頼，日程調整に至るまで，インタビューの実施全般にわたりお支えくださったことにも深く感謝いたします。

博士論文の執筆にあたっては，直島正樹先生（相愛大学）という博士後期課程の同期に恵まれたことは，とても心強いことでした。支え合いながら研究を続けられるよう，常にあたたかく様々なご配慮をくださったことに心から感謝いたします。

最後に，私事ではありますが，私の家族に一言。私が社会的養護に強い関心をもったのは，両親に大切に育まれたからこそです。好きな学問を続けさせ，未知の社会的養護ということについて理解しようとしてくれた父の谷口壽一と，私が進学先として社会福祉学を選び，児童養護施設を最初の職場として選んだ頃から現在に至るまで変わらず応援し続け，自らも児童養護施設の子どもたちと愛情豊かな時間を過ごしてくれた母の谷口靖子に，心からの感謝を伝えたいと思います。そして，私の姪，谷口萌音が，自らが切り拓いた人生の選択と，勇気をもって歩み続ける姿に，私自身がたくさんの力をもらいました。萌音のこれからの人生への心からの応援と，あなたがいてくれることそのものが私にはとても嬉しい，という気持ちをこの場を借りて伝えたいと思います。

なお，本書は，2024年度愛知淑徳大学出版助成費の交付を受けて出版させていただきました。本書の出版をお支え くださった愛知淑徳大学の皆様に感謝の意をお伝えいたします。

2024年12月

谷口純世

参考資料

【第3章　名古屋市の社会的養護施設を措置解除された子どもへのアンケート調査項目】

1. 回答者について
   ①　性別
   ②　年齢
   ③　暮らしたことのある社会的養護施設等
   ④　最後に暮らした社会的養護施設等とその年数
   ⑤　最後に暮らした社会的養護施設等を措置解除されてからの年数
2. 社会的養護施設等について
   ①　教えてもらったこと
   ②　教えておいてほしかったこと
   ③　措置解除後の相談先として教えてもらっていたもの
   ④　措置中に教えておいてほしかったこと・ところ
3. 進路について
   ①　進路選択で自分の意見や気持ちを言えたか（聴いてどう対応してくれたか）
   ②　措置解除直後の学校の状況
   ③　（措置解除直後に就職した人）仕事の状況と継続期間，転職の有無
   ④　措置解除直後の住居
   ⑤　措置解除前の，自立や進路について不安なときの相談先
4. 措置中の生活について
   ①　措置中でよかったと思うこと
   ②　措置中で嫌だったこと
   ③　措置中で差別されていた，損したと思うこと
5. 現在の状況について
   ①　学歴（中途退学した場合は中途退学の理由）
   ②　現在の仕事の状況とその内容
   ③　生計
   ④　年金の加入
   ⑤　健康保険の加入
   ⑥　住居

6. 措置解除後の支援について
   ① 措置解除後のつながりの内容と頻度
   ② アフターケアの頻度の希望
   ③ アフターケアの期間の希望
   ④ 措置解除後困ったときに相談したことと相談先
   ⑤ 措置解除後してほしかったこと，ほしかったもの・場所など

【第3章　名古屋市の社会的養護施設等を措置解除された子どもへのインタビュー調査——インタビューガイド】

1. 措置解除直後の状況（困ったことやその解決方法，嬉しかった・楽しかったことなど）
2. 現在の状況（困っていることやその解決方法，嬉しい・楽しいことなど）
3. 子どもが理解している措置理由
4. 進路選択の理由や進路選択時の状況
5. その他（中途退学や転職などの状況や理由，どのように決定したのかなど）

＊1. および 2. は，今後の名古屋市の施策を検討するために必ず尋ねる項目

【第4章　社会的養護を必要とする子どもに対するインタビュー調査——インタビューガイド】

1. 回答者について（年齢，これまでの人生，現在の状況）
2. 過去と現在の権利について
   ・ 守ってもらえた・守ってもらえなかったこと
   ・ 意見や考えをきいてもらえた・きいてもらえなかったこと
   ・ 自分で自分を守ることができた・守ることができなかったこと
   ・ 人を守ることができた・守ることができなかったこと
3. 権利という言葉について
   ・ どういった場で聞いたことがあるのか
   ・ 権利と聞いて思うこと
4. 今困っていることについて
5. 今支えになっているもの（人，場所，もの，ことなど）について
6. これからの夢について

【第5章　児童養護施設・自立援助ホームの支援者の方々へのアンケート調査項目】

1. 回答者について
   ①　性別
   ②　年齢層
   ③　勤務先種別
   ④　社会的養護を知ったきっかけ
   ⑤　社会的養護に携わった理由
   ⑥　社会的養護関連の仕事の勤務年数
   ⑦　社会的養護施設等において中学卒業の年齢以上の子どもの支援を担当した年数
   ⑧　保有資格
2. 現在の勤務先について
   ①　自立支援担当職員について
   ・　雇用形態
   ・　（兼務の場合）兼務している業務
   ・　勤務先での自立支援担当職員配属の開始年
   ・　年齢層
   ・　社会的養護関連の仕事の勤務年数と自立支援担当職員になってからの勤務年数
   ・　保有資格
   ・　任ぜられた理由
   ・　配置後の，勤務先でのよい変化とうまくいっていないこと
   ・　配置後の，勤務先と外部資源との連携でのよい変化とうまくいっていないこと
   ②　（児童養護施設）施設形態
   ③　法人内にある施設種別
   ④　措置延長で暮らしている子どもの人数
3. 社会的養護を必要とする子どもの自立・自立支援について
   ①　自立の要件
   ・　上記要件の支援者同士での共有の有無
   ・　社会的養護を必要としていない子どもの自立との違いの有無とその内容
   ②　社会的養護を必要としている子どもの自立支援について
   ・　自立支援とはなにか

・　自立支援の開始時期

4.　措置中の支援と子どもの権利について

①　支援における外部の連携先，今後必要と思う連携先

②　支援において措置中の子どもに伝えていること

③　子どもの意見から支援に取り入れたことの有無とその内容

④　子どもの権利を伝える支援での工夫

5.　措置解除後を支える支援について

・　実施方法

・　支援者の退職の場合の備え

・　連携先

・　支援にかかる経費の出どころ

・　子どもの情報や支援の状況の報連相のあり方

・　業務時間内外支援の有無とその内容

・　措置解除後支援用に用意されているもの

・　子どもと共有しているルール

・　ルールの共有の方法

・　支援の継続期間

・　支援における外部の連携先，今後必要と思う連携先

・　特徴ある取り組みや工夫

・　子どもの意見から支援に取り入れたことの有無とその内容

・　子どもの権利を伝える支援での工夫

6.　支援者へのサポートについて

①　支援者自身が相談できる場，人

②　支援者の心身の健康や生活，支援の質を守るため，希望する制度やサービス

7.　社会的養護と地域について

①　社会的養護に特有の問題と思うもの

②　子どもが，家庭で養育されている子どもの環境と比較している場面

③　子どもに対する偏見や特別視を感じることの有無とその状況

④　勤務先の地域への支援・取り組みの内容

⑤　勤務先への地域からの支援の内容

⑥　地域との関係でうまくいっていること，うまくいかないこと

8.　今後の社会的養護への期待と懸念

9.　今後の社会的養護を必要とする子どもへの支援の課題

【第5章　社会的養護を必要とする子どもへの支援者に対するインタビュー調査 ——インタビューガイド】

1. 所属先の支援について（アンケートへの回答の補足含む）
   - 支援がどう発展してきたか
   - どういった支援メニューがあるのか
   - 支援における内外との連携について
2. 子どもの生い立ち・現在の自分の状況の理解について
   - 子どもは生い立ちを理解しているか
   - 子どもに生い立ちや家庭状況をどう伝えているか
3. 支援で子どもに伝える権利について
   - 以下の権利を支援のなかでどう伝えているか（具体的取り組み），どこまでどう理解してほしいと思っているか
     - ➢ 過去守られなかった権利
     - ➢ 今守られている権利
     - ➢ 自分で自分を守る権利
     - ➢ 他者を守る（思いやる）こと
   - どのような方法・体制で子どもの権利擁護について検討しているのか
   - 子ども自身のもっている権利意識について感じていること
4. 社会的養護を必要とする子どもへの支援の課題について（子どもの権利という視点から）
5. 社会的養護を必要とする子どもへの支援をより良くしていくために取り組みたいことについて（子どもの権利という視点から）

参考文献

浅井春夫・黒田邦夫（2018）『「施設養護か里親制度か」の対立軸を超えて――「新しい社会的養育ビジョン」とこれからの社会的養護を展望する』明石書店。

浅田明日香（2018）「応答的な関係による意見表明権の保障に関する一考察」『子ども家庭福祉学』18，42–53頁。

荒巻重人（2020）「社会的養護と子どもの権利」『社会的養護とファミリーホーム』10，5–10頁。

磯谷文明（2020）「社会的養護における子どもの意思決定と支援」『月刊福祉』103（3），39–41頁。

井出智博・片山由季（2018）『子どもの未来を育む自立支援――生い立ちに困難を抱える子どもを支えるキャリア・カウンセリング・プロジェクト』岩崎学術出版社。

井出智博・片山由季・森岡真樹（2019）「児童養護施設における将来展望を育む自立支援についての実践研究」『子どもの虐待とネグレクト』20（3），359–368頁。

伊藤嘉余子（2010）「児童養護施設入所児童が語る施設生活」『社会福祉学』50（4），82–95頁。

井上康子（2015）「児童養護施設経験者の心理と支えについての一考察――『語られない語り』への関わりの観点から」『兵庫県立大学環境人間学部研究報告』17，1–13頁。

伊部恭子（2007）「要保護児童の「自立支援」に関する一考察――子どもとの共同作業と支援の連続性」『福祉学部論集』3，105–119頁。

伊部恭子（2015）「社会的養護における支援課題としての権利擁護と社会関係の形成――社会的養護経験者の生活史聞き取りから」『福祉教育開発センター紀要』12，1–16頁。

伊部恭子（2018）「社会的養護経験者が語る「支えられた経験」とその意味――15人への生活史聴き取りを通して」『福祉教育開発センター』15，35–56頁。

埋橋孝文・大塩まゆみ・居神浩ほか（2015）『社会的支援をめぐる政策的アプローチ』ミネルヴァ書房。

梅谷聡子（2018）「児童養護施設における子どもの貧困と自立支援――職員へのインタビュー調査に基づいて」『Int'lecowk――国際経済労働研究』73（3），32–42頁。

梅谷聡子（2019）「児童養護施設における子どもの自立の構成要素に基づく自立支

援モデルの構築――インケアの役割に着目して」『豊かな高齢社会の探求調査研究報告書』27，1-19頁。
栄留里美（2020）「児童養護施設における訪問アドボカシー実践の評価研究」『子ども家庭福祉学』20，53-65頁。
遠藤浩（2007）「自立援助ホーム――自立に向けて（特集「子どもの育ち」に今何が必要か）」『世界の児童と母性』62，31-34頁。
大久保真紀（2011）『児童養護施設の子どもたち』高文研。
大阪府立大学（2017）『大阪府　子どもの生活に関する実態調査（児童養護施設退所児童等の実態調査）』（https://www.pref.osaka.lg.jp/attach/28281/00000000/01jittaityosahoukokousyo.pdf，2020年10月11日アクセス）。
大澤真平（2013）「被虐待児の教育機会と社会的自立」松本伊智朗・畑千鶴乃・中澤香織ほか『子ども虐待と家族――「重なり合う不利」と社会的支援』明石書店，126-141頁。
大竹智（2021）「自立支援計画作成のもうひとつの意義――大人の姿勢を通して」『児童養護』51（3），24-27頁。
大村海太（2012）「児童養護施設退所者の自立に対する阻害要因と促進要因」『キリスト教社会福祉学研究』45，65-76頁。
大村海太（2014）「児童養護施設退所者の自立に関する一考察」『駒沢女子短期大学研究紀要』47，49-60頁。
大森信也（2013）「特集にあたって（特集 社会的養護の子どもの自立支援とアフターケア――児童養護施設・自立援助ホーム・アフターケア機関・学習支援・当事者団体「現場からの報告」）」『子どもと福祉』6，5-7頁。
尾形良子（2014）「大人になることと働くことの連関――青年期から成人期への移行はどのように語られているか」『人間福祉研究』17，13-26頁。
小木曽宏（2011）「児童養護施設から「自立」すること，「支援」すること――子どもが「のぞむ」社会的養護を目指して」『司法福祉学研究』11，144-158頁。
小野善郎（2018）「社会的養護から成人期への移行支援」『児童青年精神医学とその近接領域』59（5），577-587頁。
加藤一政（2002）「児童養護施設における自立支援の課題と展望」『福祉社会研究』3，78-90頁。
神奈川県児童福祉施設職員研究会調査研究委員会（2013）『神奈川県児童養護施設等退所者　追跡調査　神児研研修報告』神奈川県児童福祉施設職員研究会調査研究委員会。
神戸賢次（2007）「児童養護施設における自立支援――岐阜県下12施設での調査を

通して」『東邦学誌』36（1），35–51頁。
喜多一憲・長谷川眞人・神戸賢次ほか（2009）『児童養護と青年期の自立支援——進路・進学問題を展望する』ミネルヴァ書房。
北川清一（2016）「児童養護施設退所者に見出す「自立」支援の課題と「就労」支援の隘路——ソーシャルワークがなすべきことを問う」『社会福祉研究』126，68–75頁。
木下康仁（2003）『グラウンデッド・セオリー・アプローチの実践』弘文堂。
木下康仁（2005）『分野別実践編　グラウンデッド・セオリー・アプローチ』弘文堂。
木下康仁（2007）『ライブ講義 M–GTA』弘文堂。
木下康仁（2015）『ケアラー支援の実践モデル』ハーベスト社。
木下康仁（2020）『定本 M–GTA：実践の理論化をめざす質的研究方法論』医学書院。
キャンサースキャン（2021）「令和2年度子ども・子育て支援推進調査研究事業『体罰等によらない子育ての推進に向けた実態把握に関する調査』事業報告書」（https：//cancerscan.jp/wp-content/uploads/2021/08/，2021年6月1日アクセス）。
京都市（2017）「児童養護施設等退所者の生活状況及び支援に関する調査報告書」（https：//www.city.kyoto.lg.jp/hagukumi/cmsfiles/contents/0000227/227765/tyousahoukokusyo.pdf，2020年10月13日アクセス）。
久木元真吾（2009）「若者の大人への移行と“働く”ということ」小杉礼子『若者の働きかた』——（叢書・働くということ⑥）ミネルヴァ書房，202–228頁。
草間吉夫（2012）「当事者が語る自立の課題」武藤素明・高橋利一・井上仁ほか『施設・里親から巣立った子どもたちの自立——社会的養護の今』福村出版，177–207頁。
久保原大（2016）「児童養護施設退所者の人的ネットワーク形成——児童養護施設退所者の追跡調査より」『社会学論考』37，1–28頁。
桑原善登・桑原徹也（2018）「児童養護施設退所児童支援のための実態調査」『和歌山信愛女子短期大学信愛紀要』59，59–70頁。
香坂ちひろ（2020）「社会的養護に当事者参画を——子どもたちが「自分の人生に自分がいない」と感じなくて済むように」『世界の児童と母性』88，47–51頁。
厚生労働省（2019）「1　若年者の雇用状況　図1　全労働者に占める若年労働者の割合」「2　若年労働者の採用状況　図2　正社員の採用選考にあたり重視した点別事業所割合」「平成30年　若年者雇用実態調査の概況」（https：//www.mhlw.go.jp/toukei/list/4-21c-jyakunenkoyou-h30.html，2020年2月17日アクセス）。
厚生労働省（2021a）「令和2年度　子ども・子育て支援推進調査研究事業　児童養

護施設等への入所措置や里親委託等が解除された者の実態把握に関する全国調査報告書」三菱 UFJ リサーチ＆コンサルティング（https://www.murc.jp/wpcontent/uploads/2021/04/koukai_210430_1.pdf, 2021年8月2日アクセス）。
厚生労働省（2021b）「学歴別就職後3年以内離職率の推移」（https://www.mhlw.go.jp/content/11652000/000845624.pdf, 2024年5月4日アクセス）。
厚生労働省（2021c）「体罰等によらない子育ての推進に向けた実態把握に関する調査事業報告書」（https://cancerscan.jp/wp-content/uploads/2021/08/%E4%BD%93%E7%BD%B0%E7%AD%89%E3%81%AB%E3%82%88%E3%82%89%E3%81%AA%E3%81%84%E5%AD%90%E8%82%B2%E3%81%A6%E3%81%AE%E6%8E%A8%E9%80%B2%E3%81%AB%E5%90%91%E3%81%91%E3%81%9F%E5%AE%9F%E6%85%8B%E6%8A%8A%E6%8F%A1%E3%81%AB%E9%96%A2%E3%81%99%E3%82%8B%E8%AA%BF%E6%9F%BB-%E4%BA%8B%E6%A5%AD%E5%A0%B1%E5%91%8A%E6%9B%B8.pdf, 2021年6月2日アクセス）。
厚生労働省（2021d）「社会的養育の推進に向けて」（https://www.mhlw.go.jp/content/000784817.pdf, 2021年6月1日アクセス）。
厚生労働省（2024）「令和5年　賃金構造基本統計調査結果　結果の概況」（https://www.mhlw.go.jp/toukei/itiran/roudou/chingin/kouzou/z2023/index.html, 2024年5月4日アクセス）。
厚生労働省子ども家庭福祉局家庭福祉課（2020）「社会的養育の推進に向けて」（http://hoikushshisakurako.livedoor.blog/2021%E5%BE%8C%E6%9C%9F/2021%E5%BE%8C%E6%9C%9F%E7%A4%BE%E4%BC%9A%E7%9A%84%E9%A4%8A%E8%AD%B7/6-4_Part1.pdf, 2020年5月15日アクセス）。
厚生労働省子ども家庭福祉局家庭福祉課（2021）「社会的養育の推進に向けて」（https://www.mhlw.go.jp/content/000784817.pdf, 2021年5月8日アクセス）。
厚生労働省子ども家庭福祉局家庭福祉課（2022）「社会的養育の推進に向けて」（https://www.mhlw.go.jp/content/000833294.pdf, 2022年2月10日アクセス）。
こども家庭庁（2024a）「表9　学業の状況別児童数」10頁,「表12　被虐待経験の有無及び虐待の種類」12頁,「表14-1　家族との交流関係別児童数」15頁,「表15-1　児童の今後の見通し別児童数（乳児院を除く）」17頁,「表38　児童養護施設の年長児童の大学（短大）進学希望」28頁,「表53　自立援助ホームの児童の大学（短大）進学希望」40頁（「児童養護施設入所児童等調査の概要（令和5年2月1日現在）」, https://www.cfa.go.jp/assets/contents/node/basic_page/field_ref_resources/8aba23f3-abb8-4f95-8202-f0fd487fbe16/5c104d63/20240229_policies_shakaiteki-yougo_86.pdf, 2024年5月4日アクセス）。
こども家庭庁（2024b）「社会的養護を必要とするこどものうち，障害等のあるこどもの割合」11頁,「高等学校等卒業後の進路」144頁（https://www.cfa.go.jp/assets/contents/node/basic_page/field_ref_resources/8aba23f3-abb8-4f95-8202-f0fd487fbe16/d476d711/20240425_policies_shakaiteki-yougo_92.pdf, 2024年5月4日アクセス）。

こども家庭庁（2024c）「社会的養育の推進に向けて」（https://www.cfa.go.jp/assets/contents/node/basic_page/field_ref_resources/8aba23f3-abb8-4f95-8202-f0fd487fbe16/60a0dd14/20241030_policies_shakaiteki-yougo_109.pdf, 2024年12月19日アクセス）。

埼玉県福祉部子ども安全課（2013）「埼玉県における児童養護施設等退所者への実態調査報告書」。

才村眞理（2014）「ライフストーリーワークの理論的背景と導入の工夫」『ソーシャルワーク研究』40（3），21-30頁。

才村眞理・大阪ライフストーリー研究会（2016）『今から学ぼう！ ライフストーリーワーク』福村出版。

坂口泰司（2021）「子どもと一緒に作る児童自立支援計画票――鳥取県の歩みと取り組み」『児童養護』51（3），16-19頁。

佐久間美智雄（2015）「山形県における児童養護施設等の退所者支援に関する考察」『東北文教大学・東北文教大学短期大学部紀要』5，81-102頁。

佐藤郁哉（2008）『質的データ分析法』新曜社。

『社会的養護とファミリーホーム』編集委員会編（2010）『社会的養護とファミリーホーム』1，福村出版。

『社会的養護とファミリーホーム』編集委員会編（2011）『社会的養護とファミリーホーム』2，福村出版。

『社会的養護とファミリーホーム』編集委員会編（2015）『社会的養護とファミリーホーム』6，福村出版。

『社会的養護とファミリーホーム』編集委員会編（2022）『社会的養護とファミリーホーム』12，福村出版。

社会的養護の当事者参加推進団体日向ぼっこ（2009）『施設で育った子どもたちの居場所「日向ぼっこ」と社会的養護』明石書店。

末吉美喜（2021）『テキストマイニング入門』オーム社。

鈴木力（2005）「施設養護における子どもの権利と人権を擁護する養育の質的向上への視点」『社会福祉学』46，13-26頁。

鈴木力（2013）「家族との分離を経験し社会的養護を必要とする子どもの生活支援とソーシャルワーク」『ソーシャルワーク研究』39（3），24-30頁。

全国児童養護施設協議会（2019）「今後の児童養護施設に求められるもの――児童養護施設のあり方に関する特別委員会　第1次報告書」。
全国社会福祉協議会全国退所児童等支援事業連絡会（2017）「社会的養護施設等の退所児童に関する支援の実態把握調査報告書」。
全国社会福祉協議会（2020a）「特集 子どもの権利をいかに守るか――社会的養護のこれから」『月刊福祉』103（3），12-45頁。
全国社会福祉協議会（2020b）「特集 子どもの参加する権利」『季刊　児童養護』51（2）。
全国社会福祉協議会（2021a）「特集 子どもの参加する権利」『季刊　児童養護』51（3）。
全国社会福祉協議会（2021b）「特集 子どもの参加する権利」『季刊　児童養護』51（4）。
園部博範・秋月穂高（2020）『子どもに寄り添うライフストーリーワーク』北大路書房。
高橋温（2017）「要保護・要支援児童の義務教育終了後の支援における課題――シェルターと自立援助ホームの実践　法制度を踏まえて」『子どもの虐待とネグレクト』19（3），331-339頁。
高橋亜美（2017）「社会的養護のもとで巣立った子どもたちの自立と支援」『子どもの虐待とネグレクト』19（3），325-330頁。
高橋亜美・早川悟司・大森信也（2015）『施設で育った子どもの自立支援』明石書店。
高橋一正（2011）「虐待を受けてきた入居者への自立援助ホームでの支援について」『臨床理学』11（5），665-670頁。
高橋一正（2012）「困難を抱えている若者たちの支援について――自立援助ホームにかかわって感じていること」『生活指導研究』29，73-89頁。
高橋均（2010）「揺らぐ自立支援システムと若者支援の方途」柴野昌山『青少年・若者の自立支援』世界思想社，155-171頁。
竹中哲夫（1998）「児童養護施設等における自立と『児童自立支援計画』をめぐって」『季刊児童養護』29（2），46-49頁。
田川佳代子（2021）「地域担当制導入初期の社協職員が住民主体のサロンに関わる変化のプロセス」『社会福祉学』61（4），71-86頁。
瀧口優（2017）「子どもの権利条約から見た日本の行政の子ども観」『白梅学園大学・短期大学　教育・福祉研究センター研究年報』22，39-46頁。
田中れいか（2021）『児童養護施設という私のおうち――知ることからはじめる子

どものためのフェアスタート』旬報社。
谷口純世（2011）「児童養護施設における子どもへの自立支援」『愛知淑徳大学論集　福祉貢献学部篇』1，107-116頁。
谷口純世（2016）「My Voice, My Life――社会的養護当事者の語り」『月刊福祉』2016（10），86-89頁。
谷口純世（2017）「児童養護施設における生活支援に関する課題」『愛知淑徳大学論集　福祉貢献学部篇』7，1-18頁。
谷口純世（2020）「社会的養護当事者の語りからみえる課題」『愛知淑徳大学論集　福祉貢献学部篇』10，1-13頁。
谷口純世（2021）「社会的養護における自立とは」『愛知淑徳大学論集　福祉貢献学部篇』11，27-44頁。
谷口純世（2022）「社会的養護を要する子ども・若者を守る支援の現状と課題」『愛知淑徳大学論集福祉貢献学部篇』12，37-51頁。
谷口由希子（2011）『児童養護施設の子どもたちの生活家庭――子どもたちはなぜ排除状態から抜け出せないのか』明石書店。
趙正祐（2014）「児童養護施設の援助者支援における共感満足・疲労に関する研究――CSFの高低による子どもとのかかわり方の特徴から」『社会福祉学』55（1），76-88頁。
土居恭子（2020）「児童養護施設で暮らした若者の高卒後進学に関する一考察――施設による支援と進学後の生活に焦点を当てて」『教育福祉研究』24，73-83頁。
土井高徳（2009）『青少年の治療・教育的援助と自立支援――虐待・発達障害・非行など深刻な問題を抱える青少年の治療・教育モデルと実践構造』福村出版。
東京都社会福祉協議会児童部会自立支援コーディネーター委員会（2018）『子どもの未来を拓く――自立支援コーディネーター30の実践』。
東京都社会福祉協議会児童部会リービングケア委員会（2008）『Leaving care――児童養護施設職員のための自立支援ハンドブック』。
東京都福祉保健局（2011）「東京都における児童養護施設等退所者へのアンケート調査報告書」（http://seiboaijien.com/pdf/tokyo5.pdf，2021年6月9日アクセス）。
東京都福祉保健局（2017）「東京都における児童養護施設等退所者の実態調査報告書」（https://www.fukushihoken.metro.tokyo.lg.jp/kodomo/katei/taishosha-chosa.files/H27taisyosyatyousa_all.pdf，2021年8月25日アクセス）。
徳永幸子（2010）「児童養護における自立支援の私事性と社会性」『活水論文集健康生活学部編』53，87-102頁。
内閣府（2011）「平成23年度　若者の考え方についての調査」（https://www8.cao.g

o.jp/youth/kenkyu/thinking/h23/pdf_index.html, 2020年5月15日アクセス)。
内閣府(2018)『平成30年版 子供・若者白書——特集 就労等に関する若者の意識』(https://www8.cao.go.jp/youth/whitepaper/h30gaiyou/s0.html, 2020年5月15日アクセス)。
内閣府(2019a)『平成30年版 子供・若者白書(概要版)』(https://www8.cao.go.jp/youth/whitepaper/h30gaiyou/index.html, 2020年2月20日アクセス)。
内閣府(2019b)「働くことに関して相談する先」「令和元年度 子供・若者の意識に関する調査」(https://www8.cao.go.jp/youth/kenkyu/ishiki/r01/pdf/s2-2.pdf, 2020年8月1日アクセス)。
内閣府(2023)「こども・若者の意識と生活に関する調査」(https://warp.da.ndl.go.jp/info:ndljp/pid/12927443/www8.cao.go.jp/youth/kenkyu/ishiki/r04/pdf/s2-2.pdf, 2024年5月4日アクセス)。
永江誠治・河村奈美子・星美和子ほか(2019)「里親が感じている虐待被害者の自立における課題と必要な支援——里親・ファミリーホームを対象とした全国調査より」『保健学研究』32, 45-53頁。
長瀬正子・谷口由希子(2019)「社会的養護の当事者の「声」——施設等退所後に困難な状況にある当事者に焦点をあてて」『子どもの虐待とネグレクト』21(1), 55-62頁。
長瀬正子(2020)「ここから先にすすむために——社会的養護の当事者の「声」と視点を活かす」『月刊福祉』103(3), 42-45頁。
永野咲(2012)「児童養護施設で生活する子どもの大学等進学に関する研究——児童養護施設生活経験者へのインタビュー調査から」『社会福祉学』52(4), 28-40頁。
永野咲(2016)「社会的養護におけるライフチャンス保障——児童養護施設退所者の生活状況に関する量的・質的分析から」(東洋大学福祉社会デザイン研究科社会福祉専攻2016年度博士学位論文)。
名古屋市子ども青少年局子育て支援部子ども福祉課(2017)「名古屋市における児童福祉施設退所児童の実態調査」。
名古屋市子ども青少年局子育て支援部子ども福祉課(2019)『名古屋市社会的養育推進計画』(https://www.city.nagoya.jp/kodomoseishonen/cmsfiles/contents/0000127/127319/honsatu.pdf, 2020年10月3日アクセス)。
名古屋市子ども青少年局子育て支援部子ども福祉課(2022)「社会的養育施設等を退所した子ども・若者の実態調査報告書」。
日本ファミリーホーム協議会(2010)「社会的養護とファミリーホーム」1。

日本ファミリーホーム協議会（2011）「社会的養護とファミリーホーム」2。
日本ファミリーホーム協議会（2015）「社会的養護とファミリーホーム」6。
日本ファミリーホーム協議会（2022）「社会的養護とファミリーホーム」12。
日本弁護士連合会 JFBA「子どもの権利条約　報告書審査『国連子どもの権利委員会総括所見　弐日本語』」（https://www.nichibenren.or.jp/activity/international/library/human_rights/child_report-1st.html，2021年6月1日アクセス）。
野澤正子（1991）「子どもの権利と子ども論――「子どもの権利条約」の子ども観，養育観を中心にして」『社会問題研究』41（1-2），173-190頁。
長谷川眞人（2008）『しあわせな明日を信じて1』福村出版。
長谷川眞人（2012）『しあわせな明日を信じて2』福村出版。
長谷川眞人（2016）『しあわせな明日を信じて3』福村出版。
畠山由佳子（2002）「児童養護施設の自立支援プログラムに対する評価測定」『関西学院大学社会学部紀要』91，137-148頁。
馬場幸子（2016）「児童養護施設における児童の社会的自立に向けたソーシャルワーク実践に関する研究」『豊かな高齢社会の探求調査研究報告書』24，1-17頁。
早川悟司（2008）「児童の社会的自立に向けた心理的ケア――要養護児童特有のニーズに向けて」『子どもと福祉』1，32-35頁。
早川悟司（2017）「まとめ 社会的養護からの自立支援――現場実践の到達点と課題」『子どもと福祉』10，30-34頁。
林浩康（1997）「子ども観の歴史的変遷」『北星論集』34，55-71頁。
林浩康（2015）「社会的養護施策の動向と自立支援」『教育と医学』63（2），92-99頁。
樋口耕一（2021a）『社会調査のための計量テキスト分析 第2版』ナカニシヤ出版。
樋口耕一（2021b）『KH Coder.net』（https://khcoder.net/，2021年11月29日アクセス）。
平井美佳（2016）「児童養護施設の高校生における進路選択――進路に対する態度と自立を支える心理的要因との関連」『横浜市立大学論叢人文科学系列』68（1），69-93頁。
平松喜代江（2017）「児童養護施設における社会自立に関する課題――大学等進学について」『中部学院大学・中部学院大学短期大学部研究紀要』18，113-118頁。
平松喜代江・堅田明義（2020）「児童養護施設退所者の大学等進学実現を可能にする支援について」『社会福祉学』60（4），14-27頁。
藤間公太（2016）「施設養護家庭論の検討――児童自立支援施設での質的調査から」『社会学評論』67（2），148-165頁。

ふたばふらっとホーム（2012）「社会的養護施設等および里親出身者実態調査概要報告書」（https://www.mhlw.go.jp/seisakunitsuite/bunya/kodomo/kodomo_kosodate/syakaiteki_yougo/sonota/dl/120809_01.pdf，2021年8月4日アクセス）。
ブリッジフォースマイル（2013）「全国児童養護施設調査2012 社会的自立に向けた支援に関する調査」（https://www.b4s.jp/wpcontent/uploads/2021/05/bfcf232bae6edc81cc25282451723ef9.pdf，2021年8月10日アクセス）。
ブリッジフォースマイル（2014）「全国児童養護施設調査2013 社会的自立に向けた支援に関する調査」（https://www.b4s.jp/wp-content/uploads/2021/05/1950f61af4fd54fa46e71efa36 cf9908.pdf，2021年8月11日アクセス）。
ブリッジフォースマイル（2015a）「全国児童養護施設調査2015 社会的自立に向けた支援に関する調査――施設職員アンケート」（https://www.b4s.jp/wpcontent/uploads/2021/05/f3a8d4a565cd6a3c48c59595ad560410.pdf，2021年8月13日アクセス）。
ブリッジフォースマイル（2015b）「全国児童養護施設調査2015 社会的自立に向けた支援に関する調査――施設で生活する高校生の本音アンケート」（https://www.b4s.jp/wp-content/uploads/2021/05/465982f97ea4970a226b133372f8a6f8.pdf，2021年8月10日アクセス）。
ブリッジフォースマイル（2017）「全国児童養護施設調査2016 社会的自立に向けた支援に関する調査」（https://www.b4s.jp/wp-content/uploads/2021/05/817ad6abc6360002680fc7d2891364e6.pdf，2021年8月16日アクセス）。
ブリッジフォースマイル（2018）「全国児童養護施設調査2018 社会的自立と支援に関する調査」（https://www.b4s.jp/_wp/wpcontent/uploads/2018/12/554df29f75614095e2a9300902d49e7b.pdf，2020年5月15日アクセス）。
ブリッジフォースマイル（2023）「全国児童養護施設退所者トラッキング調査2023報告書」（https://www.b4s.jp/wp-content/uploads/2023/10/B4S_TrackingReport2023.pdf，2024年5月4日アクセス）。
星俊彦（2012）「就労に向けた取り組みと支援――自立援助ホーム「星の家」の日々」『世界の児童と母性』72，62-66頁。
星俊彦（2013）「自立援助ホームで『自立』について考える」『子どもと福祉』6，16-21頁。
マーケティング・コミュニケーションズ（2022）「令和3年度 人生100年時代における結婚・仕事・収入に関する調査報告書（令和3年度内閣府委託調査）」（https://www.gender.go.jp/research/kenkyu/hyakunen_r03.html，2024年5月4日アクセス）。
松原康雄（2014）「年長児童の社会的養護――児童自立生活援助事業の現状と課題」

『社会福祉研究』120，135–144頁。
松村香（2019）「児童養護施設における生活安全感・安心感に関する研究——尺度開発と尺度活用の可能性の評価」（国際医療福祉大学大学院医療福祉学研究科2018年度博士論文）。
松本伊智朗・清水克之・佐藤拓代ほか（2010）『子ども虐待と貧困——「忘れられた子ども」のいない社会をめざして』明石書店。
みずほ情報総研（2017）「児童養護施設等の小規模化における現状・取組の調査・検討報告書」（https://www.mhlw.go.jp/file/06-Seisakujouhou-11900000-Koyoukintoujidoukateikyoku/0000174956.pdf，2021年10月14日アクセス）。
宮地菜穂子（2017）「児童養護施設等における自立支援に関する一考察——施設退所者実態調査結果より措置解除年齢18歳前後の2群別諸属性の比較検討」『中京大学現代社会学部紀要』11（2），315–336頁。
宮地菜穂子（2018）「児童養護施設等退所児童の社会自立に関連する要因——児童養護施設等における自立支援のための施設退所者実態調査結果より」『子ども家庭福祉学』18，54–67頁。
村井美紀（2000）「『自立』と『自立援助』——自立援助ホームに関する研究（その1）」『東京国際大学論叢人間社会学部編』6，121–131頁。
村井美紀（2018）「いま発展させるべき子どもの権利とは何か」浅井春夫・黒田邦夫『「施設養護か里親制度か」の対立軸を超えて』明石書店，132–148頁。
杜の家（2014）「平成25年度 岡山市市民協働推進モデル事業　施設児童退所支援のための実態調査　調査報告書」（https://www.city.okayama.jp/kurashi/cmsfiles/contents/0000016/16053/000194228.pdf，2021年8月4日アクセス）。
文部科学省（2023）「令和5年度 学校基本調査」（https://www.mext.go.jp/content/20191220-mxt_chousa01-000003400_1.pdf，2024年10月24日アクセス）。
山縣文治・谷口純世・長瀬正子・林浩康（2015年5月～2022年11月）「My Voice, My Life——社会的養護当事者の語り」『月刊福祉』2015（5）–2022（11）。
山本智佳央（2011）「施設で暮らす子どもたちの『生い立ちを知る権利』を支援する——真実告知とライフストーリーワークの試み」『子ども家庭福祉学』11，55–63頁。
横山順一（2020）「社会的養護の子どもの自立支援——児童養護施設・自立援助ホーム職員の語りから考える」『山口の自治』127，3–18頁。
吉村譲（2015）「児童養護施設の生活環境を退所者の語りから考える」『岡崎女子大学・岡崎女子短期大学研究紀要』48，11–19頁。

索　引

あ　行

か　行

さ　行

た　行

な　行

は　行

ま・や行

ら・わ行

欧　文

著者紹介

谷口純世（たにぐち・すみよ）

1973年生まれ。
2023年　関西大学大学院人間健康研究科人間健康専攻博士後期課程修了（博士（健康学））。
現　在　愛知淑徳大学福祉貢献学部福祉貢献学科社会福祉専攻教授。
主　著　『児童・家庭福祉』（共著）ミネルヴァ書房，2021年。
『My Voice, My Life　届け！　社会的養護当事者の語り』（共著）全国社会福祉協議会，2022年。

MINERVA 社会福祉叢書⑦⓪
社会的養護を必要とする子どもと権利擁護
——意図的支援の積み重ねによる権利を守る力の体得——

2025年2月20日　初版第1刷発行　〈検印省略〉

定価はカバーに
表示しています

著　者　谷口純世
発行者　杉田啓三
印刷者　藤森英夫

発行所　株式会社　ミネルヴァ書房
607-8494　京都市山科区日ノ岡堤谷町1
電話代表（075）581-5191
振替口座 01020-0-8076

亜細亜印刷・新生製本

ISBN978-4-623-09827-9
Printed in Japan